GERMANY FIRST!
DIE HEIMLICHE DEUTSCHE AGENDA

HERBERT STORN

GERMANY FIRST! DIE HEIMLICHE DEUTSCHE AGENDA

Wie eine Doktrin Demokratie, Rechtsstaat
und sozialen Zusammenhalt bedroht

BÜCHNER-VERLAG
Wissenschaft und Kultur

Herbert Storn
Germany first! Die heimliche deutsche Agenda
Wie eine Doktrin Demokratie, Rechtsstaat
und sozialen Zusammenhalt bedroht
ISBN (Print) 978-3-96317-178-9
ISBN (ePDF) 978-3-96317-693-7

Satz und Umschlaggestaltung: DeinSatz Marburg
Bildnachweis Umschlag: shutterstock.com © donvictorio (Ausschnitt)
Druck und Bindung: Totem.com.pl, Inowrocław, Polen
Die verwendeten Druckmaterialien sind zertifiziert als FSC-Mix.

Bibliografische Informationen der Deutschen Nationalbibliothek:
Die Deutsche Nationalbibliothek verzeichnet diese Publikation in der Deutschen Nationalbibliografie, detaillierte bibliografische Angaben sind im Internet über http://dnb.de abrufbar.

www.buechner-verlag.de

Inhalt

Retten wir die Gemeingüter vor der Renditejagd!
Kooperation statt Konkurrenz!

Ruth und Herbert Storn

Vorwort

Von Mechthild Schrooten
*Professorin für Volkswirtschaftslehre an der Hochschule Bremen**

Wissenschaft ist wichtig. Ihre Ergebnisse gehen alle etwas an. Die Wirtschaftswissenschaft beispielsweise bietet Entscheidungshilfen in komplexen Situationen. Das Buch von Herbert Storn setzt an diesem Punkt an und greift nahezu alle Schnittstellen zwischen Wirtschaftswissenschaft und Politik auf. Damit alle etwas von der wirtschaftswissenschaftlichen Forschung haben, müssen die Ergebnisse verständlich kommuniziert werden.

Da verwundert es nicht, dass dieses Werk an vielen Stellen auch auf die Ergebnisse der Arbeitsgruppe Alternative Wirtschaftspolitik zurückgreift. Die Arbeitsgruppe Alternative Wirtschaftspolitik legt seit mehr als 40 Jahren immer zum 1. Mai ein MEMORANDUM vor. Das MEMORANDUM macht jedes Jahr klar, dass es nachhaltige und soziale Alternativen zur herrschenden Wirtschaftspolitik gibt. Immer mehr Menschen sind der Überzeugung, dass es so nicht weitergehen kann.

Das gilt beim Thema Armut, bei der Pflege, bei der Bildung, bei der Nachhaltigkeit, Klima und vielen weiteren Politikbereichen. Im Mittelpunkt stehen also verteilungspolitische Fragen. Die grundlegende These ist: Es könnte uns allen so viel besser gehen, wenn wir nur anders handeln würden. Aber warum wird entgegen aller Erkenntnis auf ein »Weiter so« gesetzt? Die Politik konserviert sich derzeit selbst. Frische Gedanken fehlen an allen Ecken und Enden.

Dabei lässt sich erkennen, dass Deutschland in seiner wirtschaftspolitischen Ausrichtung seit Jahren auf eine gezielte und massive Umverteilung zugunsten des nationalen und internationalen Kapitals setzt. Das ist heute weitgehend unstrittig – auch in neoliberalen Kreisen. Deutsche Lohnzurückhaltung hat zu Wettbewerbsvorteilen in der Eurozone geführt; sie hat auch die Entstehung von dauerhaft hohen Leistungsbilanzüberschüssen alimentiert. Es ist ein großes Missverständnis, diese Überschüsse als einen Indikator für Wettbewerbsfähigkeit zu begreifen. Faktisch sind dauerhaft hohe Leistungsbilanzüberschüsse ein Warnsignal. Hier stimmt etwas nicht. Hier wird dauerhaft mehr produziert als verbraucht. Schon aus ökologischer Sicht stellt sich die Frage, wo liegt der Sinn?

Schlimmer aber noch ist, dass dieses einfache Modell des Exportüberschusses inzwischen selbst ein Exportgut ist. Alle wollen am internationalen Markt ihr Glück suchen. Dazu kommt, dass die deutsche Politik nicht nur Hartz IV, sondern auch die Schuldenbremse für die öffentlichen Haushalte erfunden hat. Dieses Gefüge von binnenwirtschaftlicher Beschränkung und außenwirtschaftlicher Expansion ist fatal. Bei hohen Leistungsbilanzüberschüssen gibt es in Deutschland erhebliche binnenwirtschaftliche Bedarfe, die nicht einmal ansatzweise zufriedenstellend und angemessen befriedigt werden können. Dieses Gefüge kommt nicht vom Markt – dieses Gefüge geht auf politische Entscheidungen zurück.

Herbert Storn erklärt, dass wirtschaftspolitische Entscheidungen eine bessere Welt schaffen könnten. Tatsächlich ist es wichtig, über Wirtschaft und Politik fundiert zu schreiben, zu lesen und zu diskutieren. Die Zukunft können wir nicht den internationalen Konzernen überlassen. Das ist eine harte Aufgabe, denn es ist klar, dass die Zukunftsorientierung eine Transformation der Gesellschaft erfordert.

Ich wünsche dem Buch eine große Resonanz!

Mechthild Schrooten

* Prof. Dr. Mechthild Schrooten hat gemeinsam mit Prof. Dr. Heinz-J. Bontrup als Sprecherteam der Arbeitsgruppe Alternative Wirtschaftspolitik (AAW e.V.) am 29.4.2019 in Berlin das MEMORANDUM 2019 »Klimakollaps, Wohnungsnot, kriselnde EU – Alternativen der Wirtschaftspolitik« präsentiert.

Einleitung

»AMERICA FIRST« – dieser von US-Präsident Trump auf jeder Silbe betonte und mehrfach wiederholte Schlachtruf seiner Reden ist bereits eine Art Markenzeichen der US-Politik geworden. Interessanterweise war dieser Slogan von Trump nicht wie gewohnt militärisch gemeint, sondern ökonomisch – wenn auch gerade in den USA beides enger miteinander verknüpft ist als in anderen westlichen Staaten. Und dieses ökonomische Mantra eines neuen Protektionismus verschaffte ihm vermutlich auch die nötigen Wählerstimmen. Inzwischen wird diese Wirtschaftspolitik allerdings zur Führung von Wirtschaftskriegen verwandt.

In der bundesdeutschen Politik-Prominenz dient Trumps Slogan dagegen als Projektionsfläche für das, was man angeblich auf gar keinen Fall will, als hilfreiches Abgrenzungsbeispiel von einer Politik, für die man hierzulande wahrlich nicht stehen will, nämlich den nationalen Vorteil über alles zu stellen. Vielleicht auch deswegen, weil dieser Slogan im ersten Vers der deutschen Nationalhymne – immerhin bis 1991 geltender Bestandteil derselben, wenn auch aus den offiziellen Anlässen verbannt – schon genug Unheil angerichtet hat: »Deutschland, Deutschland, über alles…«

Freihandel und die damit verbundene positive Konnotation, Beseitigung von Handelshemmnissen jeder Art, das symbolisiert die offizielle deutsche Politik. Und in diesem Rahmen kann Deutschland die Rolle eines GERMANY FIRST voll ausleben, in Gestalt des Exportweltmeisters nämlich, der alle anderen Nationen in den Schatten stellt. Kai Eicker-Wolf bezeichnet in WIRTSCHAFTSWUNDERLAND die Außenhandelspolitik Deutschlands als »neo-merkantilistisch«[1]. Er schränkt allerdings ein:

> Neu ist die hier als merkantilistisch bezeichnete wirtschaftspolitische Orientierung nicht, vielmehr ist sie eine Konstante in der wirtschaftlichen Geschichte der Bundesrepublik seit ihrer Gründung: So weist die (west-)deutsche Handelsbilanz seit dem Jahr 1952 (!) ein positives Vorzeichen auf, und auch die Leistungsbilanz war in der ganz überwiegenden Mehrzahl der Jahre seit Bestehen der Bundesrepublik positiv.[2]

Inzwischen schlägt dieser Überschuss alle bisherigen Rekorde. Angela Merkel kann sich zugutehalten, dass sie die Vorlagen ihrer rot-grünen Vorgängerregierung gut genutzt und die einseitige deutsche Wettbewerbsposition in ihrer Amtszeit deutlich ausgebaut hat. Stephan Hebel vermerkt in seiner »Bilanz«[3] eine Steigerung der Exportüberschüsse von 158 Milliarden Euro zu Beginn (2005) auf 245 Milliarden Euro gegen Ende ihrer Kanzlerschaft (2017). Das sind immerhin 55 Prozent mehr in zwölf Jahren.

Da ist es kein Wunder, dass das Verständnis, sollten es andere Staaten je wirklich aufgebracht haben, dahinschwindet und in zunehmend aggressive Töne umschwenkt. Denn mit einer solchen Exportüberschuss-Politik lebt Deutschland im Inneren »unter seinen Verhältnissen«[4] und nach außen auf Kosten und zu Lasten anderer Staaten.

Von Macron über Lagarde (IWF) zu Trump, vom amerikanischen Finanzminister über den italienischen Premierminister bis zum Chef der EU-Kommission – sie alle werfen der größten Volkswirtschaft in Europa schon seit Jahren vor, dass sie immer mehr exportiert und immer weniger importiert. »Mit ihren Exportüberschüssen mache die Bundesrepublik den übrigen Europäern das Leben schwer – ja, so lautet vor allem der Tadel der Amerikaner und des IWF: Deutschland gefährde damit die Stabilität der Weltwirtschaft« (Süddeutsche Zeitung vom 14. November 2013).

Das deutsche Wirtschaftsmodell steht am Pranger. Der amerikanische Ökonom Paul Krugman attackiert dieses deutsche Wirtschaftsmodell schon seit Jahren. Hans-Werner Sinn kommt als Ökonom zwar aus einer ganz anderen Ecke als Krugman – doch auch er kritisierte in seinem Bestseller Basar-Ökonomie bereits im Jahr 2005 den »pathologischen Exportboom« der Deutschen.

Die Kritik am deutschen Wirtschaftsmodell ist also nicht neu. Doch noch nie wurde sie derart massiv vorgetragen wie in diesen Tagen.

Und nicht von ungefähr hat die »Arbeitsgruppe Alternative Wirtschaftspolitik« (MEMORANDUM-Gruppe) in ihrem Gutachten von 2017 den vielsagenden Titel »Statt ›Germany first‹: Alternativen für ein solidarisches Europa« gewählt.

Warum diese einseitige Ausrichtung so sehr die Agenda der deutschen Politik bestimmt, unter welcher Verklärung dies erfolgt, warum man dies gerne, wenn es kritisch wird, unter der Decke halten würde und vor allem welche dramatischen Folgen diese (Wirtschafts-)Politik auch im Inland hat – bis hin zur massiven Bedrohung von Rechtsstaat und Demokratie – soll im Folgenden dargestellt werden.

Ich knüpfe dabei an mein Buch Mit Demokratie ernst machen – Für eine radikale ökonomische Aufklärung an, in dem diese Gedanken bereits skizziert sind.

Herbert Storn, August 2019

Quelle: lobbycontrol Januar 2019, https://www.lobbycontrol.de/wp-content/uploads/Bundestag-DerDeutschenWirtschaft-661x240c.jpg

1. Wettbewerb oder Kooperation?

»Wir sind hilfsbereit wie kaum ein anderes Land in der Welt.«
(Dies sagte der »Black-Rocker« Friedrich Merz[5] *am 7.12.2018 bei seiner Vorstellung auf dem CDU-Parteitag.)*

Tatsächlich legen die Repräsentanten der Bundesrepublik Deutschland allergrößten Wert darauf, dass dieses Land gedanklich mit dem Begriff Kooperation assoziiert wird. Kooperationen auf allen Ebenen, gelebte Gemeinsamkeit, so soll Deutschland in der Welt gesehen werden. So soll Deutschland aber auch in Deutschland selbst gesehen werden.

Diese Inszenierung eines Images ist anscheinend so erfolgreich, dass die große Mehrheit der deutschen Bevölkerung dieses Bild auch verinnerlicht haben dürfte. Sowohl was die deutsche Rolle in der EU als auch was internationale Handelsabkommen angeht, wird Deutschland im öffentlichen Bewusstsein eher eine moderierende Rolle zugeschrieben.

So sehr auch kritische Stimmen im Inland immer wieder die deutsche Dominanz in der EU (dies meist hinter den Kulissen) ins Bewusstsein heben wollen, so nachhaltig wird dies von den Leitmedien stets nivelliert. Und selbst die aggressive Politik gegen Griechenland oder die abwiegelnde und bremsende Politik im Umweltschutzbereich vor allem in der EU, die in der letzten Zeit verstärkt an die Öffentlichkeit dringt, können dieses Rollenbild von Deutschland als Mittler zwischen den Lagern anscheinend nicht ernsthaft gefährden.

So schlägt die Karikatur von Merkel in Nazi-Uniform, wie sie in griechischen Medien zu finden war, mehr auf die Griechen zurück, als dass es die deutsche Bevölkerung zum Nachdenken anregt, wozu es aber allen Grund gäbe.[6]

Sicher hat die Entscheidung von Bundeskanzler Schröder im Bundestagswahlkampf 2002 gegen eine Beteiligung am Irakkrieg wesentlich zu diesem Bild eines friedliebenden und Kriege ablehnenden Deutschlands beigetragen. Wer die ›Golfkriege‹ miterlebt hat, mit ihren »imbedded journalists«, die dafür sorgten, dass die Bilder stimmten und die richtigen Gefühle vermittelt wurden, weiß, welche innenpolitische Bedeutung eine solche Entscheidung der Nichtbeteiligung am Kriegseinsatz der »Willigen« hatte.

Sie war anscheinend geeignet, den ersten und noch dazu völkerrechtswidrigen Angriff der NATO unter deutscher Beteiligung auf die Volksrepublik Jugoslawien 1999 vergessen zu machen, obwohl dieses Ereignis seinerzeit enormen Wirbel erzeugt hatte. Denn die Grünen waren bereit, schon bei der ersten Regierungsbeteiligung auf Bundesebene ihren pazifistischen Grundsatz aus Gründertagen über Bord zu werfen – eine harte Zäsur, der später weitere folgen sollten.

Auf der Folie des von den Medien geprägten Bildes ist das innerdeutsche Image eines auf Ausgleich und Moderation bedachten Landes also nicht so erstaunlich, wie es sein müsste, wenn man die tatsächliche Rolle Deutschlands in der EU, in Handelsverträgen, in der Frage der Austerität und des nachhaltigen Exports von Kriegs- und Bürgerkriegswaffen bewusst und unverstellt wahrnehmen würde. Dazu wäre aber natürlich ebenfalls eine andere, kritische Rolle der Massenmedien erforderlich.

Denn in Wirklichkeit hat Deutschland seine führende Rolle als Exportüberschuss-Nation zu Lasten anderer Länder systematisch ausgebaut. Und auch der anhaltende Export von Kriegs- und Bürgerkriegswaffen konnte weitgehend aus dem Gesichtsfeld verbannt werden. Selbst ein an Völkermord grenzender Krieg im Jemen oder der wegen seiner Durchführung einzigartig abscheuliche Mord an dem saudischen Journalisten und Regimekritiker Jamal Khashoggi bringen unsere Exportpolitik nur sehr kurz in Verlegenheit.

Erstaunlich müsste eine solch grundsätzliche Ausrichtung auf Exportüberschüsse auch schon deshalb sein, weil 1967 mit dem Stabilitäts- und Wachstumsgesetz eine Zielvorgabe an die Politik beschlossen wurde, die gerade eine ausgeglichene Handelsbilanz verlangt. Aber dieses Gesetz wurde immer schon eher als Appell denn als Vorgabe aufgefasst, womöglich auch als Ablenkung von den eigentlichen Zielen.

Jedenfalls blieb die heimliche Agenda die alte und die Politik verfolgte zusammen mit den Wirtschaftsverbänden weiterhin das Ziel eines möglichst großen Exportüberschusses, was die beiden folgenden Schaubilder gut darstellen.

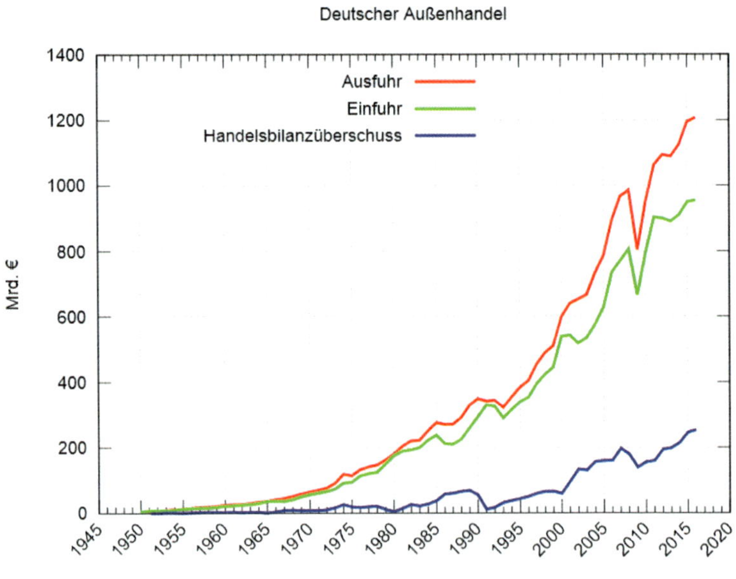

Gesamtentwicklung des deutschen Außenhandels ab 1950 in absoluten Zahlenwerten[7]

Auffällig sind dabei folgende Entwicklungen:

A. Zum ersten Mal stieg der Anteil sowohl des Brutto- wie des Nettoexportanteils am BIP in der Folge der Krise 1966/67. Das ist deshalb bemerkenswert, weil es zeigt, wie schnell das Kapital den Ausweg aus Nachfrageschwierigkeiten im Inland durch Ausweitung der Absatzmöglichkeiten im Ausland eingeschlagen hat.

Diese erste – und aus heutiger Sicht winzige – Wirtschaftskrise erzeugte seinerzeit übrigens eine immense Betroffenheit in der veröffentlichten Meinung. Wie stark diese war, als das bis dahin stetig ansteigende Wirtschaftswachstum sich für einen kleinen Moment umkehrte, kann man auch daraus ersehen, dass im Verhältnis zu späteren Wirtschaftskrisen die politischen Folgen viel größer waren. Immerhin musste sogar der »Vater des Wirtschaftswunders« Ludwig Erhard als Bundeskanzler seinen Hut nehmen und eine erste »Große Koalition« wurde für nötig erachtet.
B. Der zweite Anstieg des anteilmäßigen Exportüberschusses ist mit dem Anstieg der Arbeitslosigkeit Mitte der siebziger Jahre zu verzeichnen, d.h. Arbeitslosigkeit wird zunehmend exportiert.
C. Zum dritten Mal stieg der Anteil des Exportüberschusses am BIP signifikant Mitte der 80er Jahre gleichzeitig mit dem weiteren Anstieg der Arbeitslosigkeit, der also nur teilweise kompensiert werden konnte, bis dann Anfang der 90er Jahre die durch die ökonomische Vereinnahmung der neuen Bundesländer infolge der Vereinigung von BRD und DDR gewaltig verstärkte Binnennachfrage an die Stelle des hohen Exportniveaus trat. Dies hielt allerdings auch nur bis zur Mitte der 90er Jahre. Aber anteilmäßig ging es mit dem Nettoexport erst wieder Anfang des neuen Jahrtausends in die Höhe, dafür aber dauerhaft.

Wie Kai Eicker-Wolf in Wirtschaftswunderland dargestellt hat, ist der Leistungsbilanzüberschuss (der alle Leistungen mit dem Ausland erfasst) seit 2001 (wo die Bilanz ausgeglichen war) fast ununterbrochen gestiegen: »auf einen Überschusswert von 170 Milliarden Euro im Jahr 2007« und einen Überschusswert von 260 Milliarden Euro 2016. Ähnliches gilt für den entsprechenden Anteil am BIP.

Der Exportüberschuss »beläuft sich seit 2006 auf einen Anteil von mindestens rund sechs Prozent des Bruttoinlandsprodukts – zuletzt wurde im Jahr 2016 sogar ein Wert von 8,7 Prozent erreicht.«[8]

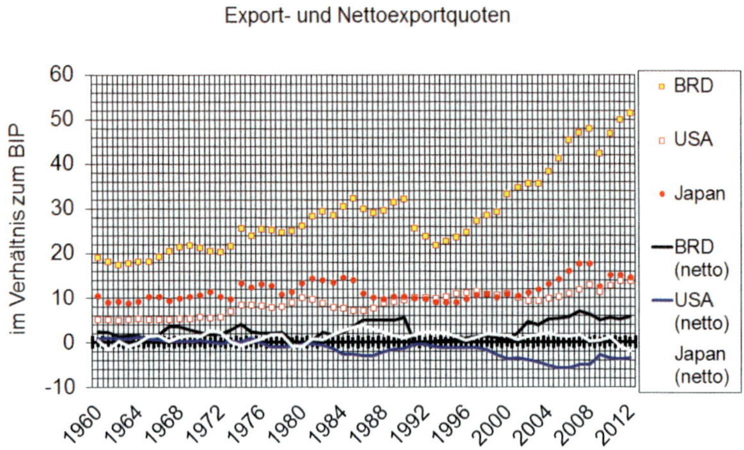

Exporte und Exportüberschüsse im Verhältnis zum BIP[9]

Ich habe in meinem bereits zitierten Buch die beiden zwingenden Gründe genannt, die eine solche Politik dann nahelegen, wenn die Wirtschaft allein der kapitalistischen Verwertungslogik folgt: die Schwierigkeiten bei der Realisierung des in den Waren eingeschlossenen Mehrwerts durch eine begrenzte Kaufkraft einerseits und der gnadenlose Konkurrenzkampf mittels Renditenmaximierung andererseits.

Obwohl der Kapitalismus ein wahres Füllhorn an Waren hervorzubringen scheint, stößt er doch immer wieder an seine Verwertungsgrenzen. Denn der in den Waren steckende Mehrwert kann erst dann realisiert werden, wenn die Waren ihre Abnehmer gefunden haben.

Es genügt ja nicht, kostengünstig eine Warenmenge zu produzieren. Erst wenn sie auch verkauft ist, wird der Kreislauf geschlossen.

Die Inanspruchnahme der ausländischen Kaufkraft – und sei sie auch nur durch Kredite möglich, die das Importland in die Schuldenfalle treiben – ist eine Möglichkeit, dieses grundsätzliche Absatzproblem zu lösen. Kein anderer wirtschaftlich hoch entwickelte Staat nutzt diese Strategie so extrem wie Deutschland, das mit seinen Export- und Leistungsbilanzüberschüssen einsam an der Weltspitze steht: 294 Milliarden US-Dollar wurden es 2018, 2016 waren es noch 264 Milliarden Dollar.

> **Leistungsbilanz: Deutschland weiter mit weltgrößtem Exportüberschuss**
> Donald Trump und die EU-Kommission stören sich daran, dass Deutschland deutlich mehr exportiert als importiert. Im Jahr 2018 waren es umgerechnet 260 Milliarden Euro.
> Deutschland hat 2018 erneut weltweit den größten Überschuss in der Leistungsbilanz erzielt. Das gab das ifo-Institut bekannt. Das bedeutet vereinfacht gesagt, dass Deutschland viel mehr an Waren produziert und an Dienstleistungen bereitstellt, als es selbst verbraucht.
> Damit liegt Deutschland zum dritten Mal in Folge vor allen anderen Ländern. Mit umgerechnet 294 Milliarden Dollar (260 Milliarden Euro) ist das Plus sogar größer ausgefallen als das von Japan und Russland zusammen, die mit einem Plus von 173 Milliarden beziehungsweise 116 Milliarden Dollar auf Rang zwei und drei folgen. (Zeit online vom 19. Februar 2019)[10]

Wie problematisch die Handelsempfindlichkeit der deutschen Wirtschaft insgesamt ist, zeigt sich auch in der Außenhandelsquote (Summe aus Ex- und Import bezogen auf das BIP). Diese ist seit 2000 bis 2016 um rund 20 Prozentpunkte gestiegen auf zuletzt fast 70 Prozent![11] Dieser Gesichtspunkt soll später nochmals aufgegriffen werden.

Wie aber geht die deutsche Bevölkerung mit dem Widerspruch um, dass Deutschland in einem harten und gnadenlosen internationalen Wettbewerb die Nase vorn hat und deshalb diesen Wettbewerb zum erstrebenswerten Ziel erklärt hat, aber gleichzeitig für seine Kooperationsbereitschaft geliebt werden möchte?

Meine Antwort lautet: Am liebsten gar nicht, Verdrängung ist angesagt!

Einen Widerspruch zu thematisieren, den man nicht so einfach auflösen kann und vor allem nicht auflösen will, bringt nur Unruhe und Debatten über alternative Wirtschaftsweisen, welche die Hauptnutznießer nicht wollen und welche andere vermutlich überfordern.

Und zunächst können sich ›alle in einem Boot‹ wähnen, sodass die Verteidigung dieses Boots ohnehin oberstes Gebot ist.

Schon der Gedanke, dass unsere Arbeitslosigkeit in Deutschland, würde sie nicht ›exportiert‹, vermutlich bei 13 statt bei 4 Prozent läge, lässt die Brisanz erahnen. Denn für die deutschen Arbeitsplätze, die den Exportüberschuss erzeugen, sorgen (und zahlen) diejenigen Länder, die diesen Überschuss importieren.

Kai Eicker-Wolf zeigt dies in seinem bereits zitierten Buch sehr anschaulich für die Jahre 2010–2016. Die Wirtschaftsentwicklung in Deutschland entkopple sich vom Durchschnitt der EU und dem Euroraum deutlich nach oben:

> Das Wirtschaftswachstum führt mit durchschnittlich 2,0 Prozent zu einem Beschäftigungswachstum von rund einem Prozent im Jahresdurchschnitt. Während EU und Euroraum mit hohen Arbeitslosenquoten von teilweise über 10 Prozent zu kämpfen haben, sinkt die Quote in Deutschland kontinuierlich auf gut vier Prozent im vergangenen Jahr (2016).[12]

Eine weitere Methode, mit dem Widerspruch zwischen Konkurrenz und Kooperation umzugehen, liegt darin, den Begriff Konkurrenz durch den des Wettbewerbs zu ersetzen und diesem dadurch einen positiven Klang zu geben.

Konkurrenzkampf, jemanden ›niederkonkurrieren‹ oder ökonomisch in die Knie zu zwingen, würde sofort das Bild eines unangenehmen, vielleicht auch ungerechten Kampfes in die Köpfe befördern, in dem es jedenfalls Gewinner und Verlierer gibt, womöglich dauerhaft.

Stattdessen werden für das Exportüberschuss-Modell sportliche Kategorien bemüht, am besten in einem (sprachlichen) Fair Play.

Schließlich lässt sich noch aus der ›Neid-Debatte‹ Honig saugen: Zeigt nicht ein dauerhafter Exportüberschuss, dass ›die Welt unsere Waren will‹, weil sie ›einfach gut‹ sind?! Und ist es denn verwunderlich, wenn unser Erfindungsreichtum, unsere Qualität in der ganzen Welt geschätzt werden. ›Made in Germany‹ – einst als Abwertungsbegriff im Konkurrenzkampf vom Ausland erzwungen, ist ein schillerndes Etikett geworden, auf das man stolz ist.

Und so driftet das Bewusstsein beiderseits entlang der deutschen Grenzen immer weiter auseinander: Überwiegt bei der deutschen Bevölkerung ein gewisser Stolz auf »deutsche Wertarbeit«, wachsen im Ausland Unverständnis, Ohnmacht und Zorn.

Meine These ist, dass das deutsche Exportüberschussmodell *die heimliche Agenda deutscher Politik* darstellt, weil durch sie ein gewisser Wohlstand in Deutschland garantiert werden kann.[13]

Heimlich nenne ich diese Agenda deswegen, weil sie zwar nicht öffentlich geleugnet wird, ja zu gewissen Gelegenheiten sogar gerne zur Schau gestellt, aber gerade auf einer internationalen Ebene doch eher verdrängt wird. Und schon gar nicht würden es deutsche Leitmedien akzeptieren, von einem GERMANY FIRST zu sprechen. Nicht zuletzt deshalb, um nicht in die Nähe des AMERICA FIRST eines Donald Trumps gerückt zu werden.

Den deutschen Leitmedien ist es gut gelungen, das deutsche Exportüberschussmodell als Erfolg und Vorbild hinzustellen, statt die damit verbundenen Probleme zu benennen und die deutsche Regierung an ihr eigenes Gesetz zu erinnern (das Stabilitäts- und Wachstumsgesetz).

Der Begriff ›beggar-my-neighbour-Politik‹ (›den Nachbarn ausplündern‹ oder ›den Nachbarn zum Bettler machen‹) aus der Wirtschaftstheorie ist heute kaum noch zu hören. ›Mach meinen Nachbarn zum Bettler‹ – dahinter verbirgt sich eben eine Politik, die Deutschland wirtschaftlich immer in der Führungsrolle sehen muss, als Konkurrenzgewinnler, der seine ökonomischen Probleme auf Kosten anderer Länder löst und sie im Extremfall gnadenlos in die Knie zwingt, wie am Beispiel Griechenland vorexerziert.

Aber die Kehrseite von Deutschlands Exportüberschusspolitik zeigt sich auch in den Defiziten anderer Länder, was die folgenden Schaubilder verdeutlichen:

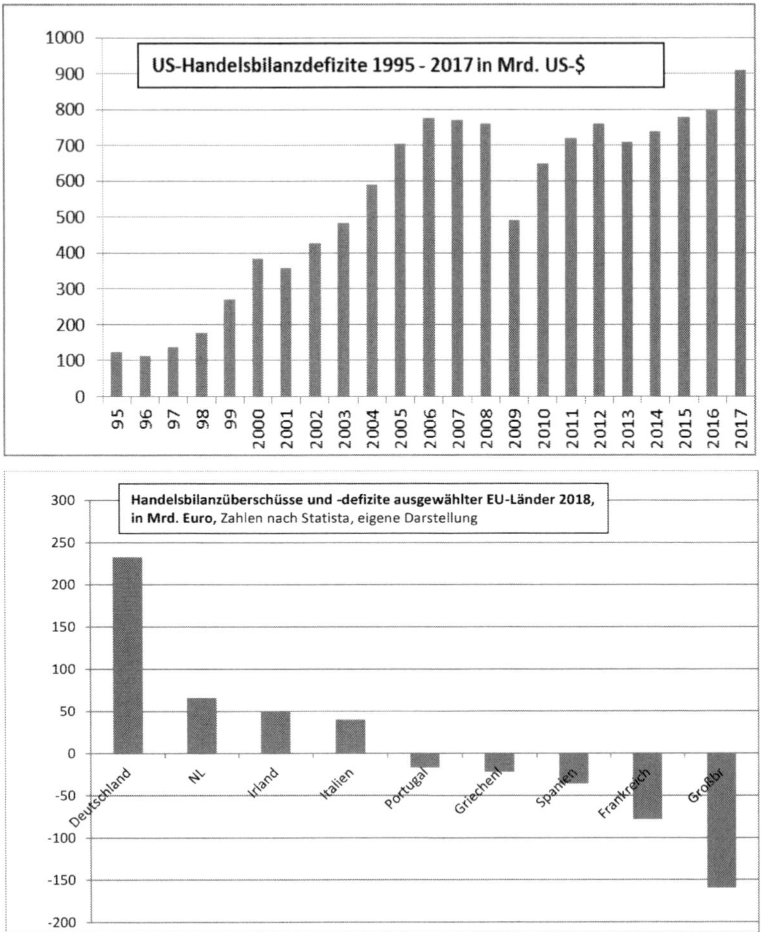

Handelsbilanzsalden der EU-Mitgliedsstaaten im Jahr 2018 und US-Handelsbilanzdefizite (je in Milliarden Euro), Quelle: https://de.statista.com/statistik/daten/studie/252105/umfrage/handelsbilanz-der-eu-laender/. Eigene Darstellungen

Diese Politik des GERMANY FIRST mag auch deshalb nicht so aggressiv erscheinen wie Trumps Schlachtruf von AMERICA FIRST, weil Wirtschaft und Militär in den USA enger verbunden sind und die Betonung der amerikanischen Führungsrolle immer mit dem Anspruch auf eine militärische Vorherrschaft assoziiert wird.

Tatsächlich hat Trump seinen Schlachtruf AMERICA FIRST aber zunächst und vorrangig auf die ökonomische Führung gemünzt (schon allein, um die amerikanischen Arbeiter mit dem Arbeitsplatzargument zu ködern). Und ökonomische Prozesse kommen scheinbar viel ›weicher‹ daher als militärische. Doch auch dies beginnt, sich mit einer von den USA ausgehenden und zunehmenden Boykott- und Embargopolitik bis hin zum Wirtschaftskrieg zu ändern.

Trotzdem offenbart sich hier eine völlig falsche Vorstellung von ökonomischen Prozessen im öffentlichen Bewusstsein. Das liegt daran, dass Ökonomie eher mit Sachnotwendigkeiten in Verbindung gebracht wird. Erst die zunehmenden Wirtschaftssanktionen (insbesondere gegen Russland) und der immer wieder aufflackernde Begriff vom ›Wirtschaftskrieg‹ verschieben die Wahrnehmung und bringen den aggressiven Charakter wirtschaftspolitischer Entscheidungen deutlicher zum Vorschein.

Dabei gibt es eine Fülle von Hinweisen gerade auch von Seiten der Ökonomen. Der bekannteste dürfte spätestens seit der Finanzkrise Warren Buffetts Titulierung von Derivaten als »financial weapons of mass destruction« (finanzielle Massenvernichtungsmittel) von 2003 sein.

Frank Schirrmacher hat in seinem Buch Ego – Das Spiel des Lebens von 2013 dieser immanenten Aggressivität ein anschauliches Kapitel (»Massaker«) gewidmet.

Dass aber auch Arbeitslosigkeit, Obdachlosigkeit, Hartz IV, prekäre Arbeits- und Wohnverhältnisse und verbaute Zukunftschancen Gewalt über Menschen ausüben, ist im überwiegenden öffentlichen Bewusstsein nicht verankert. Dass massive Wohnungsprobleme, der weitgehende gesellschaftliche Ausschluss durch Armut usw. unangenehm sind, dass sie bedrückend sind, soweit reicht das allgemeine Bewusstsein in der Regel. Aber dies als ›strukturelle Gewalt‹ (Herbert Marcuse) anzusehen, dafür reicht der Blickwinkel offensichtlich nicht. Wie ja auch die verantwortlichen Akteure eine Schuld weit von sich weisen würden.

So hat sich in der deutschen Öffentlichkeit noch nicht sehr weit herumgesprochen, dass auch das deutsche Exportüberschussmodell nicht ohne seine aggressive Seite auskommt (und dies nicht nur nach außen, sondern auch nach innen!). Mehr noch: es wird von zahlreichen Einflussgruppen der deutschen Gesellschaft alles getan, damit dies nicht thematisiert wird. Und es wird alles getan, damit die wirtschaftspolitischen Akteure auf das heimliche Einverständnis oder auch die unbewusste Komplizenschaft großer Teile der Bevölkerung zählen können.

Denn wenn man auch nur den Gedanken zuließe, Deutschlands Weltmarktstellung infrage zu stellen und den beträchtlichen Exportüberschuss zugunsten einer ausgeglichenen Handelsbilanz zu reduzieren, würde das Gespenst eines wirtschaftlichen Abstiegs so drohend am Horizont auftauchen, dass es alle Teile der Bevölkerung in seinen Bann schlagen würde. Dann würden sich all die Probleme, mit denen wir uns schon jetzt herumschlagen – wie die unterfinanzierte Infrastruktur, der prekäre Arbeitsmarkt, nicht eingehaltene und einzuhaltende Klimaziele usw. – vermutlich so potenzieren, dass es uns die Sprache verschlagen könnte.

Das alles mag der Mehrheit der deutschen Bevölkerung nicht unbedingt bewusst sein, aber eine Ahnung davon scheint mir gleichwohl vorhanden zu sein. Und diese beständige untergründige Sorge, ob »wir« noch international »die Besten« sind, lässt sich jederzeit aktivieren, zunächst in voller Breite negativ, wie ich fürchte.

Ulrike Herrmann hat auf schnell aufkommende ›Verlustängste‹ in ihrem Buch Kein Kapitalismus ist auch keine Lösung hingewiesen: »Deutschland muss sich also dringend von seinen gewaltigen Exportüberschüssen verabschieden, wenn die Eurozone überleben soll. Viele Bundesbürger entwickeln sofort Verlustängste, wenn sie diese Nachricht hören…«[14] Dennoch geht an diesem Bewusstseinsprozess kein Weg vorbei. Denn ein Weg in die Sackgasse bleibt ein solcher, auch wenn man das warnende Schild ignoriert.

In meinem Buch Mit Demokratie ernst machen habe ich dazu folgende Vermutung angestellt: Während Deutschlands Exportüberschüsse also einen Rekord nach dem anderen brechen, würde man sich in Deutschland in dieser Hinsicht gerne mental einigeln und den wirtschaftlichen Sonderstatus mit den einzigartigen Exportüberschüssen still und leise möglichst noch lange weiter genießen. Dass Deutschland auch bei der Leistungsbilanz einsame Weltspitze ist, erfreut also insgeheim Politiker, Unternehmen, Gewerkschaften, Medien usw., weil es »Standortstärke« demonstriert und »Wohlstand sichert«.

Der kabarettistische Ausspruch »Ich weiß gar nicht, was Angela Merkel macht, aber das, was sie macht, macht sie gut« (Urban Priol) karikiert ein scheinbar schizophrenes Bewusstsein der Wähler. Aber so schizophren ist dieses Bewusstsein womöglich gar nicht.

Es könnte auch ganz anders sein: dass nämlich die Menschen durchaus wissen oder zumindest ein *Gefühl* dafür haben, dass diese Politik auf Kosten anderer es eben auch verhindert, »dass es uns auch so geht wie den Griechen, Spaniern« usw.

Vielleicht ist es ja so, dass man es im Grunde weiß oder zumindest ahnt, dass der Exportüberschuss und das, was uns gegenüber anderen Ländern einen Vorsprung verschafft, nicht hauptsächlich dem eigenen Erfindergeist und der nationalen Tüchtigkeit zuzuschreiben ist, sondern einer knallharten Freihandelspolitik, die auch vor der Einschränkung nationaler Politikgestaltungsmöglichkeiten über entsprechende Abkommen und der Aushöhlung von Rechtssystemen nicht Halt macht.

Wie auch immer: Solange die Befürworter des Exportüberschussmodells damit rechnen können, beim überwiegenden Teil der Bevölkerung – offen, insgeheim oder unbewusst – auf Verständnis und Zustimmung zu stoßen, werden alle daraus resultierenden Widersprüche sich weiter verschärfen. Ich nenne hier aktuell und exemplarisch das Verhalten gegenüber Saudi-Arabien angesichts des heimtückischen und grausamen Mordes an einem Regimegegner, im weiteren Sinne aber auch den Widerspruch von Rüstungsexporten und dem gleichzeitigen Wunsch nach Frieden in der Welt.

Doch auch im Innern führt die aggressive Exportüberschusspolitik zu Sozialabbau und zur Spaltung der Gesellschaft, worauf der bereits zitierte Stephan Hebel in Bezug auf Merkels Bilanz hinweist: Das für die deutsche Wettbewerbsfähigkeit wichtige niedrige Lohnniveau betrifft nicht nur den Niedriglohnsektor, sondern rund 40 Prozent aller Arbeitnehmer. Und die Intervention der Kanzlerin gegen eine Verschärfung der Abgasgrenzwerte in der EU bezeichnet Hebel als »spektakulärstes Beispiel für die Politik der ›Wettbewerbsfähigkeit‹ im Wirtschaftsbereich«.[15]

Diese Widersprüche sind längst zu einer Bedrohung der Demokratie geworden, ja, sie haben sie bereits ausgehöhlt. Denn der von Alt-68ern propagierte ›Marsch in die Institutionen‹, um ›mehr Demokratie zu wagen‹, endete schließlich für viele maßgebliche Wortführer auf einem gut dotierten Posten in einem großen Unternehmen.

Gleichzeitig wird aber auch der Rechtsstaat von einer Doktrin bedroht, die das unternehmerische Wohl von Großkonzernen für die internationale Wettbewerbsfähigkeit höher bewertet als rechtsstaatliche Grundsätze. Der bereits erwähnte Abgasbetrug ist nur der sichtbare Teil des Eisbergs, der rechtsstaatliche Grundsätze beständig auflaufen lässt.

Ein Ziel dieses Buches ist es, diese gern tabuisierten Widersprüchlichkeiten als Hinderungsgrund für einen zivilisatorischen Politikwechsel darzulegen, der seinen Namen verdient. Denn ansonsten unterscheiden wir uns nicht grundsätzlich von der Trump'schen Politik. Darüber hinaus soll erörtert werden, wie eine alternative Fokussierung auf eine verstärkte »Binnenorientierung« aussehen kann und auf welche Widerstände und Probleme sie vermutlich treffen wird.

Die Frage ist, ob wir weiter den Weg einer gnadenlosen Wettbewerbspolitik gehen oder auf das ebenfalls im Menschen vorhandene Solidaritätsbedürfnis bauen wollen. Deshalb soll auch Ausschau nach der dafür benötigten »kritischen Masse« und den »Pionieren der Transformation« gehalten werden. Und damit einem das Schmunzeln nicht vergeht:

Bierdeckel von *Schlappeseppel*, der Bierbrauerei aus Aschaffenburg. Eigene Aufnahme des Autors

Das Bild zeigt uns, dass auch beim Bier durchaus schwierige Themen besprochen werden können und hier mit einem ironischen Augenzwinkern.

2. Das Narrativ vom ausgleichenden Deutschland stimmte noch nie

Es war Hans Kundnani, ein aus Deutschland stammender internationaler Journalist und in England arbeitender Wissenschaftler, der 2016 in einem Beitrag in den ›Blättern für deutsche und internationale Politik‹ auf das »weit verbreitete Narrativ von Deutschland als passivem Empfänger bösartiger angelsächsischer Ideen« einging.[16]

Diese Meinung sei auch bei vielen linken Kritikern der deutschen Politik verbreitet, die argumentieren, Deutschland folge damit dem ›Washington Consensus‹. »In der Bundesrepublik ist man es gewohnt, die deutsche soziale Marktwirtschaft als moderate Alternative zum brutaleren angelsächsischen Kapitalismus zu begreifen«, so Kundnani.[17]

Und auch nach meiner eigenen Wahrnehmung ist diese (trügerische) Anschauung weit verbreitet. Das unhinterfragte Narrativ vom »Rheinischen Kapitalismus« (Michel Albert) hat vermutlich stark dazu beigetragen.

Im Jahr 1992 veröffentlichte Michel Albert, damals Präsident einer französischen Versicherungsgesellschaft und Autor mehrerer Bücher zur Wirtschaftspolitik, das Buch Kapitalismus contra Kapitalismus.

Nach dem Zusammenbruch des Kommunismus, so Albert, werde die Systemdebatte zu einer »innerkapitalistischen« Debatte. Dem »neoamerikanischen« Modell, »das auf dem schnellen Gewinn und dessen Vermarktung in den Medien beruht«, stehe das »rheinische Modell« gegenüber. »Dieses Modell favorisiert den gemeinsamen Erfolg, den Konsens, das langfristige Vorausdenken. Das erste Modell übt größere Anziehungskraft aus, das zweite ist leistungsfähiger.«[18]

Tatsächlich aber »geht die deutsche Politik in der Eurozone in mancher Hinsicht viel weiter als der angelsächsische Neoliberalismus«, sagt Kundnani und argumentiert: »Die weitverbreitete Vorstellung, das deutsche Wirtschaftsmodell sei eine moderate Alternative zum brutaleren angloamerikanischen Kapitalismus fußt auf einem Missverständnis der ›sozialen Marktwirtschaft‹ und des Ordoliberalismus.«[19]

Dabei werde sowohl der Ordoliberalismus als auch die ›soziale Marktwirtschaft‹ idealisiert. Ersterer habe beispielsweise den Wohlfahrtsstaat abgelehnt und in Gestalt der Freiburger Schule in den 30er Jahren die Nationalsozialisten unterstützt. Und die ›soziale Marktwirtschaft‹ sei ein Kompromiss zwischen den ablehnenden Ordoliberalen und einem »christdemokratischen Sozialliberalismus«.

Dass Kundnani ein Konstrukt wie »die soziale Marktwirtschaft« (Müller-Armack 1946), das in sich nicht konsistent sein konnte und auch dauernden sich widerstreitenden Kräfteverhältnissen unterlag, in seinem Beitrag vorwiegend als Produkt einer Auseinandersetzung zwischen *theoretischen* oder *ideologischen* Schulen ansieht, kann selbstverständlich kritisiert werden. Dies gilt besonders eingedenk des Entstehungshintergrundes nach dem Schock des zweiten Weltkrieges, des Holocaust und der Systemkonkurrenz zwischen den sich selbst als sozialistisch bezeichnenden und den kapitalistischen Staaten!

Dennoch ist Kundnanis Analyse hilfreich, weil auch diese theoretischen Schulen eine die Politik und die politischen Auseinandersetzungen prägende Kraft darstellten und seine Untersuchung vermag, Illusionen zu vertreiben.

Kundnani schlägt vor, die unterschiedlichen Varianten des Neoliberalismus zu erfassen und zwischen einer ›angloamerikanischen und einer deutschen Variante‹ zu unterscheiden und dabei ebenfalls die verschiedenen Etappen seit 1945 zu berücksichtigen. Dann könne es auch nicht zu dem Glauben kommen, beim deutschen Neoliberalismus handele es sich um eine ›moderatere‹ Variante. Denn

> vergleicht man die deutsche soziale Marktwirtschaft der 1950er Jahre mit der angelsächsischen Politik zur gleichen Zeit, ergibt sich ein ganz anderes Bild:

> Dann muss sogar die weitverbreitete Auffassung hinterfragt werden, der starke Staat bilde einen Grundpfeiler des Ordoliberalismus, was ihn vom klassischen Liberalismus und dem angelsächsischen Neoliberalismus unterscheide.[20]

In Großbritannien nämlich habe die Labour-Regierung von 1945 bis 1951 wichtige Sektoren der Wirtschaft verstaatlicht und einen Wohlfahrtsstaat begründet. »Das deutsche Modell war also für seine Zeit gar nicht besonders ›sozial‹«.[21] Und die neoliberale Wende der 1970er Jahre als Reaktion auf das keynesianische Modell konnte deshalb in Deutschland ausbleiben, weil Keynes (bis auf Karl Schiller von 1966 bis 1972) hier keine vergleichbare Rolle spielte.

Die Reformen der Schröder/Fischer-Regierung 1998 hätten vorrangig das Ziel gehabt, die Wettbewerbsfähigkeit der deutschen Industrie zu steigern, die durch die Konkurrenz von Schwellenländern zunehmend unter Druck gerate. Hierzu sei – und hier beruft sich Kundnani auf die Analyse von IWF-Mitarbeitern – vor allem durch Öffnung der Märkte der Wettbewerb verstärkt und die Rolle des Staates beschränkt worden.

> Dazu dienen Privatisierungen sowie Maßnahmen gegen Haushaltsdefizit und Staatsschulden (Austeriät). (…) Vor allem seit der Einführung des Euro stand die Zurückdrängung des Staates im Vordergrund, zum Beispiel durch die Maastricht-Kriterien und den Stabilitäts- und Wachstumspakt – trotz angeblicher ordoliberaler Vorstellungen vom ›starken Staat‹.[22]

Seit Beginn der Eurokrise 2010 habe

> Deutschland seine Variante des Neoliberalismus noch aggressiver als vorher exportiert. Der vorläufige Höhepunkt dieser Politik war erreicht, als Finanzminister Wolfgang Schäuble vor dem EU-Gipfel in Brüssel im Juli 2015 vorschlug, griechisches Staatseigentum im Wert von 50 Mrd. Euro in einen Treuhandfonds in Luxemburg zu überführen, um es dann zu privatisieren. (…) Deutschland agierte also in Europa ähnlich wie es die USA lange in Lateinamerika taten.[23]

Dies bezeichnet Kundnani als »schockierende Feststellung, schließlich hat Deutschland gegenüber seinen Partnern in der Eurozone eine ganz andere Verantwortung als die Vereinigten Staaten gegenüber Lateinamerika. Man erwartet innerhalb der Europäischen Union, die viele Europabefürworter wie Schäuble als ›Schicksalsgemeinschaft‹ bezeichnen, grundsätzlich Solidarität.«

Aber: »Deutschland agierte als ›normales‹ Gläubigerland. In mancher Hinsicht war die deutsche Politik in der Eurokrise sogar noch brutaler als die der USA in Lateinamerika. Dies gilt etwa für die äußerst harte Austeritätspolitik, zu der die Schuldnerländer gezwungen wurden.«[24]

Die deutsche Politik ist keine moderatere Alternative…

Kundnani kommt daher zu dem Schluss: »Was den Ordoliberalismus vom klassischen Liberalismus unterscheidet ist nicht so sehr, welche Größe er dem Staat zugesteht, sondern welche Rolle er ihm zuweist. (…) Daher ist der Ordoliberalismus eine Art ›autoritärer Liberalismus‹. Der Begriff trifft auch für die deutsche Eurozonenpolitik zu.« Und dem Fazit von Kundnanis Beitrag ist nichts hinzuzufügen. In den wirtschaftspolitischen Debatten der letzten Jahre sei, so Kundnani, die herrschende Meinung in den angelsächsischen Ländern oft deutlich links von der deutschen gestanden, beispielsweise, wenn gefordert wurde, in Deutschland sollten die Löhne erhöht und mehr in Bildung und Infrastruktur investiert werden. Dagegen hätten sich die Deutschen einschließlich der Sozialdemokraten mit Empörung verwahrt. Dennoch bildeten sich diese bis heute ein, »sie stünden für eine moderatere Alternative zum brutalen angelsächsischen Neoliberalismus.«[25] Das aber sei Selbstbetrug. Und daher übersehe die Sozialdemokratie auch, wie weit rechts sie in der Wirtschaftspolitik inzwischen stehe.

Ich habe Kundnani deshalb so ausführlich referiert, weil er zeigt, wie hartnäckig sich Bilder oder Narrative halten und den Blick für die Realitäten verstellen. Kundnani hat seine Analyse in dem 2016 auf Deutsch erschienenen Buch German Power – Das Paradox der deutschen Stärke weiter ausgeführt. Diese Analyse ist im Kontext der Spaltungstendenzen in der EU eine hilfreiche Lektüre, insofern sie aufzeigt, welche Rolle Deutschland und speziell seine Wirtschaftspolitik innerhalb der EU spielt und welche Probleme das aufwirft. »Gleichzeitig ist eine neue Form von deutschem Nationalismus entstanden, der auf Exporten, der Idee des ›Friedens‹ und einem erneuten Gefühl einer ›deutschen Mission‹ beruht – wodurch auch die Fragen nach Deutschlands Verhältnis zum Westen wieder offen sind« – so das Ende der Einleitung zu seinem Buch.[26]

Die für meine Analyse wichtigen Erkenntnisse daraus werden im nächsten Kapitel unter dem Abschnitt »*Deutschlands Exportüberschussmodell gefährdet auch den Zusammenhalt in der EU*« erörtert.

Da militärische Nachrichten in den Medien stets vor den ökonomischen rangieren und Deutschland eher im wirtschaftlichen als im militärischen Bereich glänzt, kann das Bild, das die deutsche Regierung von Deutschland zeichnet, tatsächlich glaubhaft als das weichere erscheinen.

Deutschland ist keine militärische Großmacht wie Frankreich (Grande Nation mit force de frappe), England (UK) oder gar die USA, und gibt sich international gern zurückhaltend, vermittelnd.

Die vergleichsweise zaghafte Auseinandersetzung mit der »gestiegenen Verantwortung Deutschlands in der Welt« (so ein häufiger Euphemismus) bestätigt das Bild und zeigt zugleich, dass vorrangig auf *ökonomische* Stärke gesetzt wird.

Die ›Verteidigung der deutschen Freiheit am Hindukusch‹ war nie für eine Mehrheit der deutschen Bevölkerung überzeugend. Und Bundespräsident Köhler wurde nicht zuletzt seine Äußerung zur Bundeswehr, die auch für die Sicherung der Handelsrouten gut sei, zum Verhängnis und kostete ihn sogar das Amt.

Besonders erstaunlich aber ist, dass auch bei den Auseinandersetzungen um die Freihandelsabkommen, die viele Tausend Protestierende auf die Straße brachte, der Eindruck erweckt wurde, es würde Deutschland etwas *aufgezwungen*. Jedenfalls war das hauptsächlich verbreitet. Das amerikanische

›Chlorhühnchen‹ auf dem drohenden Marsch nach Deutschland hat es in der Ablehnungs-Skala ganz nach oben geschafft, der Abgasbetrug deutscher Autos auf dem Weg in die USA – also in umgekehrter Richtung – nicht oder jedenfalls viel später und ganz anders.

Um die deutsche Bevölkerung zu den Protesten gegen konkrete Freihandelsvorhaben wie aber auch gegen eine die Demokratie gefährdende Freihandelsideologie zu mobilisieren, wurde Deutschland eher als Opfer denn als Täter dargestellt.

Wenn man allerdings die Zahl der Freihandelsabkommen betrachtet, die Deutschland weltweit aus eigenem Antrieb abgeschlossen hat, sieht es schon ganz anders aus. Immerhin hat sich diese Zahl nach Angaben des Bundeswirtschaftsministeriums in den letzten 20 Jahren vervierfacht, wie die folgende Abbildung zeigt.

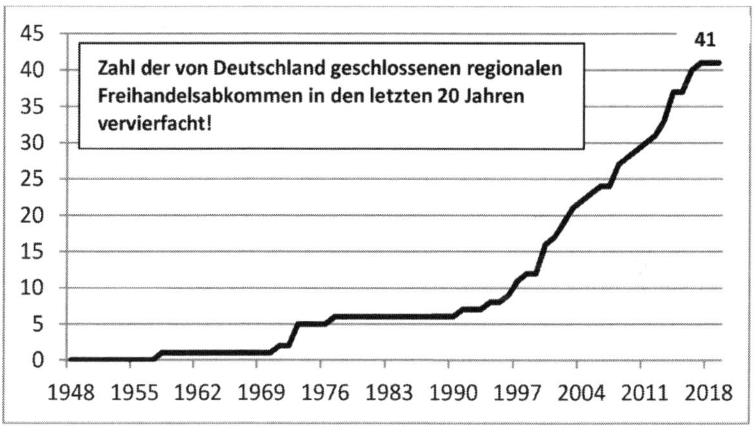

Bundesministerium für Wirtschaft und Energie, Januar 2019.
Eigene Darstellung

Und der nachfolgend hier noch zitierte hessische Kultusminister Ralph Alexander Lorz, selbst ein engagierter Verfechter solcher Handelsabkommen, stellt fest:

> Deutschland hat mehr solcher Abkommen geschlossen als jedes andere Land – und mit gutem Grund: Als Industrienation, die von Exporten und von daher von der Existenz eines freien und rechtlich geschützten Handels und von Investitionen abhängig ist, würden deutsche Investoren und damit Deutschland selbst am meisten von den Vorteilen der ISDS-Regelungen in TTIP profitieren.[27]

Das ist auch logisch, denn die inoffizielle Leitlinie GERMANY FIRST begreift Deutschland als *Akteur* in einem globalen kapitalistischen Wettbewerb. Und der Akteur denkt gern, dass sein spezifisches Interesse das allgemeine Interesse sei. Und teilt es der Welt entsprechend mit.

»*Ich bin überzeugt, dass ein freier und fairer Welthandel im Interesse aller Beteiligten ist*«, so sagte es etwa Bundeswirtschaftsminister Peter Altmaier im Januar 2019 in einem Interview mit ZEIT ONLINE.

Aber auch die Opferrolle hat durchaus ihre Reize. Und nur im Zusammenspiel beider Rollen kommt Musik, sprich Emotion in die politische Gestaltung.

Diesbezüglich verzichtete Altmaier bei der Vorstellung seiner »Nationalen Industriestrategie 2030« Anfang Februar 2019 auch nicht auf das Ausspielen einer solchen Opferrolle: »*Deutschland muss vom Erdulder und passiven Beobachter einer Entwicklung, die in China und in den USA bereits in vollem Gange ist, wieder zu einem Akteur und einem Gestalter werden*«, so zitiert die FRANKFURTER RUNDSCHAU den Minister.[28]

Dass Deutschlands Politikerinnen und Politiker hinter den Kulissen eine sehr aktive Rolle einnehmen, zeigt beispielhaft das Verhalten der deutschen Regierung in der EU und in Bezug auf die Handelsabkommen der EU.

Exkurs: Ein Kultusminister und seine andere Mission

Unter dem Titel »Schulpolitik und Freihandel« veröffentlichte die HLZ (Zeitung der hessischen GEW) einen Beitrag von mir, in dem eine der Öffentlichkeit weitgehend unbekannte Seite des hessischen Kultusministers Lorz als bekennendem Verfechter von Freihandelsabkommen dargestellt ist:[29]

Professor Dr. jur. Lorz ist der Öffentlichkeit als stets freundlicher und verbindlicher Kultusminister bekannt. Bei den Einschulungsfeiern am ersten Schultag des neuen Schuljahrs (2018) war er gleich an vier Schulen präsent. Bildungspolitisch steht er in der Tradition der hessischen CDU: Er polemisiert gegen die »neomarxistisch inspirierte Gesellschaftstheorie der Frankfurter Schule« und gegen die Forderung nach »einer Schule für alle«, die »weder demokratisch« sei noch »der Natur des Menschen« entspreche (Roman George: Fragen an Herrn Lorz, in: HLZ 4/2018, S. 14 f.). Eher unbekannt ist seine Rolle als entschiedener Verfechter von Freihandelsabkommen wie TTIP und CETA und privaten internationalen Schiedsgerichten.

Seit dem Jahr 2000 hat Ralph Alexander Lorz einen Lehrstuhl als ordentlicher Professor für deutsches und ausländisches öffentliches Recht, Völkerrecht und Europarecht an der Heinrich-Heine-Universität Düsseldorf. Für seine politischen Aufgaben zunächst als Staatssekretär, danach als hessischer Kultusminister wurde er als Professor beurlaubt, ohne seine publizistische und wissenschaftliche Tätigkeit aufzugeben:

Im November 2016 referierte Prof. Lorz beim *Law School Arbitration Day* der *European Business School* in Wiesbaden (EBS) zum Thema »TTIP and CETA: On a Road to Nowhere or to Success? «

Als juristischer Kommentator veröffentlichte er Artikel zugunsten von TTIP und CETA und engagiert sich im internationalen Vertragsrecht speziell für Investorenschutz-Schiedsgerichte des Investor-State Dispute Settlement (ISDS).

In einem Beitrag für *Columbia FDI (Foreign Direct Investment) Perspectives* (In: Columbia FDI Perspectives – Perspectives on topical foreign direct investment issues, No. 132 vom 13. Oktober 2014) geht Lorz hart mit der Tatsache ins Gericht, dass die Kritik an den Freihandelsabkommen insbesondere in Deutschland wächst. Die Kritik richte sich speziell gegen die privaten Schiedsgerichte, die TTIP gerade die »prozeduralen Zähne« in den Klageverfahren der Investoren gegen Staaten verleihen sollten. Den Freihandelsgegnern sei es leider gelungen, den Eindruck zu erwecken, dass Deutschland sich mit den TTIP-Schiedsgerichtsverfahren den Launen der USA und der multinationalen Unternehmen ausliefere.

Als Ursachen für den Stimmungswandel gegen Investorenschutz-Abkommen wie TTIP und CETA machte Lorz »antiamerikanische Stimmungen« in der Bevölkerung aus, die durch die NSA-Affäre verstärkt worden seien, eine »generelle Aversion gegen die Globalisierung und den internationalen Kapitalismus« sowie den Eintritt der SPD in die Große Koalition im Jahr 2013, wobei die SPD »ihre Haltung gegen Freihandelsabkommen seit ihrer letzten Kanzlerschaft vor 10 Jahren geändert« habe.

Das aus diesem deutschen Stimmungsumschwung entstehende Risiko für die internationalen Investorenrechte gegen Staaten und für den von Regulierungen befreiten Welthandel im Allgemeinen, für den TTIP ein »Eckpfeiler« sei, müsse »ernsthaft angegangen werden«, folgert der Minister. Falls es für die Verhandler nötig werden sollte, ISDS aufzugeben, um den materiellen Inhalt von TTIP zu retten, wäre dies – falls überhaupt – »nur eine zweitbeste Lösung«.

Mit einer Ratifizierung des CETA Abkommens durch den Bundesrat mit den Stimmen Hessens wäre er diesem Ziel ein Stück weit näher gekommen.

Weniger konsequent zeigte sich der Experte für das internationale Recht als Kultusminister. Trotz der Urteile des Europäischen Gerichtshofs für Menschenrechte ließ er gegen die Teilnehmerinnen und Teilnehmer der Arbeitsniederlegung vom 16. Juni 2015 flächendeckend förmliche Disziplinarverfahren einleiten. Aber das Streikrecht zählt nun einmal nicht zu den Hauptanliegen der Freihandelsverfechter, schon gar nicht das von beamteten Lehrkräften.

Das rotierende Kapital braucht die permanente Ausdehnung seiner Absatz- und Anlagemöglichkeiten. Und die Gefahr, ins Hintertreffen zu geraten, ist in hochkonkurrierenden Systemen nie von der Hand zu weisen. Von daher kann aus einer solchen (nicht nur) deutschen Sicht eigentlich nie genug dafür getan werden, die erste Stelle oder wenigstens den vorderen Platz zu verteidigen. GERMANY FIRST und das deutsche Exportüberschussmodell werden so geradezu zum wirtschaftspolitischen Imperativ.

Aber wo es Gewinner gibt, bleiben die Verlierer nicht aus. Denn ›win-win-Situationen‹ erweisen sich meist als neoliberale Märchen.

3. Das Exportüberschussmodell produziert Widersprüche und ist aggressiv

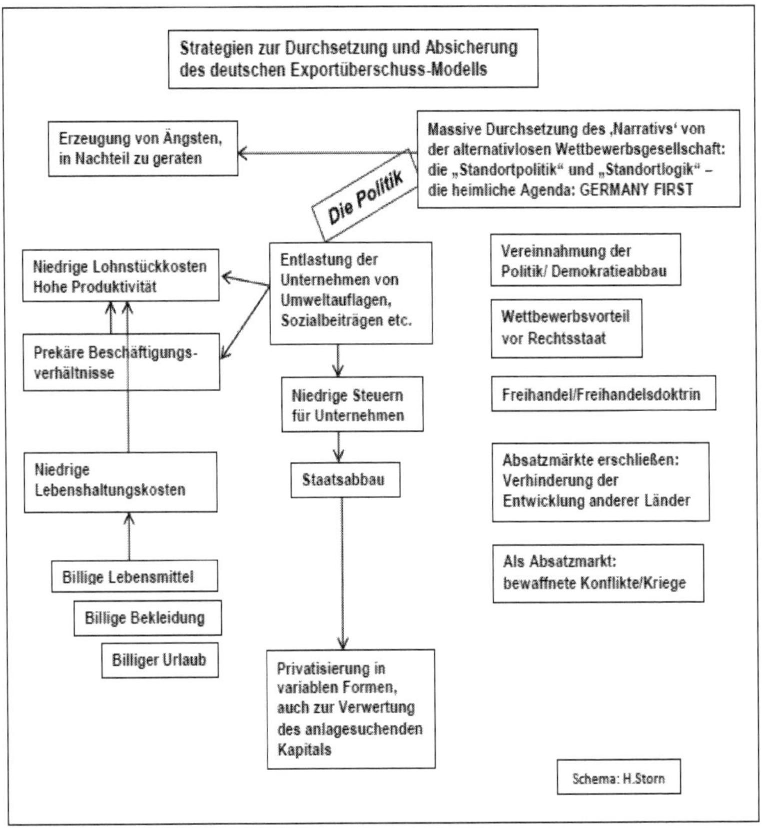

Anmerkung zum Schaubild: Es soll die Zusammenhänge veranschaulichen und erhebt keinen Anspruch auf Vollständigkeit.
Eigene Darstellung

Zunächst muss klargestellt werden, dass es sich, wenn ich von einem Exportüberschussmodell spreche, nicht um ein wie auch immer *konstruiertes* System handelt, sondern um das faktische Ergebnis vieler übereinstimmender sowie teilweise auch höchst unterschiedlicher Strategien. Diese können bewusst, aber auch unbewusst und mehr oder weniger zielgerichtet sein. Dennoch liegt die generelle Sicherung der Rohstoff- und vor allem Absatzmärkte so sehr im Interesse der maßgeblichen Unternehmen und Branchen, dass der Staat sich seit Beginn der Industrialisierung dieser Aufgabe mit großer Vehemenz gewidmet hat.

Im Juli 2019 erfährt der deutsche militärische Geleitschutz in internationalen Gewässern gegen Piraterie vielleicht eine Neuauflage in einem vergleichsweise brandgefährlichen Gebiet, der Straße von Hormus am Persischen Golf.

»Südkorea schließt sich US-Militäreinsatz an«, titelt SPIEGEL ONLINE am 29.7.2019 und weiter: »Die USA bekommen bei ihrem Einsatz im Persischen Golf offenbar Unterstützung aus Südkorea. Auch in Berlin wird über einen Begleitschutz für Tanker nachgedacht – aber nur im Rahmen einer EU-Mission.«

In marxistischen Kategorien auf den Punkt gebracht hat es Friedrich Engels bereits im Jahr 1880 in DIE ENTWICKLUNG DES SOZIALISMUS VON DER UTOPIE ZUR WISSENSCHAFT. MEW 19, Seite 222: »Der moderne Staat, was auch seine Form, ist eine wesentlich kapitalistische Maschine, Staat der Kapitalisten, der ideelle Gesamtkapitalist.«

Kolonialismus und Neokolonialismus sind die inzwischen verpönten Begriffe für Strukturen, die noch heute für das internationale Wohlfahrtsgefälle und die Spaltung der Welt verantwortlich sind.

Auch die Ausrichtung der deutschen Politik seit den 1870er Jahren ging in Richtung Expansion und scheute sogar vor Weltkriegen nicht zurück. Das gehört zur historischen Einbettung der Exportüberschusspolitik und sollte nicht vergessen werden.

Da das Kapital und die es ausformenden Unternehmen zwar ein gleiches Grundinteresse verbindet, jedoch ebenfalls höchst widersprüchliche und gegensätzliche Investitionsstrategien gewählt werden, kann das Modell und die zugehörige Politik logisch nie konsistent sein. Insofern kann und soll das obige Schaubild nur einen Hinweis auf die Zusammenhänge geben, die sich in der täglichen Politik und erst recht in der medialen Wiedergabe nicht so leicht erschließen.

Nirgends zeigt sich dies deutlicher als in der Grundstücksspekulation und der Wohnungspolitik. Wenn nämlich im internationalen Wettbewerb die deutschen Lohnstückkosten eine zentrale Rolle spielen und diese durch niedrige Lebenshaltungskosten begünstigt werden, dann leuchtet es ein, dass bei Lebensmitteln, Bekleidung oder Urlaub in der Masse eben nicht die Qualität im Vordergrund stehen kann, sondern der (niedrige) Preis.

Da aber bei den Lebenshaltungskosten die **Miete** den höchsten Rang einnimmt (in der untersten Einkommensklasse über 50 Prozent), müssten billige Mieten ebenfalls ein Teil der Strategie sein. Das sind sie aber nicht.

Denn tatsächlich haben insbesondere die ›Finanzakteure‹, wie sie Werner Rügemer in dem Buch DIE KAPITALISTEN DES 21. JAHRHUNDERTS beschreibt, in diesem Markt ein so reichhaltiges Anlage- und Renditefeld gefunden, das sie sich nicht entgehen lassen wollen.

Und die politisch Verantwortlichen scheinen bis jetzt noch keinen greifbaren Hebel gefunden zu haben, dagegen ernsthaft vorzugehen, wenngleich auch die Mainstream-Politik dieses Thema mittlerweile besetzt hat. Bis vor wenigen Jahren hatte man dies noch gar nicht vor, sondern leistete der Renditejagd im Grundstücks- und Wohnungsmarkt sogar noch Vorschub.

Das folgende Schaubild aus den mieterpolitischen Auseinandersetzungen in Frankfurt am Main zeigt, welche Kapitalkräfte hinter den Kulissen agieren und wie schwierig es ist, dem etwas entgegenzusetzen.

Vorbemerkung

Wer sich in die Auseinandersetzungen um preiswerten Wohnraum einmischt - und die Verhältnisse zwingen dazu - muss wissen, wer die bestimmenden Kräfte sind.
Die Frage ist, welche Schranken die Politik dem Rendite- und Verwertungskalkül solcher Finanzinvestoren setzt und welchen gemeinwirtschaftlich orientierten Gestaltungsspielraum sich gewählte Politiker/innen schaffen. Das kann als Messlatte für eine fortschrittliche Politik dienen.

Das Geschäft der Finanzinvestoren mit dem Wohnen am Bsp. INSTONE und Frankfurt am Main

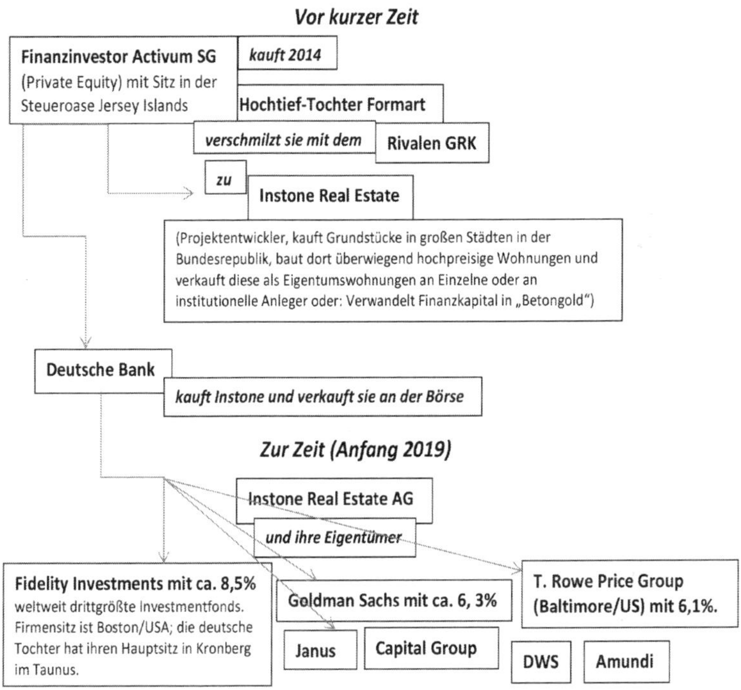

Projekte in Frankfurt am Main:
„Grüne Lunge" (früher „Innovationsquartier" genannt, inzwischen „Günthersburghöfe")
Das ehemalige Marienhospital im Nordend (Autostellplatz kostet dort 50.000 €)
Das ehemalige Firmengelände von Siemens in Bockenheim.

Gleichzeitig wird gewettet

Morgan Stanley (Großbank): emittiert gleichzeitig **Faktor-Derivate**, mit denen auf einen steigenden oder fallenden Aktienkurs von Instone gewettet wird.

Eigene Darstellung

Die Abläufe und Zusammenhänge sind in der Realität also nicht so konsistent, vor allem aber unterliegen sie innergesellschaftlichen Auseinandersetzungen und Einflüssen von außen, was auch im Schaubild oben erkennbar wird. Dies zeigt sich gegenwärtig sehr anschaulich beim Abgasbetrug deutscher Autofirmen, aber auch in der internationalen Umweltpolitik.

Dennoch ist ein Verständnis der Zusammenhänge und Strategien eminent wichtig, weil erst so die *Heftigkeit* erklärt werden kann, mit denen die politischen Auseinandersetzungen auf den diversen Politikfeldern geführt werden.

Aber auch diejenigen, die günstige Ansatzpunkte für eine alternative Politik suchen oder *Ansatzpunkte gegen Rechtsradikalismus und Nationalismus*, sollten die Gründe kennen, aus denen heraus den zukunftsfähigen Alternativen so viel Widerstand entgegengesetzt wird.

Last but not least steht *die ökologische Frage* quasi in einem Dauerkonflikt mit dem Vorrang der Exportförderung.

Bevor auf diese Strategien, die durch sie erzeugten Widersprüche und ihr inneres Aggressionspotential eingegangen wird, soll daran erinnert werden, dass es sich hierbei nicht um eine quasi voluntaristische Politik handelt, welche die Global Player und ihre politischen Repräsentanten relativ selbstbestimmt so oder auch anders gestalten können.

Vielmehr stehen sie unter dem bereits beschriebenen massiven Strukturzwang der Kapitalverwertung, der sie zur permanenten Expansion zwingt. Diese kann einmal nach außen (Export, Weltmarkt) gerichtet sein, was der Gegenstand dieses Kapitels ist. Sie kann aber auch, sozusagen als zweiter Arm zur Expansion nach innen gerichtet sein (Unterwerfung öffentlicher Güter unter das Renditekalkül, Privatisierung in seinen verschiedenen Facetten), was im Anschluss noch ausgeführt wird.

Es muss ebenfalls auch konstatiert werden, dass Politik und Staat in einer sich demokratisch nennenden Gesellschaft diesem Strukturzwang zur Kapitalverwertung und einer ungehinderten Expansions-Strategie durchaus nicht hilflos gegenüberstehen müssen. Wer die Geschichte der Durchsetzung des neoliberalen Modells etwa in Naomi Kleins »Schockstrategie«

nachvollzogen hat oder sich die Deregulierungspolitik unter Schröder-Fischer-Eichel, aber auch in anderen europäischen Staaten vergegenwärtigt, weiß, dass es ohne die willigen Helfer aus der Politik nicht geht.

Bevor allerdings auf die schützende Hand der deutschen Politik und ihrer Akteure eingegangen wird, soll das Panorama entfaltet werden, das die Bandbreite der Entlastung deutscher Unternehmen von überflüssigem Ballast wiedergibt, im engeren wie auch im weiteren Sinne, was die guten Startchancen deutscher ›Wertarbeit‹ im internationalen Wettbewerb doch ungemein verbessert.

Maximale Entlastung der Unternehmen

Es ist für einen Beobachter der wirtschaftspolitischen Berichterstattung durch unsere Leitmedien immer wieder erstaunlich, wenn voller Entrüstung darauf hingewiesen wird, dass beispielsweise China seine international tätigen Konzerne ausgiebig subventioniert. Hier wird schnell das Bild einer feindlichen Macht an die Wand projiziert, die »uns übernehmen will«. Auch auf die Verletzung des immer wieder gern benutzten ›Fair Play‹ im internationalen Wettbewerb wird angespielt. Doch vor allem wird das Bild der (in diesem Fall) *freien* Marktwirtschaft bewusst oder unbewusst aktiviert, aus welcher sich der Staat tunlichst herauszuhalten habe. Dass er dies in China mit einer sich kommunistisch nennenden Regierungspartei strukturell kaum kann, verstärkt die deutsche Kritik nur noch.

Gleichzeitig sonnen sich gerade die größten multinationalen Player wie die fünf »apokalyptischen Reiter des Internets«, wie Rügemer die Unternehmen Google, Apple, Microsoft, Facebook und Amazon nennt[30], in den schönsten subventionierten Gegenden der westlichen Welt, wo ihnen entweder keine oder doch nur minimale Steuern abverlangt und auch sonst keine einengenden Vorschriften gemacht werden. Solche ›Steueroasen‹ – gibt es einen schöneren Begriff für legalisierte Steuerhinterziehung?! – befinden sich nicht nur auf exotischen Inseln, sondern auch tief im Herzen der EU. Für einen heutigen ›Wilhelm den Eroberer‹ wäre es zur nächsten Insel auch nicht viel weiter als damals nach Britannien. Und auch die Kavallerie, die der damalige Finanzminister Steinbrück in die Schweiz schicken wollte, würde ohne Pferdewechsel auskommen, würde sie sich westliche Nachbarstaaten wie beispielsweise Luxemburg als Ziel aussuchen. »Fünf Jahre nach den »Luxemburg Leaks« zeigen Recherchen von NDR, WDR und SZ, dass deutsche Unternehmerfamilien Luxemburg noch immer zur Steueroptimierung nutzen.« So lautet die Meldung der SZ vom 16.5.2019.

Steueroasen trockenlegen – nicht mit uns!

Man muss jetzt gar nicht auf Trump rekurrieren, denn der Steuerdumping-Wettbewerb sowie der um möglichst günstige Produktionsstandorte ist für das westliche Wirtschaftssystem wahrlich nichts Neues. Ob es Grundstücke sind, die Unternehmen angeboten werden, ob mit gut ausgebildeten Arbeitskräften oder Wissenstransfer von Hochschulen geworben wird oder mit Subventionen oder Steuererleichterungen: die Möglichkeiten sind breit gefächert. Und in einem solchen ›Unterbietungswettbewerb‹ gewinnen immer die Unternehmen.

»Die Karawane zieht weiter… « heißt es nicht nur im Kölner Karneval, sondern hieß es auch bei Nokia 2008, als es von Deutschland nach Rumänien weiterzog, um seinen Rendite-Durst zu stillen; was Nokia den Vorwurf der ›Subventionsheuschrecke‹ durch den damaligen Ministerpräsidenten von Nordrhein-Westfalen, Jürgen Rüttgers, eintrug. Das Lied der *Höhner* geht aber noch weiter: »Doch Nathan der Weise, der wusste Bescheid – Der kannte ne Oase und die war nicht sehr weit!«

Auch damit trifft der Karnevals-Song hier ins Schwarze. Denn weder wurden bisher die nächstliegenden ›Steueroasen‹, wie sie verniedlichend und aufwertend genannt werden, außerhalb der EU noch die innerhalb unserer Wertegemeinschaft besetzt und reguliert. Ja, in den kleineren EU-Mitgliedsstaaten wie Malta, Luxemburg oder Irland hat man die Steueroase geradezu zum Geschäftsmodell erhoben. Und vielleicht ist das Bild der Steueroase doch sehr bewusst in die Öffentlichkeit lanciert worden, denn welcher vernünftige Mensch möchte schon gerne eine Oase trockenlegen?!

Da es alle machen, haben unsere Politiker_innen gar keine andere Wahl als deutsche Unternehmen maximal zu entlasten, wenn sie international erfolgreich sein wollen. Und dies tun sie nach Kräften.

Ein wesentliches Element der Standortpolitik: die Steuern

Bemerkenswert ist nun, dass es in Bezug auf Deutschland ausgerechnet die Koalition von SPD und Grünen in den Jahren 1998 bis 2000 war, die den größten Beitrag zur Subventionierung deutscher Unternehmen, reziprok jedoch auch für entsprechende Einnahmeausfälle des Staates geleistet hat. Bemerkenswert insofern, als die Öffentlichkeit eine solche Politik (noch) nicht erwartet hatte und die Grünen damals noch einen gewissen ›Fundi-Flügel‹ aufwiesen.

Das Memorandum 2017 zählt Steuersenkungen und ihre Folgen auf.

> Das Paket der Steuersenkungen umfasste ein breites Portfolio: die Absenkung der Körperschaftsteuer von 45 bzw. 42 Prozent (auf einbehaltene bzw. ausgeschüttete Gewinne) auf 25 Prozent (2008 wurde der Steuersatz auf 15 Prozent gesenkt), die Einführung einer Abgeltungssteuer auf Kapitalerträge von pauschal 25 Prozent, die Absenkung des Verlaufs des Einkommensteuertarifs (der Eingangssteuersatz wurde von 25,9 auf 14 Prozent und der Spitzensteuersatz von 53 auf 42 Prozent gesenkt …). Begleitet wurden diese Maßnahmen durch die Aussetzung der Vermögensteuer zum 1. Januar 1997 und die Abschaffung der Gewerbekapitalsteuer zum 1. Januar 1998.[31]

Das Memorandum beziffert die von SPD und Grünen verabschiedeten Steuersenkungen von 2000 bis 2009 auf »mindestens 335,5 Milliarden Euro« und stützt sich dabei auf Schätzungen des Bundesfinanzministeriums. »Das entspricht rund 33 Milliarden Euro pro Jahr und zwischen sechs und acht Prozent der gesamten jährlichen Steuereinnahmen in Deutschland sowie über ein Prozent des jährlichen BIP.«[32] Das ist ein großer Batzen, ein wahrer ›Kick-off‹!

Eicker-Wolf/Truger zeigen diesbezüglich in ihrem Schaubild, dass diese Steuerausfälle bis heute fortwirken, sofern sie nicht grundsätzlich korrigiert werden.

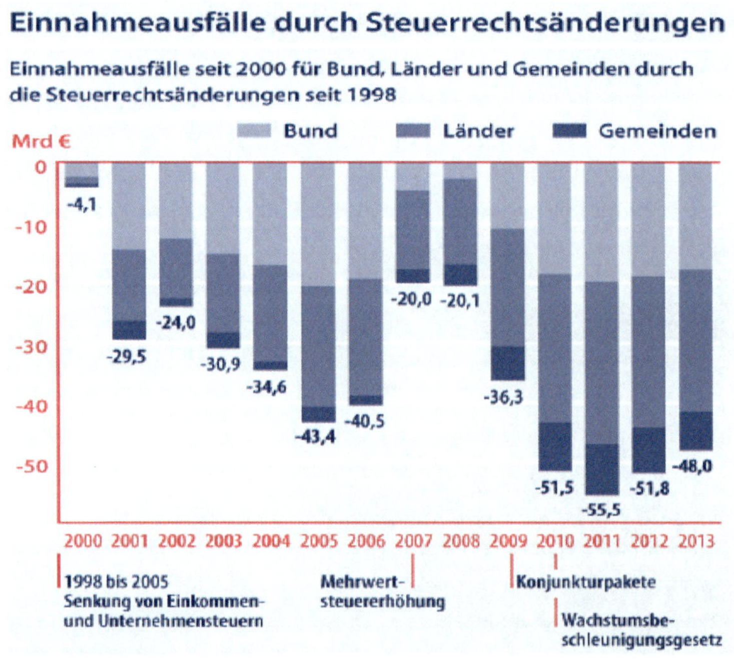

Berechnungen Eicker-Wolf/Truger, Arbeitsgruppe Alternative Wirtschaftspolitik, Sondermemorandum 2010, S. 2

Die dargelegte Steuerpolitik stellt zwar den wohl größten Teil der steuerlichen Standortpolitik dar, aber nicht den ganzen. Denn dazu kommen eine zurückhaltende Praxis der Betriebsprüfungen (wir erinnern uns an die hessischen Steuerfahnder, die psychiatrisiert aus dem hessischen Dienst entlassen wurden[33]), die unzulängliche Verfolgung von Steueroasen und insbesondere großzügige Abschreibungen.

Dazu muss man wissen, dass die von den Unternehmen getätigten, entscheidenden Investitionen in den Kapitalstock nicht durch Kredite, sondern eher in Form einer Innenfinanzierung aus dem Cashflow (Gewinne plus Abschreibungen) bewältigt werden.

> Das zeigt überdeutlich die unternehmerische Geldvermögensbildung. Diese betrug in Deutschland von 2005 bis 2015 jahresdurchschnittlich 97,6 Milliarden Euro. (…) Und auch die an die Shareholder reichlich ausgeschütteten Gewinne (für die DAX-Konzerne waren das allein für 2016 gut 30 Milliarden Euro) sowie die erzielten zweistelligen Eigenkapitalrenditen sprechen hier eine deutliche Sprache. Vor Gewinnsteuern lagen sie von 2005 bis 2015 im Durchschnitt bei 24,2 Prozent und nach Steuern bei 18,9 Prozent.[34]

Treiber waren neben anderen die sogenannten Wirtschaftsweisen, wie der Sachverständigenrat zur Begutachtung der gesamtwirtschaftlichen Entwicklung beschönigend genannt wird: »*Unternehmenssteuern weiter senken, sonst fallen wir zurück*« (FR 8.11.2018).

Peter Bofinger, der 2019 durch Achim Truger abgelöst wurde, vertrat mit seinem Minderheitsvotum[35] mit Sicherheit keine Minderheit der Bevölkerung! Aber auch im ›Sachverständigenrat‹ werden ›Kapital und Arbeit‹ nicht nach Köpfen, sondern nach dem dahinterstehenden Geld repräsentiert. Oder soll man sagen: nach der System-Relevanz?

Des einen Freud ist des andern Leid oder wie Piketty es fomuliert: »Von den Zahlen nichts wissen zu wollen, dient selten der Sache der Ärmsten«.[36]

Die Verteilung des Vermögens in Deutschland in den Jahren 2010/11 und 2014

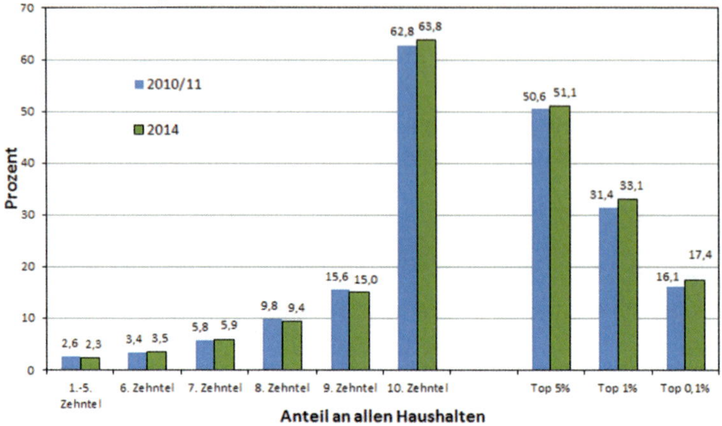

Stefan Bach, Andreas Thiemann, Aline Zucco (2018): Looking for the Missing Rich, in: DIW Discussion Papers 1717, Berlin

Wenn man bedenkt, wie oft im öffentlichen Bereich und Diskurs das Wort von der ›Gerechtigkeit‹ bemüht wird und wie gern die beiden noch führenden C-Parteien das ›Christliche‹ betonen, dann muss eine derart extreme Ungleichverteilung doch einigermaßen überraschen. Denn wenn sich ein Zehntel der Bevölkerung fast zwei Drittel der Vermögenswerte gesichert haben und 50 Prozent der Bevölkerung fast kein Vermögen besitzt und auch die Kluft zwischen 90 Prozent der Bevölkerung und dem beherrschenden Zehntel beträchtlich ist, dann kann etwas nicht stimmen. Aber auch die Spitze des Reichtums, bei dem die 10 Prozent unter sich sind, kennt noch Hierarchien. Und erschreckenderweise geht die Entwicklung der dargestellten vier Jahre auch noch weiter, was die Konzentration der Vermögen anbelangt.

Diese Einkommens- und Vermögensverteilung ist u.a. die Kehrseite der beschriebenen Steuerpolitik. Selbst der Armuts- und Reichtumsbericht, den die Bundesregierung in Abständen vorlegen muss[37], drückt das aufeinander bezogene Verhältnis aus. Und was die Bundesregierung konstatieren muss, bestätigen die Zahlen. Und dies ist eigentlich für demokratische Gesellschaften, in der die Mehrheit sich die Politik theoretisch aussuchen kann, unerhört. Die Haushalte in der unteren Hälfte der Verteilung verfügen nur über 1 Prozent des gesamten Nettovermögens, während die vermögensstärksten 10 Prozent der Haushalte mehr als die Hälfte des gesamten Nettovermögens besitzen.

Stephan Hebel zitiert das Deutsche Institut für Wirtschaftsforschung mit den Zahlen für 2014. Danach gehört mehr als die Hälfte des Vermögens einer Minderheit von 5 Prozent der Bevölkerung, wie im Schaubild dargestellt. Und Hebel stellt fest: »Das Maß an Ungleichheit hat zugenommen, auch in der Ära Merkel, und von einer Umkehr dieser Entwicklung kann keine Rede sein.«[38] Gleichzeitig ist – quasi spiegelverkehrt – das Armutsrisiko gestiegen.

Insofern sind mit den Folgen dieses Wirtschaftsmodells nicht nur ›Ungerechtigkeiten‹ verbunden, die man mit einer ›Neid-Debatte‹ ins Abseits befördern oder zumindest diskreditieren kann. Eine Gesellschaft, die sich in einer derart spalterischen Richtung weiterbewegt, muss auch gesellschaftspolitisch zwangsläufig aus den Fugen geraten.

Steuerpolitik und Kreditaufnahmeverbot greifen die Infrastruktur an

Die Kehrseite dieser Politik der Stärkung deutscher Unternehmen für den internationalen Wettbewerb und das deutsche Exportüberschussmodell ist nämlich, dass sie den Staat in das Dilemma treibt, die staatliche Infrastruktur nicht ausreichend bedienen zu können. Dies betrifft nahezu alle Belange der staatlichen Infrastruktur von der Bildung über die Verkehrswege, Krankenversorgung und Pflege, Wohnverhältnisse bis hin zur öffentlichen Sicherheit.

Nicht ohne Grund ist die Infrastruktur eng mit dem Gemeinwesen und mit Gemeingütern verbunden. Deshalb wird darauf in dem Kapitel über die Bedrohung der Demokratie näher eingegangen.

Allerdings hat das zirkulierende Kapital auch aus dieser Not eine Tugend für sich (!) gemacht: An die Stelle des Staates, der immerhin gemeinwohlorientiert agieren soll und kann, treten private Unternehmen, Berater und Finanzunternehmen, um aus diesem Mangel ein renditegesteuertes Geschäftsmodell zu machen. Die Spanne der Optionen reicht von einer Übernahme originär staatlicher Betätigung durch private Firmen, wie es Bertelsmann über seine Tochtergesellschaft Arvato mit der Stadtverwaltung in Würzburg erfolglos versucht hat, bis hin zu ÖPP und ÖÖP-Modellen (»Öffentlich-private Partnerschaften« bzw. »Öffentlich-öffentliche Partnerschaften«). In diesen übernehmen private Unternehmen für sehr lange Zeiträume (i.d.R. 30 Jahre) öffentliche Einrichtungen und »vermieten« sie an den Staat oder die Kommunen.

Die Entlastung der Unternehmen von Sozialabgaben

Während ich diese Zeilen schreibe – unmittelbar vor drei Landtagswahlen und der Europawahl 2019 – hat die SPD ein Modell für die Aufstockung der Rente derjenigen in die öffentliche Diskussion gebracht, die nach 35 Beitragsjahren in der Altersarmut landen. Damit will die SPD den massiven Schub umkehren, den sie mit den Hartz-Reformen selbst herbeigeführt hat. Finanziert werden soll dieser Rentenbestandteil allerdings nicht von den Arbeitnehmern, sondern aus Steuermitteln. Die Aufwandsrechnung der Unternehmen soll eine solche Reform ja nicht belasten. Die internationale Wettbewerbsfähigkeit steht also nicht zur Disposition. Aber auch dieser Vorschlag war – obwohl in der öffentlichen Meinung eher positiv aufgenommen – sofort dem heftigen Gegenwind des Koalitionspartners CDU und den Unternehmensverbänden ausgesetzt.

Wesentliches Ziel dieser Hartz-Reformen war es ja, einerseits die Löhne zu drücken, zum anderen aber die Sozialversicherungsabgaben für die Unternehmen zu senken. Eicker-Wolf weist darauf hin, dass »für alle Bundesregierungen der vergangenen Jahre das Ziel möglichst geringer Sozialbeiträge eine hohe Priorität« gehabt habe und dass es dabei immer darum gegangen sei, »durch geringe Lohnnebenkosten eine möglichst hohe internationale Wettbewerbsfähigkeit zu erzielen«[39].

So wurde bereits 1995 bei der Einführung der Pflegeversicherung zur Entlastung der Arbeitgeber ein Feiertag gestrichen (bis auf das Bundesland Sachsen). Von 2005 bis 2018 wurde die paritätische Finanzierung des Krankenkassenbeitrags ausgesetzt; die Arbeitnehmer zahlten im Schnitt einen Prozentpunkt mehr als die Arbeitgeber.

Dies wurde Anfang 2019 wieder rückgängig gemacht, ein Zugeständnis der Großen Koalition an die SPD, die sich im freien Fall der Wählerstimmen befand.

Die wichtigste Reform zur Senkung der Sozialabgaben für die Unternehmen aber bestand darin, die Zahl der sozialversicherungspflichtigen Arbeitsverhältnisse zu reduzieren.

Das MEMORANDUM 2016 vermerkte dazu, dass 2015 die Zahl der sozialversicherungspflichtigen Arbeitsverhältnisse zwar erstmals wieder stärker gestiegen sei als die Zahl aller Erwerbstätigen. »Mit 71,5 Prozent lag der Anteil im Jahr 2015 aber noch deutlich unter dem Anteil von 74,1 Prozent im Jahr 1995.«[40] Inzwischen ist der Stand von 1995 gerade wieder erreicht.

Gleichwohl ist der Trend zur wachsenden Teilzeitbeschäftigung, die nicht immer freiwillig gewählt wird, ungebrochen.[41]

Nur: Was hat die Teilzeitbeschäftigung mit niedrigeren Sozialabgaben zu tun? Teilzeitbeschäftigte wissen es und spüren es am eigenen Körper: der Arbeitseinsatz und die Arbeitsintensität entsprechen bei Teilzeitarbeit nicht dem Äquivalent der Entlohnung, sondern sind merklich größer. Zuletzt hat das im Schulbereich die niedersächsische Arbeitszeit- und Arbeitsbelastungsstudie für Lehrkräfte drastisch vor Augen geführt.[42]

Insofern stellt Teilzeitarbeit für die Arbeitgeber nicht nur eine relative Senkung der Sozialabgaben dar, sondern auch eine besondere Quelle für Mehrarbeit.

Für die Arbeitnehmer ist dies verbunden mit einer Senkung der Einnahmen für die Lebenshaltung und beklemmenden Aussichten auf eine geringe Rente oder Pension im Alter bzw. bei Erwerbsunfähigkeit.

Die Idee der eingangs erwähnten aufgestockten Rente würde von staatlicher Seite die Nachteile für die Arbeitnehmer wieder glätten helfen, die man durch die Unterstützung der Unternehmen mittels Prekarisierung der Arbeitsverhältnisse selbst geschaffen hatte – immerhin!

Die Auswirkungen einer durch ungenügende Beitragssätze erzeugten unzureichenden Finanzierungsbasis lassen sich im Übrigen in allen relevanten Bereichen der gesetzlichen Sozialversicherung nachweisen, von der Arbeitslosenversicherung über die Rente, die Krankenversicherung bis zur Pflege.

Die Arbeitskraft so billig wie möglich

Am heißesten diskutiert und umstritten ist immer noch die »Agenda 2010« und die damit verbundenen Regelungen von Arbeit und Arbeitslosigkeit. Durch die Zumutbarkeitsregelung von Hartz 4 wurde jedenfalls ein enormer Druck sowohl auf Arbeitslose als auch auf Beschäftigte aufgebaut, weil das Qualifikationsniveau der Arbeitnehmer und damit die bis dahin geleisteten Qualifikationsanstrengungen ignoriert werden. Das schädigt die Betroffenen nicht nur beruflich und materiell, sondern beschädigt auch ihre Würde.

Solange sich die SPD (und natürlich auch die anderen Parteien, die sie unterstützt haben) nicht von der »Agenda«-Politik verabschiedet, wird sie politisch nicht mehr hochkommen. Da diese Politik aber eng mit der Wettbewerbsideologie der deutschen Wirtschaft verknüpft ist, bei der sich die SPD nicht von der CDU überholen lassen will, steckt die SPD in einem Dilemma.

In meinem Buch Mit Demokratie ernst machen habe ich dies Dilemma wie folgt charakterisiert: Die Unternehmen und die ihr nahestehenden Medien sorgen dafür, dass die SPD auf diesem Gebiet ihre zwiespältige Rolle einigermaßen ausfüllen kann: Gut genug als Wasserträger in Mainstream-Koalitionen, solange sie ihr Wählerpotential unter den abhängig Beschäftigten noch ausschöpfen kann, trotzdem aber im Ranking der wirtschaftspolitischen Kompetenz unten gehalten. Ja, das ›Demokratie‹-Spiel ist kompliziert und anstrengend!

Im kontinuierlichen Niedergang der SPD bei den Bundestagswahlen zeigt sich übrigens, dass die Interessen der Bevölkerung sich doch in einer veränderten Auswahl derjenigen niederschlagen, von denen sie sich politisch vertreten lassen will. Insofern scheint es ›demokratisch‹ zuzugehen.

Da es aber offensichtlich am Gedächtnis mangelt oder an der Kenntnis der politischen Programmatik, werden für die Agenda 2010 weder die seinerzeit direkt mitverantwortlichen Grünen noch die indirekt Beifall klatschenden anderen Parteien verantwortlich gemacht, nur die Linke bleibt ausgenommen.

Es könnte jedoch – wie schon ausgeführt – schlicht an der Doppelzüngigkeit der SPD liegen, die immer noch gern den Alleinvertretungsanspruch für die Arbeitnehmer vor sich herträgt, diesen aber nicht einlösen kann, weil sie ständig zeigen will, dass sie im Grunde die ›bessere‹ GERMANY FIRST-Politik verkörpert. Der alte Geist des Patriotismus scheint seit 100 Jahren im Parteigedächtnis verhaftet zu sein.

›Die industrielle Reservearmee‹ – heute aktueller als zu Marx' Zeiten

Eine ›industrielle Reservearmee‹ als markttechnischer Mechanismus zur Lohndrückerei ist keine Erfindung von Karl Marx, wenn der Begriff auch gerne mit ihm assoziiert wird.

Mittlerweile ist der Arbeitsmarkt nicht mehr von den Nationalstaatsgrenzen eingefasst, sodass der Arbeitsmarkt weit über die nationalen Grenzen hinausgeht. Relativ bekannt sind im englischsprachigen Raum die Call-Center, die von Indien aus bedient werden. Aber auch Nokia hat dies bereits 2008 deutlich vor Augen geführt, als es unter Protesten selbst der CDU-Regierung in NRW sein subventioniertes Werk in Bochum schloss und nach Rumänien weiterzog, um von dort nach nur drei Jahren nach Vietnam zu gehen, wie bereits geschildert.

Trotzdem spielt auch die nationale Lohndrückerei eine unverminderte Rolle, zu der ebenfalls die Agenda 2010 massiv beigetragen hat – nicht zuletzt durch die Ausweitung prekärer Arbeitsmodelle.

Hier haben es die Gewerkschaften immerhin geschafft, das Bewusstsein dafür zu schärfen und zuweilen den einen oder anderen kleinen Geländegewinn durchzusetzen. Andererseits haben es die Industriegewerkschaften nicht geschafft, dem Fallen der Lohnquote von 2000 bis 2016 entgegenzuwirken: von fast 73 Prozent in 2000 auf rund 69 Prozent in 2016.[43] Die für den Exportüberschuss ausschlaggebende Kurve der Lohnstückkosten konnte so in diesem Zeitraum dauerhaft und weit unterhalb derjenigen der EU, des Euroraums und der USA gehalten werden[44].

Es ist in diesem Zusammenhang nicht unwesentlich, mit einem verbreiteten Vorurteil aufzuräumen, wonach der Niedriglohnbereich sich überwiegend aus gering Qualifizierten zusammensetze. Das MEMORANDUM 2018 weist darauf hin, dass 2015 fast 63 Prozent der Beschäftigten im Niedriglohnbereich eine berufliche Ausbildung und 11,2 Prozent sogar einen Hochschulabschluss besaßen. Lars Niggemeyer spricht in seiner aktuellen Bestandsaufnahme der Prekarisierung der Arbeitsverhältnisse vom gegenwärtigen Arbeitsmarkt als einem »Fundament der Abstiegsgesellschaft.«[45]

Die »Nahezu«-Vollbeschäftigung

Wie hart aber das Thema Arbeitsmarkt in der Öffentlichkeit umkämpft ist, zeigen die unablässigen Erfolgsmeldungen über eine »Nahezu«-Vollbeschäftigung.

Demgegenüber wurden im letzten Ossietzky-Heft 2018 die Zahlen noch einmal gerade gerückt: 2.168.000 Menschen sind offiziell arbeitslos gemeldet. Darüber hinaus befinden sich 1.000.000 Menschen in »entlastenden arbeitsmarktpolitischen Maßnahmen und in kurzfristiger Arbeitsunfähigkeit«. Weiter dazugezählt werden müssen ältere Erwerbslose über 58 Jahre, 75.000 Ein-Euro-Jobber, 160.000 in »Bewerbungstrainings« u.ä. sowie

200.000 in »Eingliederungsmaßnahmen«, zusammengefasst: 3,14 Millionen Menschen. Hinzu komme noch die Unterbeschäftigung.

Die tatsächliche Unterbeschäftigung belaufe sich auf »weit über acht Millionen Menschen.« Denn »nur etwas mehr als 75 Prozent der 40 Millionen abhängig Beschäftigten sind sozialversichert, fast acht Millionen sind es nicht. Nur 24 Millionen Menschen arbeiten in Vollzeit.«[46]

Die Arbeitsgruppe Alternative Wirtschaftspolitik distanziert sich von den allgemein stattfindenden Jubelarien hinsichtlich der Entwicklung an den deutschen Arbeitsmärkten und spricht stattdessen von »Polemik und einem hochgradigen Realitätsverlust.«[47]

> Trotz der extrem hohen Leistungsbilanzüberschüsse und einem daraus folgenden ›Export von Arbeitslosigkeit‹ konnte das bestehende personelle Produktionspotential in Deutschland nicht ausgelastet werden, und es liegt seit Mitte der 1970er Jahre eine chronische Massenarbeitslosigkeit vor, die immer mehr zu einem riesigen Prekariat, Hartz-IV-Empfängerinnen und -Empfängern und einer Verarmung weiter Bevölkerungsschichten geführt hat.[48]

Das deutsche ›Beschäftigungswunder‹ basiere zum erheblichen Teil auf einer Zunahme der atypischen Beschäftigung. Das MEMORANDUM 2018 beruft sich dabei auf eine IAQ-Studie der Universität Duisburg-Essen: »Prekäre Beschäftigungsformen plus reguläre Teilzeit sind zusammen für 77 Prozent aller neu entstandenen Arbeitsverhältnisse ausschlaggebend.«[49] Und es macht schließlich folgende Rechnung zur ›echten Arbeistlosenquote‹ auf:[50]

$$\text{Echte Arbeitslosenquote} = \frac{\text{6,0 Mio. (tatsächliche Arbeitslose incl. Teilzeitunterbeschäftigte)}}{\text{39,9 Mio. (abhängig Beschäftigte)} + \text{3,5 Mio: (tatsächliche Arbeitslose)}} = \text{13,8 Prozent}$$

Die Kehrseite niedriger Lohnkosten neben der Umverteilung von unten nach oben: die Dämpfung der Binnennachfrage

Die Exportüberschuss-Förderung durch niedrige Lohnkosten hat übrigens noch eine den Export weiter anheizende Kehrseite: Denn die niedrig gehaltene Lohnentwicklung schlägt sich natürlich auch in einer entsprechenden Entwicklung der realen privaten Konsumnachfrage nieder. Diese hat sich, wie Eicker-Wolf zeigt, von 2000 bis 2016 ständig unter dem Niveau der USA, der EU und des Euroraums bewegt, in den Jahren 2007 und 2008 sogar erheblich.[51] Das bedeutet einerseits eine unzureichende Binnennachfrage, weniger Lebensstandard für die Mehrheit der Bevölkerung und damit auch deutlich weniger Importe.

An der Zerstörung des »Normalarbeitsverhältnisses« werkeln die privaten Unternehmen übrigens in trauter Übereinstimmung mit staatlichen Bereichen, also den Bereichen, in denen eine andere, gemeinwohlorientierte Maxime gelten könnte und sollte.

Auch Staat und Kommunen haben das »Outsourcen« und die Privatisierung öffentlicher Aufgaben zur offiziellen Politik-Maxime erklärt. In Hessen hat sich die CDU immer mit einer relativ deutlichen Sprache dazu bekannt. Auf der Homepage der hessischen Staatskanzlei wurde es während der Einführung der »Neuen Verwaltungssteuerung« (NVS) besonders klar formuliert: »Der Abbau bzw. die Privatisierung staatlicher Aufgaben ist eines der wichtigsten Ziele der Verwaltungsreform. Jede staatliche Leistung soll auf ihre Notwendigkeit und ihre Privatisierungsfähigkeit hin überprüft werden.«

Arbeitslosigkeit wird »exportiert«

Zunächst soll an dieser Stelle nochmals daran erinnert werden, dass beschäftigungspolitisch unter Zugrundelegung der Geschäftsinteressen deutscher Unternehmen die Strategie der Exportüberschusspolitik durchaus (einen begrenzten) Sinn macht: Weil 8,8 Prozent der Wirtschaftsleistung im Jahr 2016 als Exportüberschuss von Deutschland ins Ausland gegangen sind (neuer Höchststand mit 253 Milliarden Euro), bedeutet das, dass die für den Überschuss tätigen Arbeitsplätze in Deutschland auf Kosten der Arbeitsplätze anderer Länder geschaffen wurden. Denn diese Importüberschussländer mussten und konnten dafür keine Arbeitsplätze schaffen, sondern kauften unsere Überschüsse aus ihrem Vermögen bzw. aus Krediten.

Anders ausgedrückt: Arbeitslosigkeit wurde exportiert, sie hätte ohne den Exportüberschuss in Deutschland statt bei 4 Prozent bei rund 13 Prozent gelegen, wenn man nur die offiziellen geschönten Zahlen zugrunde legt!

Dies hätte allerdings mit Sicherheit ein mittleres Erdbeben in der politischen Landschaft ausgelöst. Wenn man die der Wirklichkeit näher kommenden Zahlen der MEMORANDUM-Gruppe zugrunde legt, würde es noch katastrophaler aussehen: Mit einer Arbeitslosenquote von über 20 Prozent wäre Deutschland eingereiht in Länder wie Spanien oder Griechenland mit entsprechend hohen Quoten (2016).

Niedrige Lebenshaltungskosten zum Ausgleich niedriger Löhne

Wie essentiell allein schon der Preis für das ›tägliche Brot‹ ist, haben alte und neue Feudalisten über die Jahrhunderte hinweg teilweise blutig erfahren. Zuletzt gab es die seit einem Jahr andauernden Unruhen im Sudan, die primär durch die Verdoppelung des Brotpreises ausgelöst wurden.

An dieser Stelle aber interessiert allein die Bedeutung billiger Lebensmittel für das deutsche Exportüberschuss-Modell. Die dafür bedeutsamen und bereits beleuchteten niedrigen Lohnkosten lassen sich von den Betroffenen leichter ertragen und das Modell lässt sich eher durchsetzen, wenn die Kaufkraft (zumindest für das Lebensnotwendige) ein gewisses Niveau nicht unterschreitet. Und dafür sorgen heute in Deutschland nicht mehr verordnete Brotpreise, sondern Discounter und Sonderangebote, Massentierhaltung und industrielle Landwirtschaft.

Damit geraten jedoch alle Versuche, auf dem Gebiet der Ernährung, der Landwirtschaft sowie der Ökologie Alternativen durchzusetzen, in das Dilemma, dass sich die niedrigen Preise dann nicht mehr halten lassen.

Ich will damit nicht sagen, dass dieses Dilemma unüberwindbar ist und dass Teilerfolge nicht gelingen können. Aber die Zähigkeit, mit der eine industrielle Landwirtschaft, eine nicht gerade gesundheitsfördernde Nahrungsmittelindustrie ihr Terrain verteidigen, resultiert eben nicht nur aus den Rendite-Interessen der jeweiligen Unternehmen (und ihrer Lobby-Verbände), sondern auch daraus, dass die *Masse* einer kurz gehaltenen Arbeitnehmerschaft Qualitätsverbesserungen nicht aus der Portokasse bezahlen kann. Und dass für die Unternehmerverbände der Ruf nach einer Aufstockung der Löhne und Gehälter nicht ins Konzept passt.

Mit anderen Worten: Selbstverständlich können Menschen aus wohlhabenderen sozialen Schichten immer leichter an gehobene, ökologische Nahrungsmittel gelangen, ohne noch wie früher auf einen Ökohof fahren zu müssen. Aber die damit zusammenhängende Verteuerung kommt für die große Mehrheit der Bevölkerung weniger infrage.

Das Dilemma zeigt eigentlich der folgende, exemplarisch herausgegriffene Aufruf recht gut (*kursiv* H.S.):

> **Wir fordern Sie auf, eine nachhaltige Landwirtschaft zu unterstützen. Sie muss für alle – Erzeuger_innen, Verbraucher_innen, Tiere und Umwelt – fair, gesund *und erschwinglich* sein. Für die Regierungen muss das öffentliche Interesse endlich wichtiger werden, als das der Großkonzerne. Wir brauchen dringend eine Reform der Gemeinsamen Europäischen Agrarpolitik.** Appell, WeMove.EU vom 25.10.2018[52]

Doch es gibt mindestens zwei Gründe, weshalb die »Gemeinsame Europäische Agrarpolitik« so und nicht anders aussieht: die Sicherung billiger Lebensmittel als Grundlage für niedrige Löhne und Gehälter *und* die profitablen Anlagemöglichkeiten in der industriellen Landwirtschaft sowie der daran anschließenden Lebensmittelindustrie. Immerhin machen Lebensmittel im Warenkorb eines Durchschnittshaushalts fast 10 Prozent aus, bei unterdurchschnittlichen Einkommen umso mehr.[53]

Das bedeutet: Alle Anstrengungen von Seiten der Bio-Landwirtschaft, genossenschaftlichen Erzeuger- und Vertriebsgemeinschaften bis hin zu den politisch-ökologischen Akteuren laufen letztlich ins Leere, wenn dadurch die Lebenshaltungskosten nennenswert gesteigert werden und somit den Anlass liefern, mit entsprechend höheren Lohnforderungen als Ausgleich nachzuziehen. Für eine solche Propaganda und die ganze Klaviatur möglicher Argumentationen stehen ausreichend gut ausgestattete Lobby-Organisationen der entsprechenden Unternehmensverbände bereit.

Und eine dieser immer wieder lancierten Gegenargumentationen lautet, dass ›alternative‹ Landwirtschaft oder Biolandwirtschaft zwar schön und gut sei, aber nie alle Menschen ernähren könne und außerdem sehr teuer sei. Und mit einem guten Gespür für die ›Volks-Seele‹ heißt es, dass sich nur eine wohlhabende grüne Schicht die Apothekenpreise in den Bio-Läden leisten könne.

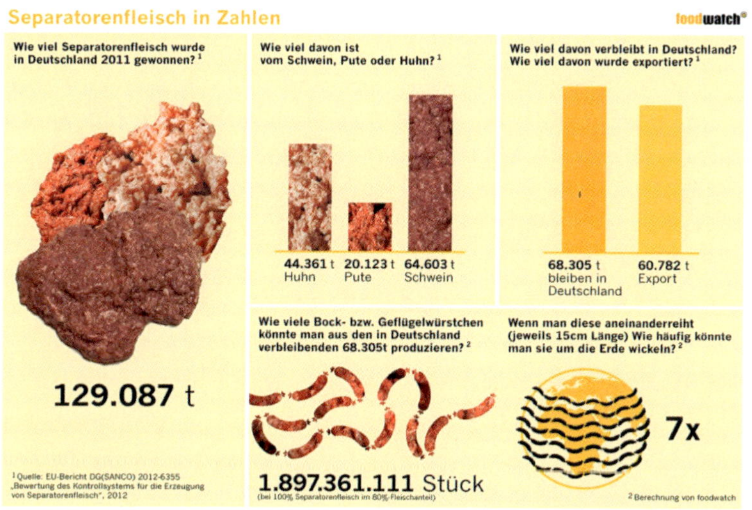

Quelle: https://www.foodwatch.org/de/mediathek/fotostrecken/70000-tonnen-separatorenfleisch-unauffindbar/

So wird auch eine aufkeimende Abneigung gegen eingepferchte Hühner, Schweine und Rinder, gegen ›Küken-Schreddern‹ und ›Separatorenfleisch‹ derjenigen Bevölkerungsteile, die auf billige Lebensmittel angewiesen oder es gewohnt sind, auf ›Sonderangebote‹ zu achten, schnell wieder abgeschwächt.

Das schlechte Gefühl, wenn entsprechende Nachrichten über Bienensterben, Massentierhaltung oder ›Separatorenfleisch‹ zu lesen sind oder in Bildern vorgeführt werden (wie es die NGO *foodwatch* und im Gefolge oft auch reguläre Medien tun), lässt sich durch solche ›Argumente‹ doch etwas beruhigen.

Das bedeutet, dass die öffentliche Debatte und die Auseinandersetzung um gesunde, ökologisch erzeugte Lebensmittel, um Auszeichnungspflichten, Massentierhaltung, Gentechnik usw. nicht allein Gesundheitsfragen, ökologische Fragen oder ethische Probleme aufwerfen, sondern harte ökonomische Widersprüche. Eine ökologische Ernährung erfordert oft auch finanziell besser ausgestattete Konsumenten, damit ebenfalls ›faire‹ Preise an ökologisch wirtschaftende Landwirte gezahlt werden können.

Ich will an dieser Stelle die Diskussion über die je persönlichen Alternativstrategien und Verhaltensweisen gar nicht erst eröffnen. Vielmehr kommt es mir darauf an, einen oft und von interessierter Seite gern übersehenen ökonomisch-systemischen Hinderungsgrund für Alternativen ins Bewusstsein zu heben.

Das Fatale dabei ist ja, dass es einerseits schon schwierig genug ist, die Debatte um gesunde Lebensmittel überhaupt so gründlich und nachhaltig zu führen, wie es geboten ist, weil neben dem oft unzureichenden verfügbaren Einkommen auch Werbung und Kindheitsprägungen unvernünftige Strukturen konservieren. Wenn dann noch das strukturelle Interesse an möglichst niedrigen Reproduktionskosten ›der Ware Arbeitskraft‹ dazu kommt, um es hier mal marxistisch auszudrücken, werden Alternativen noch einmal erheblich erschwert.

So kommt es, dass die fortwährende Schnäppchenjagd sich zwar inzwischen gewissermaßen verselbstständigt hat, ihre realen Wurzeln aber in der desolaten Einkommenssituation großer Teile der Bevölkerung liegen. Wer sich die vollgestopften Briefkästen (sofern nicht durch Aufkleber »gesichert«) und die Beilagenpakete insbesondere in sogenannten kostenlosen Zeitungen ansieht, weiß, dass hier tückische Navigationsinstrumente für prekär Beschäftigte, Rentner und andere Bevölkerungsteile bereitgestellt werden, die kaum auf der Sonnenseite des Lebens stehen.

Die Folge ist, dass Mehrheiten für eine gesunde Ernährung und eine ökologische Politik nicht nur wegen des Lobbyismus der entsprechenden Branchen nicht oder nur schwer zustande kommen, sondern auch prinzipiell nicht im Gesamtinteresse der führenden Unternehmen und ihrer Verbände liegen. Und da die Mehrzahl der Politiker_innen, wie bereits dargestellt, auf das Exportüberschussmodell setzt – teils, weil davon überzeugt, teils, weil von den Unternehmen gekauft, teils, weil Alternativen als zu schwierig eingeschätzt werden – kommen auch aus dem Bereich der Mehrheit der gewählten Volksvertreter_innen kaum nennenswerte Initiativen.

Auf einen weiteren bedeutsamen Aspekt im Zusammenhang der Rechtsentwicklung in vielen Gesellschaften weist Björn Vedder[54] hin. Gemeint ist die vielfach zu beobachtende herablassende Haltung einer gewissen Schicht sich selbst als aufgeklärt, ökologisch bewusst und weltoffen haltender Menschen, die im Wohlstand leben, gegenüber dem unteren von ihnen als kleinkariert und engstirnig bezeichneten Teil der Gesellschaft.

> Was die sogenannte Mittelklasse in nicht allzu ferner Zukunft teuer zu stehen kommen wird, ist vielmehr die Herabsetzung derer, die vom ökonomischen System weniger profitieren und überdies als zweitklassige Menschen angesehen werden. Denn wenn wir uns den Zulauf anschauen, den populistische Parteien im Moment haben, dann speist er sich zu einem großen Teil aus jenen, die nicht zu den Profiteuren des ökonomischen Systems gehören. Es versammeln sich diejenigen, die sich selbst als Verlierer sehen, die das Gefühl ha-

> ben, dass die Welt und vielleicht sogar ihr Leben ihnen entgleitet. Diejenigen, denen die Selbstbehauptungen des Besitz- und Bildungsbürgertums nicht nur heuchlerisch, sondern auch herablassend erscheinen, die sich jedoch sagen lassen müssen, dass ihre Kritik daran nur die ressentimentgeladene Klage der Zukurzgekommenen und der dumpfen Trolle ist.[55]
>
> Dieses Gefühl entsteht dadurch, dass Geld und sozialer Status nicht nur ungleich verteilt sind, sondern dass diese Ungleichheit auch dazu führt, dass die Unterlegenen nicht mehr in der Lage sind oder sich zumindest nicht mehr in der Lage sehen, ihre Interessen zu befriedigen. Die Unterlegenen sehen sich durch die Überlegenheit der anderen daran gehindert, ihre fundamentalen Interessen zu verfolgen und sie gewinnen dabei den Eindruck, dieser Verletzung ohnmächtig gegenüberzustehen. Diese Kombination aus Verunsicherung oder Verletzung und Ohnmacht entlädt sich in der Empörung und im Ressentiment.[56]

Angesichts der Verrohung der politischen Sitten, zu welcher Donald Trump in der westlichen Welt sicher den bedeutendsten Beitrag geleistet hat und noch leistet und angesichts zahlreicher Nachahmer sind solche Überlegungen, wie sie Vedder anstellt, hochbrisant. Auch die Stärkung des rechten bis rechtsradikalen Lagers in Deutschland hat seine Ursachen eben nicht nur (und vielleicht nicht einmal hauptsächlich) in einer ›Ausländerfeindlichkeit‹, sondern in extrem ungleichen Verteilungsstrukturen und Lebenschancen, in dem Gefühl großer Bevölkerungsteile, politisch nichts bewirken zu können und einer gewissen heuchlerischen Arroganz der »Abgehobenen« (so der Buchtitel des Elitenforschers Michael Hartmann[57]). GERMANY FIRST ist so gesehen insgeheim sowohl eine der Ursachen für die Spaltung der Gesellschaft als auch der einigende scheinbare Ausweg.

Unsere Kleidung: Billig produziert, aber zu welchem Preis?[58]

Zu den Reproduktionskosten der Arbeitskraft und damit zu ihren Lohnkosten gehört neben den Lebensmitteln auch die Bekleidung. Die strukturellen Gesichtspunkte sind ähnlich, deshalb können diese folgenden Hinweise kürzer gehalten werden. Vieles von dem bisher Gesagten gilt auch für billige oder sagen wir ›preiswerte‹ Textilien…

https://www.bpb.de/politik/hintergrund-aktuell/268127/textilindustrie-bangladesch

Nach dem Einsturz der Textilfabrik Rana Plaza in Bangladesch suchen Menschen in den Trümmern nach Opfern und Überlenden. Am 24. April 2013 starben bei dem bisher größten Unfall in der internationalen Textilindustrie mehr als tausend Menschen. Industrie und Regierung haben seitdem höhere Sicherheitsstandards in Bangladesch durchgesetzt. Der Preiskampf in der Modebranche verhindert jedoch globale Verbesserungen.

Wie so oft sind es die Katastrophen, welche ein Problem in die veröffentlichte und öffentliche Meinung befördern, zunächst in Form alarmierender Berichte, dann in empörten Kommentaren. Schließlich werden beschwichtigende Lösungsansätze produziert, mit denen das aufgerüttelte schlechte Gewissen beruhigt wird.

Vor einiger Zeit war es der Billig-Discounter KIK, der durch die verheerenden Arbeitsbedingungen in Bangladesch in die Schlagzeilen geriet. Auch hier haben wir es mit einer Fülle von Problemen und vor allem auch Systemwidersprüchen zu tun, wobei jedes und jeder einzelne davon schwierig anzugehen ist.

Nahezu komplett ausgeblendet bleibt aber auch hier der Zusammenhang zur Notwendigkeit, das deutsche Wettbewerbsmodell durch niedrige Lebenshaltungskosten abzusichern.

Es zeigt sich einmal mehr, wie wichtig es nicht nur in ökonomischer Hinsicht ist, dieses Modell infrage zu stellen.

Urlaub/Fliegen für alle

Sehr verwundert war ich und mit mir viele andere, als unter der Regierungszuständigkeit des grünen Wirtschaftsministers von Hessen, Tarek Al Wazir, die Billigfluglinie Ryanair von Hahn im Hunsrück an den Frankfurter Flughafen geholt wurde. Die folgende Presseerklärung der Linken im hessischen Landtag vom 25.10.2018 bringt die Probleme gut zum Ausdruck.

> **Neue schwere Vorwürfe gegen Ryanair: Einsatz von illegalen Leiharbeitern in Deutschland – auch in Frankfurt?**
> *Heute wurden neue Vorwürfe gegen die Dumping-Fluggesellschaft Ryanair bekannt. Sie soll in Deutschland illegale Leiharbeiter als Kabinenpersonal eingesetzt und durch das Anlegen von detaillierten Krankheitsakten gegen deutsche Datenschutzbestimmungen verstoßen haben. Dazu erklärt Janine Wissler, Vorsitzende der Fraktion DIE LINKE im Hessischen Landtag:*
> Die neuerlichen Vorwürfe gegen Ryanair wiegen sehr schwer und belegen erneut den ausbeuterischen Umgang der Airline mit ihren Beschäftigten. Wenn Leiharbeiter ohne in Deutschland gültige Erlaubnis zur Arbeitnehmerüberlassung eingesetzt werden, ist das nicht nur rechtswidrig und de facto Schwarzarbeit. Es setzt zudem auch die Arbeitsbedingungen in der ganzen Branche weiter unter Druck. Und wenn kranke Beschäftigte massiv eingeschüchtert werden, mit dem Ergebnis, dass sie krank den Dienst antreten, dann ist das sogar sicherheitsrelevant.
> Ryanair sei dafür berüchtigt, geltendes Recht bis zum Maximum auszureizen – und immer wieder auch darüber hinaus. Auf Mensch und Umwelt werde keinerlei Rücksicht genommen, wenn das den Geschäften im Wege stehe, so Wissler. (https://www.janine-wissler.de/site/landtag/pressemitteilungen/2018/3089-neue-schwere-vorwürfe-gegen-ryanair-einsatz-von-illegalen-leiharbeitern-in-deutschland--auch-in-frankfurt.html)

Offensichtlich hat der Regierungseintritt der Grünen in eine Koalition mit der CDU in Hessen seit 2013 auch zu weitreichenden Zugeständnissen in Form von Abstrichen am ›grünen Markenkern‹ geführt. Denn auch die

Aussage von Al Wazir, der damals noch in der Opposition war, »mit mir wird es kein drittes Terminal am Flughafen geben« wurde inzwischen fallen gelassen.

Aber was hat dies mit der Begünstigung des deutschen Exportüberschussmodells oder gar möglichst niedrigen Lebenshaltungskosten zu tun?
Genau hier treffen sich drei Stränge:

1. Wie auch auf anderen Gebieten steht Deutschland, was den Flugverkehr betrifft, im internationalen Wettbewerb. Und hierbei spielt die Drehkreuzfunktion des Frankfurter Flughafens (Hub) eine große Rolle, wie der Flughafenbetreiber immer wieder betont.
2. Die Gewerkschaft ver.di betont die Rolle des Flughafens als ›Jobmotor‹, wenngleich dies von den Statistiken wieder infrage gestellt wird.
3. Eine dritte Interessengruppe aber tritt fast überhaupt nicht in Erscheinung, weil sie es auch nicht muss: das sind diejenigen, für die der Frankfurter Flughafen eine willkommene Basis für einen Billigurlaub oder einen Kurztrip für wenig Geld ist.

Dieses Anliegen hängt man eher nicht an die große Glocke. Für Menschen, die sich den Durchschnittskonsum schon nicht mehr leisten können und für die Urlaub, schon gar ein *Flug* in den Urlaub, nicht auf der jährlichen Agenda steht, ist es fast eine Art von ›Inklusion‹. Nicht ausgeschlossen zu sein von dem, was eben auch zu den gesellschaftlichen Standards in Deutschland gehört, jedenfalls zu den Standards, über die man redet, ist ein sicher nicht zu unterschätzender gesellschaftlicher und psychologischer Faktor.

Man war *auch* im Urlaub und ist ›ein bisschen weggeflogen‹, auch wenn man deshalb nicht zum Jetset gehört. Man sollte solche ›Errungenschaften‹ nicht gering schätzen, sie helfen, Entbehrungen leichter zu ertragen und dem deutschen Wettbewerbsmodell durch Mäßigung an der Lohnfront die Treue zu halten. Nachhaltig sind sie natürlich nicht.

Umweltauflagen ›verzerren den Wettbewerb‹[59]

Dass die Ökologie zu den am meisten umkämpften Gebieten im internationalen Wettbewerb zählt, ist heute so bekannt, dass dieser Abschnitt nicht ausführlich begründet werden muss.

Ein Unternehmen, das öffentliche Gewässer, die Luft oder den Boden als »Entsorger« benutzen darf und dies ohne Auflagen kostenlos tun kann, ist im Wettbewerb besser gestellt als eines, dem dieser Weg versperrt oder erschwert ist. Dass dieser Wettbewerbsvorteil auch international immer wieder streckenweise zurückgenommen werden musste, hat zwar auch mit dem Kampf für die Umwelt zu tun, aber schlicht auch damit, dass die Wirtschaftsweise die Bewohnbarkeit des Planeten und damit auch die Reproduzierbarkeit von Kapital bedroht. Wenn Menschen nicht nur in chinesischen Städten Atemmasken tragen müssen oder Autofahrverbote drohen, wenn angebaute Nahrungsmittel wegen Verseuchung oder Verstrahlung nicht mehr abgesetzt werden können, sind Limits erreicht und oft genug durch Katastrophen erzwungen. Die Knappheit von Trinkwasser oder die Unbeherrschbarkeit der Atomtechnologie (Harrisburg, USA 1979 – Tschernobyl, Ukraine/UdSSR 1986 – Fukushima, Japan 2011) sind Beispiele, durch welche zumindest in Deutschland die Politik zu entsprechenden Korrekturen veranlasst wurde.[60]

Doch auch der Ausstieg aus der Atomtechnologie zeigt, wie weit die privatwirtschaftlichen Kosten auf die Öffentlichkeit übertragen werden und wie unbesorgt private Unternehmen durch ihre Profitmaximierung Probleme für die Allgemeinheit erzeugen können und später betriebswirtschaftlich davon befreit werden.

Die bei Aufkommen der Umweltbewegung in den 70er Jahren (z.B. 1972, Club of Rome: Die Grenzen des Wachstums) noch lebhafte öffentliche Diskussion über ›interne und externe Kosten‹ ist heute kaum noch wahrnehmbar. Dabei wäre es dringend notwendig, ins öffentliche Bewusstsein zu heben, dass es tausendfach billiger und (im umfassenden Sinne) ökonomischer ist, Umweltbelastungen von vornherein zu vermeiden als später für all die Folgeschäden aufzukommen.

Leider werden in den unverdrossen vorangetriebenen Handelsabkommen Umweltschutzauflagen immer noch als »Investitionshindernis« angesehen. Dementsprechend wird das jeweils niedrigste Umweltschutzniveau als Grundlage für die übrigen Staaten zugrunde gelegt. Ausnahmen sind jeweils heftig umkämpft.

Lori Wallach, Director of Public Citizen's Global Trade Watch, eine der bekanntesten US-amerikanischen Kritikerinnen der Freihandelsabkommen, hat bereits 2013 in einem großen Artikel in LE MONDE DIPLOMATIQUE mit dem Titel »TAFTA – die große Unterwerfung«[61] (Trans Atlantic Free Trade Agreement) ausführlich Stellung zu den diversen Freihandelsabkommen bezogen. Darin wies sie darauf hin, dass 2012 die WTO den USA eine Kennzeichnung für Konserven untersagte, die den Schutz von Delfinen garantiert oder die Herkunft von Fleischprodukten nachweist. Die EU wiederum unterlag der WTO im Konflikt um genveränderte Lebensmittel und musste zig Millionen Euro Strafe zahlen, weil die EU Wachstumshormone für Schlachttiere verbot.

Durch ein Schiedsgericht würden Unternehmen ermächtigt, die Regierungen der USA oder eines EU-Staats vor ein außergerichtliches Tribunal zu zerren. Und zwar mit dem schlichten Argument, dass die Gesundheits- oder Finanz- oder Umwelt- oder sonstige Politik dieser Regierung ihre Investorenrechte beeinträchtige.

Weiter wies Wallach darauf hin, dass in Folge mehrerer Freihandelsabkommen der USA mehr als 400 Millionen Dollar an Steuergeldern an Unternehmen flossen, die gegen Verbote giftiger Substanzen, Lizenzregeln, Gesetze über Wasserschutz oder Waldnutzung und andere »investitionsfeindliche« Regelungen geklagt hatten. Vor diesen Tribunalen seien Klagen von Unternehmen mit einem Streitwert von 14 Milliarden Dollar anhängig, die sich etwa auf die Arzneimittelzulassung, auf die Haftung für Umweltschäden oder auf Klimaschutz- und Energiegesetze bezögen.

Als Argumentationsmuster für die Bevölkerung, welche die praktizierte Politik in Wahlen ja bestätigen soll, dient der Hinweis darauf, dass es ›woanders‹ um den Umweltschutz ja noch schlechter bestellt sei, sodass es auch unter Umweltschutzgesichtspunkten geradezu angezeigt sei, dass *deutsche* Unternehmen das Rennen machen.

So verwundert es auch nicht, dass diese Argumentation in Bezug auf den ›Diesel-Betrug‹ und die im Zusammenhang damit stehenden US-Gerichtsverfahren gegen deutsche Firmen fast vollständig fallengelassen und ausgeblendet wurde.

Der großflächige Dieselabgasbetrug spaltet die Gesellschaft

Der meist etwas verniedlichend als ›Skandal‹ bezeichnete Dieselabgasbetrug wird im Kapitel über das Exportüberschuss-Modell und die Auswirkungen auf die Demokratie und den Rechtsstaat noch ausführlicher behandelt. Hier soll der Widerspruch zum Umweltschutz kurz beleuchtet werden.

Die durch die Klagen der ›Deutschen Umwelthilfe‹ (einer NGO) gerichtlich durchgesetzten Fahrverbote für bestimmte Dieselfahrzeuge haben bereits zu dem in der Öffentlichkeit heftig geführten Schlagabtausch zwischen dem ›Fahrinteresse‹ der Autofahrer und dem Interesse der betroffenen Bevölkerung an gesunder Luft geführt. Wenn man bedenkt, dass hier von interessierter Seite die körperliche Unversehrtheit von Anwohnern stark befahrener Straßen dem Recht auf die Selbstbestimmung der Mobilitätsart bzw. dem Recht auf Benutzung eines umweltschädlichen Gegenstands untergeordnet wird, dann kann man ermessen, welch starke Kräfte hier am Werk sind.

Hier werden ›Weltbilder‹ angegriffen, die über Jahrzehnte gefestigt wurden: die individuelle Mobilität gegen Massenverkehrsmittel, das Recht auf ungehinderte Benutzung seines Eigentums, das ›heilige Blechle‹, aber auch, was Thema dieses Buches ist, der Angriff auf das deutsche Spitzen(export)produkt: das AUTO.

So geht es beim Dieselabgasbetrug immer auch um die Vormachtstellung unserer Exportbranche Nummer eins. Wenn diese angegriffen wird (und der Angriff kam aus den USA), dann muss sie in einem nationalen Akt des Widerstands gegen diese Attacke geschützt werden. Anders kann man es kaum verstehen, dass dieser Betrug zumeist als ›Schummelei‹ heruntergespielt wurde und dass im Gegensatz zu den USA (wo sogar ein führender deutscher Manager hinter Gitter kam) hierzulande bisher keine strafrechtlichen Konsequenzen gezogen und selbst das Verursacherprinzip sowie das Zivilrecht kaum ausgeschöpft wurden.

Dass die offizielle Politik sich von der Autolobby vorführen ließ, konnte und kann offenbar nur im heimlichen Einverständnis mit der Mehrheit der Wahlbevölkerung geschehen.

Am folgenden Magazintitel zeigt sich übrigens, dass die AfD sich hier in bester Gesellschaft befindet. Und es scheint paradigmatisch auf, welche Ausstrahlung (im wahrsten Sinne des Bildes) nun unserem Exportüberschussprodukt Nummer 1, dem Auto, zugemessen wird. Vermutlich trifft der Titel das Bewusstsein vieler Menschen und kann zudem noch beträchtliche Teile auch der regierenden Parteien vereinnahmen.

https://www.afd.de/afd-kompakt-uebersicht/afdkompakt-03-2018/

Gleichzeitig wird das Thema in dem Begleitartikel dazu benutzt, die Dinge zu verdrehen und auf den Kopf zu stellen, die Betrugstäter in der Autoindustrie zu Opfern zu stilisieren und den gesamten Umweltschutz als das Werk »wirtschaftssadistischer Ökoideologen« zu diffamieren, deren Werk es sei, unsere Volkswirtschaft zu zerstören.[62]

Arbeitsplätze in Gefahr

Ein weiteres Argumentationsmuster ist der Verweis auf die Arbeitsplätze. Niemandem nütze letztlich eine bessere Umwelt, wenn er dadurch arbeitslos werde, so die zwar sehr einfältige, aber doch immer wieder massenwirksame Propaganda.

Ihre Wirksamkeit beruht schlicht darauf, dass Arbeitslosigkeit ab ihrem Eintritt, teilweise auch schon bei ihrer Ankündigung, direkt erfahren wird, eine verbesserte Umwelt dagegen erst nach und nach; aber auch auf der Lebenserfahrung des »Spatzen in der Hand« (= Arbeitsplatz), der einem lieber ist als »die Taube auf dem Dach« (= bessere Luft, Schutz des Planeten).

Während ich hier schreibe, gehen die Auseinandersetzungen um den Hambacher Forst und den Braunkohleabbau unverdrossen weiter.

Hier kämpfen möglicherweise, hinter den Kulissen und ohne Absprachen, Umweltschutzverbände und diejenigen Teile der Kapitalfraktionen, die sich ohnehin von der Fossil-Lobby und ihrem Zeitalter verabschieden wollen, mehr oder weniger gemeinsam. Man möchte es sich jedenfalls wünschen.

Dass in Bezug auf das Problem, Ersatzarbeitsplätze zum Braunkohleabbau zu schaffen, die Parallelität zum gleichzeitig gefeierten Ende des Steinkohleabbaus (breit im Programm des Westdeutschen Rundfunks) kaum genutzt wurde, hat mich überrascht. Denn viele Aspekte der damaligen Strategie zur Schaffung zukunftsträchtiger Ersatzarbeitsplätze können auch auf die Braunkohle übertragen werden.

Allerdings ist ein derartiger Rückblick immer auch mit Eingeständnissen von Fehlern und Unzulänglichkeiten verbunden. Aber auch die in den Sendungen zur Steinkohle zutage getretene gehörige Portion Verklärung hilft nicht wirklich weiter. Denn es hat sich zwar gezeigt, dass Strukturwandel politisch gestaltbar ist, dass also der Widerspruch zwischen Arbeitsplätzen und Umweltschutz gelöst werden kann. Es ist aber auch offensichtlich, dass die unzureichende Umsetzung solcher Lösungen immer der Tatsache geschuldet ist, dass die Renditeinteressen vernünftige Lösungen behindern. Deshalb gibt man solchen Zukunftsszenarien – wenn überhaupt – nur gezwungenermaßen den öffentlichen Raum, der dafür dringend notwendig wäre.

Unsere Panzer sind die besten – jedenfalls im Ausland

Rüstung ist immer schon eine der beliebtesten Kapitalverwertungsanlagen. Denn Rüstung hat den doppelten Effekt des ewigen Erneuerungsbedarfs durch Wettrüsten einerseits und wegen des schnellen Verschleißes andererseits, insbesondere wenn Kriege geführt werden. Und schließlich gibt es den regierenden Politiker_innen zusätzlich die politische Möglichkeit, der Bevölkerung Sicherheit und Unabhängigkeit zu suggerieren.

Am weitesten dürfte die Verknüpfung des militärisch-industriellen Komplexes mit der Politik in den USA gehen. Dies ist – nicht zuletzt infolge der zahlreichen von den USA angezettelten Kriege und kürzlich durch die Kündigung des INF-Vertrags (über Mittelstreckenraketen) – über die Jahre auch ins deutsche öffentliche Bewusstsein gedrungen. Eisenhower hat den Begriff des militärisch-industriellen Komplexes übrigens bereits 1961 benutzt, für Noam Chomski war es mit ein Grund, die USA als einen ›failed state‹, einen ›gescheiterten Staat‹ zu bezeichnen, weil nicht mehr das Gesamtwohl der Einwohner die entscheidende Rolle spiele.[63]

Im Vergleich zu den USA fällt auf, dass Deutschland in der Kritik vergleichsweise milde davon kommt, was die deutsche Rüstungsproduktion und den deutschen Rüstungsexport angeht, denn immerhin hat Deutschland sehr schnell den dritten Platz unter den Rüstungsexportländern erobert.

An dem militärisch harmlosen Image konnte auch die deutsche Friedensbewegung bisher wenig ändern. Bereits in meinem Buch Mit Demokratie ernst machen habe ich angeführt, dass hier von der veröffentlichten Meinung kräftig gegengesteuert wird, indem auch auf diesem Gebiet die technische Qualität der Waffen ›made in Germany‹ mit einem gewissen, aber tunlichst zurückhaltenden Stolz vermerkt wird. Allerdings ist dieser Mythos spätestens im Jahr 2017 ein wenig angekratzt worden.

Denn am 12.1.2017 meldete Die Welt unter dem Titel »IS-Kämpfer zerstören den deutschen Panzer-Mythos«: »Bei den Kämpfen in Syrien und im Irak werden auch die bis dahin als unzerstörbar geltenden Leopard 2 abgeschossen. Offensichtlich können seitliche oder rückwärtige Teile der Tanks modernen Raketen nicht standhalten. (…) Der deutsche Vorzeigepanzer galt bisher als unverwüstlich.«

Mindestens ebenso gewichtig ist dabei immer auch der Hinweis auf die Sicherung der entsprechenden Arbeitsplätze.

Dass auf der anderen Seite dadurch Konflikte verschärft und Kriege angeheizt werden, ist für die Politik, die Rüstungsexporte »erklären« und notfalls dafür werben muss, sicherlich ein Problem. Für die Rüstungsunternehmen und ihre Zulieferer ist es nolens volens eine Art Existenzsicherung, weil die Absatzmöglichkeiten, aber auch die Test- und Entwicklungsmöglichkeiten sich dadurch enorm verbessern.

Für die Folgen der Instabilität in den internationalen Beziehungen, der allgemeinen Verunsicherung, aber auch den dadurch erzwungenen Fluchtbewegungen, muss dann die gesamte Gesellschaft geradestehen.

Damit sind wir bei den Akteuren der Politik. Denn Strukturen schaffen zwar bestimmte Zwänge, aber Strukturen müssen einerseits aufgebaut und durchgesetzt werden. Und andererseits erfordern sie zur Ausfüllung der Struktur handelnde Personen und Personengruppen. Dies ist Inhalt des nächsten Kapitels.

4. Die Wettbewerbsideologie und ihre Akteure – Wachstumswahn

Dem kapitalistischen Strukturzwang der Kapitalverwertung und der Überwindung ihrer immer wieder selbst produzierten Grenzen trägt die Politik nach Kräften Rechnung.

In einer Art ›unsichtbarer Hand‹ (invisible hand) – nicht des Marktes, sondern der *unsichtbar gemachten* Hand der Politik – tut diese alles Erdenkliche dafür, die Basis für das Exportüberschussmodell Deutschlands zu verbreitern und auszubauen.

Wie umfassend und gründlich die deutsche Politik in dieser Richtung tätig ist, wurde an markanten Beispielen gezeigt.

Und es sieht fast so aus, als ob die ›Parteien der Mitte‹ (und um die drängeln sich viele) sich nur noch dadurch unterscheiden, welcher Partei dies besser gelingt – unter Ausblendung oder Verkleisterung der Widersprüche, um sich die Zustimmung oder mindestens das Stillhalten der Wahlbevölkerung zu sichern.

Die lenkende Hand

Die lenkende Hand der Politik möchte durchaus wahrgenommen werden, wenn die Lenker sich im Konsens mit der Bevölkerung wähnen und die Hände sauber, kräftig und ehrlich wirken. Die lenkende Hand ist bestrebt, tunlichst unsichtbar zu bleiben, wenn diese schmutzig geworden ist oder gar Blut an ihr klebt. Das Exportüberschussmodell und seine aggressive Renditejagd verändert auch diese Hand.

Die Linke kann hier logischerweise gar nicht mithalten (es sei denn, um den Preis der Aufweichung ihrer Ziele von heute), der Rest der Parteien schon und liefert sich so ein Rennen um den größten Exportüberschuss.

Bei diesem Rest scheint es zwischen den Parteien (und sogar innerhalb der Parteien) vor allem zwei Richtungen zu geben: Die einen versuchen, ›das Volk‹ irgendwie zu ›überzeugen‹ oder mit ›Vorteilen‹ zu ködern, die anderen arbeiten eher mit Einschüchterung oder Rückgriff auf nationalistische Parolen (AfD und Teile von CDU und CSU).

Für die **CDU** formulierte dies am klarsten der seinerzeitige hessische Ministerpräsident Roland Koch, als er 2006 nach seiner Wiederwahl als hessischer Parteivorsitzender beschwor, die Menschen müssten für die Sicherung ihrer eigenen Zukunft »in Anspruch genommen werden«. »Mit klarem Kurs und manchmal auch mit harter Hand« müsse die CDU nach seiner Meinung agieren. Nicht dem Wähler nach dem Mund reden und schon gar nicht vor politischen Entscheidungen die Ergebnisse der Demoskopie studieren! In den Koalitionsvereinbarungen von CDU und FDP in Hessen 2009 waren die Kernpunkte denn auch:

> ›Konzentration der Landesverwaltung auf die Kernaufgaben‹. ›Landesbetriebe oder Teilbereiche werden wir dann privatisieren, wenn unter betriebswirtschaftlichen Gesichtspunkten die Leistungen im Sinne der Bürger von Privaten mindestens genauso gut oder besser erbracht werden als von öffentlichen Betrieben.‹ ›Wir werden keine neuen Steuern und Abgaben einführen.‹ ›Diese außergewöhnlichen Defizite müssen durch große Konsolidierungsanstrengungen (...) abgearbeitet werden.‹

Der ehemalige hessische Kultus-Staatssekretär Joachim Jacobi, CDU stellte die internationale Wettbewerbsfähigkeit immer wieder in den Mittelpunkt seiner Reden zur Einführung der betriebswirtschaftlichen ›Neuen Steuerungsmodelle‹ Anfang des 21. Jahrhunderts auch im Schulwesen.[64]

Dabei verwies er auf die ›Lissabon-Strategie‹ des Europäischen Rats, eine ›Agenda für die wirtschaftliche und soziale Erneuerung Europas‹ vom

23. und 24. Mai 2000 (nicht zu verwechseln mit der Vereinbarung von Lissabon aus dem Jahr 2007). In der Agenda hieß es:

> Die Union hat sich heute ein neues strategisches Ziel für das kommende Jahrzehnt gesetzt: das Ziel, die Union zum wettbewerbsfähigsten und dynamischsten wissensbasierten Wirtschaftsraum in der Welt zu machen – einem Wirtschaftsraum, der fähig ist, ein dauerhaftes Wirtschaftswachstum mit mehr und besseren Arbeitsplätzen und einem größeren sozialen Zusammenhalt zu erzielen. (...)
> Ausschlaggebend für die Verwirklichung des neuen strategischen Ziels sind der private Sektor sowie Partnerschaften zwischen dem öffentlichen und dem privaten Sektor.[65]

Und schon im Berliner Koalitionsvertrag von CDU, CSU und SPD von 2005 wurde als entscheidendes Argument für die Deregulierung insbesondere im Geldsektor die ›internationale Wettbewerbsfähigkeit für den Finanzplatz Deutschland‹ angeführt.

Die **SPD** tritt in ihrer praktischen Politik ebenfalls für GERMANY FIRST ein, hat unter Schröder und Eichel maßgeblich an dieser Strategie mitgewirkt, unterstützt auf Bundesebene alle entsprechenden Schritte, ist darauf auch stolz, will es aber, wenn Widersprüche oder unsoziale Nebeneffekte auftauchen, nicht gewesen sein. Frei nach dem Werbespruch für Medikamente, ›zu Risiken und Nebenwirkungen fragen Sie Ihren Arzt oder Apotheker‹.

Die **Grünen** haben dort, wo sie regieren, längst ihren Frieden mit GERMANY FIRST gemacht. Vermutlich hätte es ohne diesen Frieden nicht zum ersten grünen Ministerpräsidenten – noch dazu in einem extrem exportorientierten Bundesland – gereicht.

»*Nur wenn wir bei dieser Schlüsseltechnologie weltweit vorne mitspielen, kann es uns gelingen, Baden-Württemberg auch in zehn oder zwanzig Jahren als weltweit führenden Industriestandort zu erhalten.*« Dies erklärte der baden-württembergische Ministerpräsident Kretschmann von den Grünen anlässlich der Vorstellung der ›Künstliche-Intelligenz-Strategie‹ Anfang November 2018.

Hier ist alles enthalten: die auf Unternehmen zugeschnittene Infrastrukturpolitik des Staates, der Wille, »weltweit führend« zu sein, die Sprachwahl »weltweit vorne mitspielen« und die Argumentationslogik »Nur wenn…, dann…«

Die Wettbewerbslogik ist immer mit der Angst verbunden, zurückzufallen, zu verlieren, unterzugehen. Und diese Angst wird auch propagandistisch genutzt. Abwehr und Aggression sind dann häufige Folgeprodukte, und ›taktische Fouls‹ (um in der Sportsprache zu bleiben), also Regel- und Rechtsverstöße werden als legitimer wahrgenommen, je bedrohlicher und enger die individuelle Situation empfunden wird.

Oft wird, beispielsweise in Leserbriefen an Tageszeitungen, die Frage gestellt, ob Politiker selbst daran glauben, was sie tun oder wider besseres Wissen handeln, weil sie beispielsweise Lobbyisten sind oder sein wollen, den »Drehtür-Effekt«[66] im Auge oder bereits hinter sich haben – oder auch den medialen Widerstand fürchten. Die Drehtür ist nicht das Wesentliche in der Beziehung von Politiker_innen zu dem oder den Unternehmensinteresse(n), aber eine starke Klammer.

Beim sachkundigen Publikum hat die Einstellung von Jörg Kukies als Staatssekretär durch Bundesfinanzminister Scholz ein gewisses Aufsehen erregt. Kukies ist einer von vier beamteten Staatssekretären (daneben gibt es noch zwei parlamentarische Staatssekretärinnen) unter Finanzminister Scholz, allerdings vermutlich der bekannteste, weil er von Goldman Sachs kommt. Dort war er fast 18 Jahre lang in führender Position zuständig für das Aktiengeschäft in Deutschland und Österreich, für Aktienderivate in Europa, im Nahen Osten sowie in Afrika und schließlich Co-Vorsitzender des Vorstands der Goldman Sachs AG sowie Leiter der Zweigniederlassung Frankfurt der Goldman Sachs International. Im Bundesfinanzministerium ist er zuständig für die Finanzmarktpolitik und Europapolitik.

Das Handelsblatt hat unter der Überschrift – »Der durch die Drehtür kam« – das Beispiel von Jörg Kukies beleuchtet (Handelsblatt vom 11.4.2019). Der Handelsblattartikel fokussiert auf den momentan vom Bundesfinanzministerium aus betriebenen Zusammenschluss von Commerzbank und Deutscher Bank und lässt Kritiker aus verschiedenen Parteien zu Wort kommen. Lobby-Control beispielsweise verweist auf das von Goldman Sachs gepflegte Netzwerk und die »lange Liste von Grenzgängern zwischen Goldmann Sachs und der Politik«.

Und selbst der CDU-Bundestagsabgeordnete Eckhardt Rehberg kritisiert die Interessensverquickung zwischen Goldman Sachs, dessen Firma an der Commerzbank beteiligt sei, und der jetzigen Tätigkeit von Kukies.

Der finanzpolitische Sprecher der Linken im Bundestag, Fabio de Masi, wird mit dem Satz zitiert, Kukies verwette das Geld der Steuerzahler, damit eine Megabank sich billiger finanzieren könne. Durch eine parlamentarische Anfrage kam zudem heraus, dass Kukies sich nicht nur 23-mal mit den Spitzen der Deutschen Bank getroffen habe, sondern auch öfter, »eng getaktet, mit Goldman-Vertretern.«

Jemand wie Kukies ist denn auch lieber ›rule setter‹ als ›rule taker‹, verzichtet dafür auch schon mal für ein paar Jahre auf das Gehalt eines Investmentbankers und arbeitet momentan für popelige 170.000 Euro Jahresgehalt. Aber eine Drehtür muss von ihrem Wesen her ja ohnehin in Bewegung bleiben.

Eine Politik der Verquickung von Unternehmensinteressen mit der Politik erfordert die entsprechenden Akteure

Michael Hartmann, der die Eliten gründlich erforscht hat, kommt in seinem Buch Die Abgehobenen zu dem Schluss, dass sie die herrschende neoliberale Politik im Kern nach wie vor als alternativlos betrachten und dass sie die negative Haltung weiter Bevölkerungskreise gegen diese Politik in der Regel auf Unwissen und fehlgeleitete Emotionen zurückführen.[67] Den Grund dafür sieht er in den abgehobenen und getrennten Lebenswelten auf der einen Seite und dem Nutzen, den diese Politik bringt, je höher man in der gesellschaftlichen Hierarchie aufgestiegen ist, auf der anderen Seite. Die Spreizung von Einkommen und Vermögen hätte die Lebenswelten der ›Funktionseliten‹ und der Durchschnittsbevölkerung immer weiter voneinander entfernt und die soziale Rekrutierung sei inzwischen auch wieder exklusiver und homogener geworden. Die deutsche ›Funktionselite‹ lässt sich in etwa so darstellen:

Der bereits zitierte hessische Kultus-Staatssekretär Jacobi konnte sich zwar zu einer (funktionalen) Teilelite im Staat zählen, gehörte aber mit Sicherheit nicht zu den materiell von einer solchen Wettbewerbs- und Ökonomisierungspolitik besonders Profitierenden.

Schon eher lässt sich Hans Eichel dazu rechnen, dem durch seine vielen verschiedenen Ämter (OB in Kassel, hessischer Ministerpräsident, Bundesfinanzminister) und Funktionen auch viele verschiedene Einkünfte und Ruhegelder zuflossen. Obwohl nicht am Hungertuch nagend, verzichtete er nicht darauf, sich über diverse Prozesse ein Maximum davon zu sichern.[68]

Viele andere Führungspersonen des rot-grünen Regierungsprojekts (von Schröder über Fischer bis Riester) hatten dies nicht nötig. Sie sind anschließend direkt in die Unternehmen oder ihre Lobby-Organisationen gewechselt und konnten auf diese Weise ihren Wohlstand entsprechend aufbessern. Daraus hat sich für sie anscheinend kein Widerspruch zu ihren politischen Leitlinien ergeben. Man darf jetzt wohl nicht so unfair sein und diese Personen an ihren ursprünglichen SPD-, Grünen- oder IG-Metall-Positionen messen! Der Mensch ist lernfähig, besonders wenn diese Eigenschaft auch noch vergoldet wird. (Unwillkürlich gleitet man in den ironischen Tonfall.)

Aber begeben wir uns in die höheren Etagen der Spitzenmanager. Die Berliner Zeitung vom 8.7.2018 sieht es treffend so:

> Die Schere bei den Verdiensten in Deutschland geht auseinander. Das gilt nicht nur für die Einkommen der sehr gut und der schlechter Verdienenden, sondern auch für die Gruppe der Einkommens-Millionäre: Während die Vorstände kleinerer Aktiengesellschaften zuletzt trotz guter Geschäftslage Einbußen hinnehmen mussten, verbuchen die Chefs der großen Aktienkonzerne satte Zuwächse. Die Manager von Deutschlands Weltkonzernen verdienen heute ein Vielfaches dessen, was ihre Mitarbeiter nach Hause bringen.
> Mit ihren Gehaltszuwächsen entfernen sich die Dax-Manager nicht nur von ihren Vorstandskollegen, sondern auch von ihren Mitarbeitern. Nach einer Untersuchung der gewerkschaftsnahen Hans-Böckler-Stiftung verdient ein Dax-Vorstand mittlerweile das 71-Fache dessen, was ein durchschnittlicher Arbeitnehmer erhält. Anders gesagt: Für das Vorstandsgehalt eines Jahres müsste ein Normal-Beschäftigter im gleichen Unternehmen 71 Jahre arbeiten. Diese ›Manager to Worker Pay Ratio‹ hat sich deutlich ausgeweitet: Vor zehn Jahren lag das Vorstandsgehalt noch beim 58-Fachen des Arbeitnehmerlohns, 2005 war es ›nur‹ das 42-Fache.

Kennzeichen und Voraussetzung für eine derartige Aneignung gesellschaftlicher Arbeit durch unser wirtschaftliches Spitzenpersonal ist eine Arroganz, die in sportlichen Wettbewerben gern als Selbstbewusstsein bezeichnet wird, die aber dort, wenn die Ellbogen zu weit und zu offensichtlich ausgefahren werden, immerhin mit einer gelben oder roten Karte geahndet werden. Nicht so im internationalen ökonomischen »Wettbewerb« des deutschen Exportüberschussmodells! Es sei denn, ein Manager gerät in die Fänge der US-amerikanischen Justiz.

Ein treffliches Bild liefert der Bildhauer Peter Lenk, von dem auch die weithin sichtbare Skulptur *Imperia* im Konstanzer Hafen am Bodensee stammt, mit dem Wand-Relief in Bodman, ebenfalls am Bodensee gelegen: *Das Narrenschiff* – an Deck tanzend Dieter Zetsche, Martin Winterkorn und Rupert Stadler mit Angela Merkel auf dem Arm.

https://www.peter-lenk.de/skulpturen/baden-wuerttemberg/bodman-ludwigshafen/narrenschiff.html

Der Kommentar dazu auf der empfehlenswerten Homepage von Peter Lenk: »Dirty Dancing – Ein Prosit auf den ›Clean Diesel‹! Ein Prosit auf unseren Profit! Ein Prosit auf unsere Auto-Mutti!« (https://www.peter-lenk.de/)

Ausschnitt aus *Das Narrenschiff* (s.o.), Text ebenfalls von Peter Lenk

Michael Hartmann hat für ein entsprechendes Kapitel in seinem schon erwähnten Buch folgende Überschrift gewählt: »Die Mächtigen – Skandale und kein Unrechtsbewusstsein«.[69] In diesem Teil nimmt er nicht so sehr die absolute Höhe der Spitzenmanager-Vergütungen ins Visier, sondern die eklatanten Disproportionalitäten im Verhältnis zu ihren (Fehl)Leistungen – von der Behandlung des Durchschnittsarbeitnehmers ganz zu schweigen.

> Dass dem Ex-VW-Chef Martin Winterkorn sein Abgang im September 2015 nach Bekanntwerden des Skandals trotz Folgekosten für den Konzern in Milliardenhöhe nicht nur mit einer Weiterzahlung seines millionenschweren Gehalts bis Ende 2016, sondern im Ruhestand danach auch mit einer täglichen Rente von 3.100 Euro versüßt wird, fällt dabei ebenso negativ auf wie die Tatsache, dass seine ehemalige Vorstandskollegin Christine Hohmann-Dennhardt nach nur 13 Monaten im Amt das Unternehmen Anfang 2017 mit einer Abfindung von über 12 Millionen Euro verließ.[70]

Die Beispiele ließen sich beliebig verlängern, sodass ein solches Verhalten durchaus als paradigmatisch gelten kann. Das bleibt aber natürlich nicht ohne Auswirkungen auf die Moralvorstellungen und ethischen Normen der gesamten Gesellschaft.

Selbstbedienungsmentalität, Heuchlertum (weil in Bezug auf Arbeitnehmer unverdrossen Zurückhaltung gepredigt wird) und Überheblichkeit sind nicht der Kitt, der eine Gesellschaft zusammenhält.

Ellbogen im Kopf

In diesen alle Proportionen sprengenden Manager-Vergütungen[71] drückt sich eine Arroganz der Macht und des Reichtums aus (»Mir gehört die Welt«). Diese ›Ellbogen im Kopf‹, wie ich sie nennen möchte, wirken auf viele Menschen abstoßend, aber untergründig auch einschüchternd. Und in Zeiten der Ängstlichkeit, insbesondere in Bezug auf die wirtschaftliche Lage, kann dies dazu führen, dass Verunsicherte solche Menschen als ›Führer‹, jedenfalls als ›Wirtschaftslenker‹ durchaus für geeignet halten, weil sie Arroganz mit Stärke und Durchblick verwechseln.

Es ist sicher kein Zufall, dass der AfD-Vorsitzende Gauland (vormals 40 Jahre aktives CDU-Mitglied) den Bewerber um den CDU-Vorsitz 2018 Friedrich Merz so sehr schätzt, dass er eine Zusammenarbeit mit ihm wirtschaftspolitisch für möglich hält.[72]

Hartmann weist deshalb zurecht darauf hin, dass der Rechtspopulismus »seine Erfolge zum größten Teil der neoliberalen Politik der in den letzten Jahrzehnten herrschenden Eliten zu verdanken hat sowie der schier unendlichen Zahl von Skandalen in deren Kreisen.«[73]

Nur würde ich nicht von ›Skandalen‹ sprechen, sondern von struktureller Kriminalität. Dazu aber im Abschnitt »Rechtsstaat« mehr.

Nicht umsonst hat diesbezüglich das Buch von Thomas Piketty (Das Kapital im 21. Jahrhundert) derartig Furore gemacht; wegen seiner Untersuchungen zu den fundamentalen Einkommens- und Vermögensunterschieden und darüber hinaus auch, weil er auf »die machtvolle(n) Divergenzkräfte, die unsere demokratischen Gesellschaften und jene soziale Gerechtigkeit bedrohen, die zu ihren Legitimationsgrundlagen zählt« verweist.[74]

Was passiert, wenn die Versprechen der neoliberalen Politik nicht mehr eingelöst werden und das darauf beruhende Gesellschaftsmodell große Verunsicherungen auslöst und den Rechtsradikalismus befördert, konnte man im Übrigen schon 1968 sehen, als im Gefolge der ersten (vergleichsweise kleinen) Wirtschaftskrise von 66/67 in Baden-Württemberg die NPD 9,8 Prozent der Stimmen in der Landtagswahl erhielt.

Weil es die erste Nachkriegs-Rezession war, löste sie noch weitere Folgen aus: das Ende von Ludwig Erhards Karriere und die Einleitung einer ersten Großen Koalition.

5. Die massive Bedrohung der Demokratie

Dass das deutsche Exportüberschussmodell nicht nur ökonomisch, sozial und ökologisch höchst unangenehme Folgewirkungen zeitigt, sondern auch die Demokratie in ihren Grundfesten erschüttert, soll im Folgenden genauer ausgeführt werden. Aber fangen wir erstmal bescheiden an.

Unstrittig ist, dass das Exportüberschussmodell auf dem Konkurrenzgedanken basiert, dass einer auf Kosten eines anderen gewinnt. Da hilft auch keine wirtschaftstheoretische Argumentation mit dem Freihandel als Nutzenstifter für alle beteiligten ›Partner‹ und keine gebetsmühlenartige Wiederholung von der »win-win«-Möglichkeit.

Demokratie aber ist auf Kooperation, Konsens und Minderheitenschutz als Wertegrundlage angewiesen und Wertegrundlage bedeutet nicht Lippenbekenntnisse zu diesen Werten!

Zu diesem grundsätzlichen Widerspruch kommt die begleitende Aggressivität des kapitalistischen Wettbewerbs mit Kampfpreisen, Dumpinglöhnen, Übernahmen, Auslagerungen, der ›Freisetzung‹ von Beschäftigten und Monopolbildungen noch erschwerend hinzu.

Nirgends zeigt sich das so deutlich wie in der EU, am krassesten gegenüber Griechenland, aber beileibe nicht nur dort. Das MEMORANDUM 2018 hält passend dazu fest:

> Dabei setzt Deutschland seit vielen Jahren auf eine aggressive Außenwirtschaftspolitik. Diese merkantile Politik, die Möglichkeiten der Außenwirtschaft bis an die Grenzen auszureizen, basiert auf dem Irrglauben, Freihandel

> und offene Grenzen führten für alle Beteiligten und damit auch für die Partnerländer automatisch zu einem Wohlfahrtsmaximum. Nicht zuletzt deshalb fordert die neoliberale Mainstream-Ökonomie und -Politik die Umsetzung von Freihandelsprojekten wie TTIP und CETA. [75]

Dass mit einer solchen Politik auch die demokratiefeindlichen Kräfte und Parteien gestärkt werden, ist ein weiteres Manko.

> Dass eine deutschnationale Partei – wie die AfD – in den Bundestag einziehen konnte, ist dem seit langem umgesetzten neoliberalen Paradigma geschuldet. Auch für die neue GroKo lautet das Credo: Binnenwirtschaftlich weiter von den Arbeits- zu den Kapitaleinkünften umverteilen, den Staat durch eine kontraproduktive Schuldenbremse an die Kette legen und auf eine Wettbewerbs- und Marktorientierung setzen sowie nach außen eine aggressive Wirtschaftspolitik betreiben, die die EU ökonomisch zunehmend spalten und politisch weiter zerstören wird.[76]

Solche Grundwidersprüche des Exportüberschussmodells und die auf den einzelnen Feldern bereits aufgezeigten weiteren, oft versteckten Widersprüche stellen die grundsätzliche Zustimmung breiter Bevölkerungskreise zu dieser Art von Politik immer wieder infrage. Verunsicherung macht sich breit. Die Widersprüche müssen also entweder kaschiert oder mit einer Ideologie der ›Notwehr‹ versehen werden wie etwa:

- ›Unsere Art zu wirtschaften und zu leben ist nur möglich, wenn wir die Besten bleiben!‹
- ›Wenn wir unser Sozialstaatsmodell behalten wollen, müssen wir international die Nase vorn haben!‹ usw.

Es gibt bisher noch zu wenige kritische Experten und nur wenige Teile der Bevölkerung, die bereit und zeitlich in der Lage sind, diese Widersprüche für eine dialektische Überwindung zu nutzen. Das würde bedeuten, aus den Widersprüchen eine tragfähige Lösungsstrategie zu entwickeln und zu propagieren.

So kann das Erkennen von Widersprüchen günstigenfalls zu einem schlechten Gewissen führen. Dies trägt aber nicht zu einer für demokratische Entscheidungen unabdingbaren produktiven kontroversen und vor allem offenen Diskussion und einem bewussten Standpunkt bei.

Dieser für eine Demokratie unerlässlichen kontroversen Diskussion weicht die betriebene Politik aber schon deshalb aus, weil sie mit der Bedienung der Interessen deutscher Unternehmen voll beschäftigt ist.

Postdemokratie

In MIT DEMOKRATIE ERNST MACHEN habe ich auf die kritische Rezeption des Demokratiemodells der westlichen Kapitalgesellschaften durch zahlreiche Soziologinnen und Soziologen, Politik- und Wirtschaftswissenschaftler_innen hingewiesen.

Am bekanntesten dürfte – nicht zufällig im Zusammenhang mit der Banken- und Finanzkrise – das 2004 erschienene und 2008 als Taschenbuch aufgelegte Suhrkamp-Bändchen des Politikwissenschaftlers *Colin Crouch* POST-DEMOCRACY geworden sein.

Es waren wohl die deutlicher als sonst beobachteten Abhängigkeiten von politischem Establishment und von den Finanzunternehmen, die zum Kristallisationspunkt der Debatte um Politikverdrossenheit, Sozialabbau und Privatisierung wurden. Crouch beschreibt und analysiert ein politisches System, dessen demokratische Institutionen zwar weiterhin formal existieren, das von Bürgern und Politikern aber nicht länger mit Leben gefüllt wird.

»Abgemagert bis aufs Gerippe: unsere Demokratie«[77] – dies symbolisiert den Zustand der Demokratie in Deutschland. Die folgenden Beispiele können dies belegen.

Amakudari oder *Vom Himmel herabsteigen*

Die leitende Ideologie bei einer solchen Abmagerungskur der Demokratie ist die Auffassung, dass die Stärke eines Staates sehr wesentlich von seinen (Groß)Unternehmen abhängt. (Was plausibel ist, wenn man all das, was mit dem Gemeinwohl zusammenhängt, beiseitelässt, von den Systemwidersprüchen von Kapital und Arbeit abstrahiert und vergisst, was es heißt, wenn einzelne Unternehmen sich ganze Staaten unter den Nagel reißen, wie es in der Bezeichnung »Bananenrepulik«[78] zum Ausdruck gebracht wird.)

Wenn also die Stärke des Staates von seinen (Groß)Unternehmen abhängt, folgt daraus eine mehr oder weniger starke Gleichsetzung der Interessen von Großunternehmen und Staat, wobei die personelle Verflechtung hilfreich ist und mehr oder weniger stark ausgeprägt sein kann. Das gängige Vehikel dafür ist der bereits erwähnte *Drehtür-Effekt.* LobbyControl schreibt:

> **Amakudari**, dieses interessante Wort habe ich von der japanischen Aktivistin Shoko Ushida gelernt: Es heißt so viel wie vom Himmel herabsteigen. Sie bezeichnete damit den Wechsel von hohen Regierungsbeamten in die Privatwirtschaft. **Solche Lobby-Phänomene zeigen die übermäßige Nähe von Wirtschaft und Politik.** Das trägt weltweit zu einer gefährlichen Entwicklung bei: Die Menschen verlieren das Vertrauen in die Demokratie.[79]

Wolfgang Schorlau, der viele gute Kriminalromane zu aktuellen Themen so nah an der Realität geschrieben hat wie kaum ein anderer, hat für die Verbindungen von Politik und Unternehmen die Figur des *Puderers* gewählt. In dem Krimi FREMDE WASSER über die Privatisierung der Wasserwirtschaft findet sich die folgende Schilderung:

> Kurz nachdem Crommschröder sein neues Büro in der Vorstandsetage bezogen hat, besucht ihn Horst Grossert, der das Referat Öffentliche Kommunikation leitet … Er gilt als einer der wichtigsten und einflussreichsten Männer im Konzern. Sein Spitzname, von dem Crommschröder nicht weiß, ob Gros-

> sert ihn selbst kennt, lautet: der Puderer. Über ihn laufen alle Verbindungen zu politischen Parteien, werden die Verbandskontakte gebündelt, und seine Abteilung pflegt Beziehungen zu den unterschiedlichsten Regierungsstellen. (…) Der Puderer rattert die Namen von bekannten Politikern, Beamten und Professoren herunter, versieht die Namen mit jenen Summen, die für die Zahlungen des Konzerns, ob direkt oder über Spenden, Drittmittel oder Beratungsverträge stehen.[80]

Diese (literarische) Kritik am Lobbyismus – so nützlich sie ist – greift noch zu kurz, weil sie der Lobby-Tätigkeit die Funktion zuweist, den Widerspruch zwischen der offiziellen Politik und den Interessen von Unternehmen oder Unternehmensbranchen zu überwinden. So wie in dem zitierten Kriminalroman, bei dem die Wasserprivatisierung immer noch auf Widerstand stößt.

Was aber, wenn es diesen grundsätzlichen Widerspruch gar nicht gibt?! Denn im Exportüberschussmodell hat Politik ja alle Hände voll zu tun, um die Rahmenbedingungen für die Exportwirtschaft optimal zu gestalten (vom internen Arbeitsmarkt bis zu den Handelsverträgen). Und sie tut es gern. Denn der Wettbewerb und die ausländische Konkurrenz schlafen nicht! Das Stichwort heißt hier etwa »Delegationsreise«. Und dafür wird die Hilfestellung aller Ministerien aufgeboten.

E-mobil, eine Landesagentur für neue Mobilitätslösungen aus Baden-Württemberg, berichtet am 22.2.2019 von einer 6-tägigen Delegationsreise der Wirtschaftsministerin nach China. »China ist unser wichtigster asiatischer Handelspartner und für unser Land von großer strategischer Bedeutung – sowohl für den Export als auch für den Import«, so wird die Ministerin zitiert. Weiter heißt es: »Begleitet wird die Ministerin von einer rund 100-köpfigen Delegation aus Wirtschaft, Politik und Medien.« Ähnliche Delegationsreisen gibt es auch von anderen Landesregierungen, dem Bund und sogar von den Kommunen.

Widersprüche oder Kontroversen verschwinden hier hinter einer »engen Verbundenheit«, wie etwa die Homepage von »Frankfurt Main Finance« ausweist:

> **Mit einer Stimme für Deutschlands wichtigsten Finanzplatz**
> Seit 2008 ist Frankfurt Main Finance die Finanzplatzinitiative des führenden Finanzplatzes in Deutschland und der Eurozone. Zu den ca. 60 Mitgliedern zählen neben dem Land Hessen sowie den Städten Frankfurt und Eschborn zahlreiche namhafte Finanzmarktakteure und ihre Dienstleister sowie private und öffentliche Hochschulen.
> Sie alle bringen mit ihrer Mitgliedschaft ihre enge Verbundenheit mit dem Finanzplatz sowie ihren Willen zum Ausdruck, Frankfurt als nationales und internationales Finanzzentrum ersten Ranges zu positionieren. Frankfurt Main Finance bündelt die Kräfte der Akteure am Finanzplatz, vermarktet den Standort und und schafft hochkarätige Dialogplattformen.[81]

Hier ist er also wieder: »der erste Rang«. Und GERMANY FIRST heißt in diesem Fall FRANKFURT FIRST!

Aber ohne Rückgriff auf die entsprechenden externen Experten geht das nicht, dazu sind die Anforderungen zu komplex, wie zuletzt die Cum-Cum- und die Cum-Ex-Geschäfte gezeigt haben.

Unverzichtbar: die Beraterkonzerne – das Scharnier zu den Regierungsstellen[82]

Werner Rügemer hat die Scharnierfunktion zwischen Unternehmensstrategien und Politik in seinem Buch DIE KAPITALISTEN DES 21. JAHRHUNDERTS noch einmal aktualisiert. Die Koordination der Interessen der Kapitaleigner mit der Politik wird unter dem Titel »*Zivile Privatarmee des transatlantischen Kapitals*« so dargestellt:

> Deren Personal besteht aus hochbezahlten akademischen Profis, die von den renommiertesten privaten und öffentlichen Universitäten und Business Schools kommen und auf ein elitäres Selbstverständnis trainiert werden. Sie sind gleichzeitig Akteure des weithin privatisierten Staates in den gegenwärtigen Hauptländern der westlichen Kapital-Demokratien.[83]

Die mit der Unternehmenskonzentration weniger vertrauten Leser_innen werden sich unter ›Beraterfirmen‹ vermutlich eher kleinere bis mittlere selbstständige Büros vorstellen.

Diese gibt es zwar auch, aber bei den relevanten handelt es sich um große nach Renditemaximierung strebende multinationale Konzerne, die zudem noch nach verschiedenen Tätigkeitsfeldern spezialisiert sind: die Rating-Agenturen, die Wirtschaftsprüfungsgesellschaften, die Anwaltskanzleien und die Unternehmensberater.

Der neue CDU-Generalsekretär Paul Ziemiak hat vorher bei der Wirtschaftsprüfungsgesellschaft PricewaterhouseCoopers gearbeitet. Der Berliner Finanzsenator Matthias Kollatz, SPD, war vorher dort Senior Adviser. Die Geschäftsführerin Stefanie Frensch der Berliner Wohnungsbaugesellschaft Howoge, die als landeseigene GmbH das Milliardenprogramm zu Sanierung und Neubau der Berliner Schulen stemmen soll, kam von der Ernst & Young Real Estate GmbH und wechselt zum 1.4.2019 in eine private Immobilienfirma. Ihr Nachfolger Ulrich Schiller kommt von der privaten Wohnungsbaugesellschaft Vonovia, davor war er Geschäftsführer des Vonovia-Vorläufers Deutsche Annington.

Dies sind nur einige wenige aus meinen Arbeitszusammenhängen gegriffene Beispiele, die zeigen, wie selbstverständlich auch der berufliche Wechsel von renditegeprägten Unternehmen zu öffentlichen, eher dem Gemeinwohl verpflichteten Gesellschaften ist und umgekehrt.

Exkurs in die Welt der Berater[84]

- Die **Rating-Agenturen** »Standard&Poors« (über 10.000 Mitarbeiter), »Moody's« (über 8.000 Mitarbeiter) und »Fitch« (über 2.000 Mitarbeiter) wurden – obwohl selbst privatkapitalistische, gewinnorientierte Unternehmen – von der US-Regierung beauftragt, die Kreditwürdigkeit von Unternehmen, Staaten und Kommunen zu bewerten. Davon hängen wiederum deren Kreditkonditionen und politische Aktionsmöglichkeiten ab. Außerdem werden Wertpapiere bewertet. Damit ist strukturell das Tor für eine Vielzahl von Manipulationsmöglichkeiten weit geöffnet, von Gefälligkeitsgutachten bis hin zu Insiderinformationen und deren Verwertung. Was eigentlich der Sicherheit dienen sollte, verhalf in Wirklichkeit der Spekulation, denn auch die zur Finanzkrise führenden Papiere und Unternehmen wurden bis zuletzt als kreditwürdig bewertet. Entscheidend ist das Monopol, das diese drei Unternehmen in der westlich dominierten Welt haben. Selbst der EU ist es nicht gelungen, eine vergleichbare eigene Rating-Agentur auf die Beine zu stellen, was wiederum die Machtverhältnisse zwischen den USA und der EU offenbart.

- Auch die **Wirtschaftsprüfer-Branche** ist hoch konzentriert. Die »Big Four« »PricewaterhouseCoopers«, »KPMG«, »Ernst&Young« und »Deloitte« beherrschen den Weltmarkt und haben sich beispielsweise die 30 Dax-Konzerne untereinander aufgeteilt. Zusammen beschäftigen sie fast 1 Million Mitarbeiter_innen. Auch hier spielen die Insiderinformationen über die geprüften Unternehmen eine entscheidende Rolle. Mehr noch: Auch hier können falsche Gutachten Geschäftsmodelle unterstützen, deren ökonomische und soziale Auswirkungen andere ausbaden müssen. Obwohl sie eigentlich eine Kontrollinstanz sein sollten, haben sie »bei allen bekannten Großinsolvenzen falsche Bilanzen gedeckt und nur manchmal nach einem gerichtlichen Vergleich ein kleines Bußgeld bezahlt.«[85] Außerdem ist der Begriff »Wirtschaftsprüfer« inzwischen längst überholt, weil diese Unternehmen auch in der Politik- und Unternehmens*beratung* kräftig mitmischen. Der Verein »Gemeingut in BürgerInnenhand« musste dies bei den Auseinandersetzungen um die Verankerung von PPP im Grundgesetz 2017 anlässlich der Autobahnprivatisierung feststellen, weil das entscheidende Gutachten von PricewaterhouseCoopers kam und schließlich von Bundesregierung, Bundestag und Bundesrat umgesetzt wurde.
- Die **Anwaltskanzleien** sind ebenfalls in USA oder Großbritannien beheimatete Großunternehmen mit jeweils einigen Tausend Anwälten und Niederlassungen in anderen Ländern. Die größten davon sind Freshfields, Shearman&Sterling, Allen&Overy, Clifford Chance, Sullivan&Cromwell, Linklaters, White&Case und Hogan Lovells.
- Die **Unternehmensberater** sind ebenfalls große international tätige Unternehmen. Rügemer macht folgende Top-Ten-Liste der in Deutschland tätigen Firmen in der Reihenfolge des Umsatzes (2016) auf: »Accenture«, »McKinsey«, die »Boston Consulting Group«, »Mercer«, »Aon Hewitt«, »Towers Watson«, »Capgemini«, »Bain«, »Oliver Wyman« und »A.T.Kearney«, wovon nur zwei nicht ihren Hauptsitz in den USA haben. Die Firma Accenture ist mir bei meiner Tätigkeit als Hauptpersonalrat beim hessischen Kultusministerium durch die Einführung der milliardenschweren »Neuen Verwaltungssteuerung« und ihrer Software bekannt geworden. Die Firma ging 2001 durch Namenswechsel aus der Unternehmensberatung Andersen Consulting hervor, einem Schwesterunternehmen des Wirtschaftsprüfers Arthur Andersen, der in die Enron-Pleite 2001 verwickelt war.[86] (Die Rating-Agenturen Standard&Poor's und Moody's hatten dem betrügenden Unternehmen Enron übrigens bis kurz vor der Insolvenz eine »vorzügliche Bonität« bescheinigt.)

Die Messziffern

Wenn die Wettbewerbsfähigkeit der Unternehmen der hauptsächliche Gradmesser politischer Effektivität wird, ist klar, wo die Prioritäten für die Regierungen in Bund und Ländern zu liegen haben. »Benchmarks« und »Rankings« sind dann die Instrumente.

Und da wir in einem kapitalistischen Wirtschaftssystem leben, ist es die Kapitalrendite, die das misst. Tatsächlich lag die durchschnittliche Eigenkapitalrendite bei den Unternehmen in Deutschland in den Jahren 2005 bis 2016 immerhin bei 23,2 Prozent vor und 18,2 Prozent nach Steuern.[87]

Wer erinnert sich nicht noch an die selbst nach der Finanzkrise großspurig geforderten Renditen, wie sie der damalige Chef der Deutschen Bank, Josef Ackermann, doch recht lautstark in die Öffentlichkeit trug?!

> **Deutsche Bank – Ackermann will wieder 25 Prozent Rendite**
> Ohne das Ziel einer Eigenkapitalrendite von 25 Prozent wäre die Deutsche Bank inzwischen Geschichte, meint Vorstandschef Josef Ackermann. Trotz der Finanzkrise peilt er die umstrittene Marke schon wieder an. »Wenn wir uns das nicht vorgenommen hätten, würde es die Deutsche Bank heute nicht mehr geben«, sagte Ackermann am Sonntag auf einer Veranstaltung der Evangelischen Akademie Tutzing. Ausreichend Gewinne seien wichtig, um in schwierigen Zeiten zahlungsfähig zu sein, betonte er. (manager magazin 15.03.2009)[88]

Solche Renditen fallen nicht vom Himmel – die mediale Begleitmusik muss stimmen

Derartige Renditen sind i.d.R. nur mit einer entsprechend aggressiven und zu Lasten der Allgemeinheit gehenden Unternehmenspolitik zu erreichen, was in einer Demokratie sehr schnell zu Unruhen führen kann.

Von daher werden auch die Medien zweckmäßigerweise – so sie es aus ihrem Eigeninteresse als Unternehmen nicht ohnehin schon tun – in diese Wettbewerbslogik eingebunden.

Einen kleinen Vorgeschmack lieferte, wie schon Günter Wallraff oder Heinrich Böll zu früheren Zeiten festgehalten haben[89], die unverwüstliche BILD-Zeitung als es etwa darum ging, den ›Blackrocker‹ Friedrich Merz an die Stelle des CDU-Parteivorsitzenden zu hieven. Mit einem großen Interview dort vom 5.12.2019 unter dem Titel »Agenda für die Fleißigen« und dem Aufmacher »Weniger Steuern für die Fleißigen« vom 6.12.2019 erfuhr Merz genau einen Tag vor dem CDU-Parteitag noch einmal die optimale Unterstützung der BILD-Zeitung. Der Stimmenunterschied am 7.12.2019 war mit 3,5% gegen Merz dann auch äußerst knapp. Ben Hoffmann von BILDblog (»Kritisches über deutsche Medien«) hat am 6.12.2018 ausführlich darüber berichtet. Unter der Überschrift »Bild am Rande des Merzinfarkts« schrieb er: »Morgen wird darüber abgestimmt, wen die CDU als neuen Vorsitzenden oder neue Vorsitzende haben will. Wen die ›Bild-Zeitung‹ als neuen CDU-Vorsitzenden haben will, steht längst fest.«

Und als würde dies nicht genügen, um das Wahlvolk auf Linie zu bringen, nehmen sich die Lobby-Verbände der großen Unternehmen auch noch die vergleichsweise kleinen kritischen Organisationen wie Attac oder Deutsche Umwelthilfe vor, die für eine Demokratie unersetzlich sind.

Die Schrittfolge konnte am Beispiel des Abgasbetrugs gut studiert werden. Die Schärfe der Vorgehensweise erklärt sich vermutlich daraus, dass eine kritische Öffentlichkeit so groß geworden war, was bis hin zu Gerichtsurteilen über Fahrverbote führte.

Hier ein knapper Überblick:

Schritt 1

Die **Deutsche Umwelthilfe** (DUH) meldet am 7.12.2018, dass der Entzug ihrer Gemeinnützigkeit von der Auto-Lobby gefordert werde.

> Heute beginnt der 31. CDU-Bundesparteitag und es soll auch über zwei Anträge des CDU-Bezirksverbandes Nordwürttemberg entschieden werden. Dieser fordert den **Entzug der Gemeinnützigkeit sowie des Klagerechts der**

> **Deutschen Umwelthilfe vor Verwaltungsgerichten.** Wir stören offensichtlich wirksam die konspirativen Hinterzimmer-Absprachen der Diesel-Konzerne, indem wir Fragen des Gesundheitsschutzes und der Einhaltung von Recht und Gesetz vor Gericht bringen – der Instanz, die in einer funktionierenden Demokratie entscheidet.
> Seit 13 Jahren geben uns Gerichte deutschlandweit in jedem einzelnen Verfahren gegen Bundes- und Landesregierungen recht und entscheiden für »Saubere Luft« in unseren Städten. Und nun soll die DUH per Parteitagsbeschluss eliminiert werden – zumindest wenn es nach den von den Diesel-Konzernen gesteuerten Initiatoren dieser beiden Anträge geht. Doch so funktioniert Demokratie nicht!
> (https://www.fav-report.de/deutsche-umwelthilfe-dieselkonzerne-beantragen-entzug-der-gemeinnützigkeit/)

Doch, muss man leider feststellen, so funktioniert sie, unsere Demokratie – oder was davon übrig geblieben ist: Denn die CDU als Regierungspartei folgte diesem Begehren auf der Stelle.

Schritt 2

Antrag Nr. C 113 - BezV Nordwürttemberg

Die CDU Deutschland fordert, die „Gemeinnützigkeit" der „Deutsche Umwelthilfe" abzuerkennen.	Die Antragskommission empfiehlt, den Antrag C 113 in folgender Fassung anzunehmen: Die CDU Deutschlands fordert zu prüfen, ob die „Deutsche Umwelthilfe" noch die Kriterien für die Gemeinnützigkeit erfüllt.

Antrag Nr. C 114 - BezV Nordwürttemberg

Die Möglichkeit zur Erhebung von Verbandsklagen im Verwaltungsprozessrecht für die Deutsche Umwelthilfe ist abzuschaffen.	Die Antragskommission empfiehlt, den Antrag C 114 an die CDU/CSU-Bundestagsfraktion zu überweisen. Die Möglichkeit zur Erhebung von Verbandsklagen im Verwaltungsprozessrecht für die Deutsche Umwelthilfe ist abzuschaffen.

Schritt 3
Die AfD übernimmt den Auftrag des CDU-Parteitags und stellt die entsprechenden Anträge im Bundestag.

Schritt 4
Sven Giegold startet Anfang 2019 eine Petition, die dies verhindern soll.

> Liebe Unterstützerinnen und Unterstützer,
> man kann über Fahrverbote politisch streiten, sicherlich. Man kann sich zur Abwehr des Volkszorns aber nicht über Recht und Gesetz hinwegsetzen, die Gewaltenteilung aushebeln und unbequeme Organisationen der Zivilgesellschaft schlichtweg mundtot machen. Unterschreibt die Petition und sagt es möglichst vielen Freunden und Bekannten weiter.
> (8.02.2019 www.change.org/umwelthilfe)

Wer sich nun hier wie durchsetzt, wird mit Spannung zu beobachten sein.

Welch bedeutende Rolle solche Internet-Plattformen, die sie nutzenden Einzelpersonen, Bündnisse oder Organisationen wie lobbycontrol spielen, kann gar nicht hoch genug veranschlagt werden. Als kritische Instanz kommt ihnen eine herausragende Rolle bei der Konstituierung einer sozialen und nicht abgezehrten Demokratie zu.

Die Realität ist oft noch schlimmer

In der Realität, nur zu oft verdrängt, weil es dann ›ans Eingemachte‹ ginge, ist es aber vielfach noch ein paar Grad schlimmer:

Nicht die Politik unterstützt die Unternehmen, sondern die Unternehmen machen selbst Politik und stellen vielfach Politiker_innen vor vollendete Tatsachen. Die Arbeitsgruppe »Alternative Wirtschaftspolitik« formuliert es unter der Überschrift *»versagende Politik«* so: Unter den Kapitalfraktionen dominiere heute

> das international vagabundierende Finanzkapital (...), das in einer neoliberal-globalisierten Welt (...) die Politik der einzelnen Nationalstaaten gegeneinander ausspielen kann und demokratisch gewählte Volksvertreterinnen und -vertreter zu ›kapitalistischen Systemzwergen‹ (Rudolf Hickel) macht.[90]

Es wird an den Ausspruch des ehemaligen Präsidenten der Deutschen Bundesbank, Hans Tietmeyer, auf dem Weltwirtschaftsforum am 3.2.1996 in Davos erinnert:

> Ich habe bisweilen den Eindruck, dass sich die meisten Politiker immer noch nicht darüber im Klaren sind, wie sehr sie bereits heute unter der Kontrolle der Finanzmärkte stehen und sogar von diesen beherrscht werden.[91]

Und das war noch weit vor der Finanzkrise!

Unter der Überschrift »Gegen die Machtwirtschaft – die Eigentumsfrage stellen« zitiert die Arbeitsgruppe Alternative Wirtschaftspolitik den Journalisten Harald Schumann:

> Die gesamte politische Klasse in Europa – einschließlich jener bei den Grünen und sogar eines Teils der Linken – hat im Grunde kapituliert. Sie wissen, dass es die Konzerne, Banken und Superreichen sind, die mit ihren Investitionen über das Wohl und Wehe ihrer Staaten, Bundesländer und Kommunen entscheiden. Sie haben erfahren, dass es eben die Vermögenden und ihre Sachwalter an den Schaltstellen der großen Unternehmen sind, die ganz wesentlich die öffentliche Meinung beeinflussen können. Denn sie verfügen nicht nur über die Investitionen, sie verfügen auch über die Mittel, sich dafür das richtige gesellschaftliche Klima zu schaffen. (Schumann 2016, S. 72f)[92]

›Konzerne, Banken und Superreiche‹ ist vermutlich nicht mehr der aktuelle Stand der wesentlichen Akteure im wirtschaftspolitischen Raum. Werner Rügemer kommt das Verdienst zu, die neuen Akteure und ihre Einflusssphären in seinem bereits zitierten Buch Die Kapitalisten des 21. Jahr-

HUNDERTS (2018) aktualisiert zu haben, wobei er in seinen Vorträgen immer wieder darauf hinweist, wie schnell sich Firmennamen heute ändern. Ein Beispiel ist ja auf S. 39 im Zusammenhang mit dem Thema Wohnen bereits gegeben.

Das Finanzunternehmen BlackRock (das meist verharmlosend als weltweit größter Vermögensverwalter bezeichnet wird) stellt vermutlich gegenwärtig die Spitze der neuen Finanzunternehmen dar, in Deutschland durch die Kandidatur seines deutschen Aufsichtsratsvorsitzenden Friedrich Merz für den CDU-Vorsitz bekannter geworden. Rügemer rechnet BlackRock zur »ersten Liga« der Finanzakteure:

> Vom Typ BlackRock agieren heute, weitgehend unreguliert und unbekannt, einige Dutzend weitere Finanzakteure der ersten Liga; hinzukommen die neuen Finanzakteure der zweiten und dritten Liga, ebenfalls kaum reguliert, also Private-Equity-Fonds, Hedgefonds, Venture Capitalists, dazu elitäre Investmentbanken, die traditionellen Großbanken und die von diesen allen geförderten und beherrschten Aufsteiger des Internets wie Apple und Microsoft, Google/Alphabet, Amazon, Facebook, Uber oder AirbnB.[93]

Wie schon am Beispiel Wohnen gezeigt, handelt es sich nicht einfach um Vermögensverwalter, sondern um Unternehmen, die sowohl konkret durch ihre Investitionen als auch durch die Beeinflussung der Politik Vorgaben machen, die schwer beeinflussbar, kaum transparent und nur ihren Renditevorgaben verpflichtet sind.

Von daher treffen diejenigen, die zwischen der Sphäre der (spekulativen) ›Finanzwirtschaft‹ und der Sphäre der ›Realwirtschaft‹ eine Trennlinie sehen, nicht den aktuellen Stand der Verflechtung von Finanzakteuren und Politik.

Da diese Finanzakteure mittlerweile in allen Großunternehmen an einflussreicher Stelle sitzen, beeinflussen ihre Entscheidungen praktisch alle Bereiche der Wirtschaftspolitik.

Davon sind aber fast alle klassischen Politikfelder betroffen, die in einer Demokratie eigentlich von den vom Volk gewählten Repräsentanten gestaltet werden sollen – und die Macht sollte dabei vom Volk ausgehen. So jedenfalls sieht es unser Demokratiemodell und unsere Verfassung vor.

Wenngleich Kabarettisten mit ihrer Frage immer schon richtig lagen: »Die Demokratie geht vom Volke aus. Aber: Wo geht sie hin?!« (mal nur mit Fragezeichen, mal mit einem Ausrufezeichen dahinter).

Der Raub der Gemeingüter – die Privatisierung

Mit Sicherheit findet die Bertelsmann Stiftung, dass die Demokratie bei ihr gut aufgehoben sei:

> Unser Leitgedanke
> Menschen bewegen. Zukunft gestalten. Teilhabe in einer globalisierten Welt«: Dieser Leitgedanke fasst die Arbeit der Bertelsmann Stiftung zusammen. Teilhabe setzt in unserem Verständnis handlungsfähige Menschen und eine Gesellschaft voraus, die allen gleiche Chancen eröffnet.
> Deutschland steht vor großen Herausforderungen, die aus Globalisierung, der Entwicklung zur Wissensgesellschaft, dem demographischen Wandel und wachsender Heterogenität der Bevölkerung resultieren. Die Programme der Bertelsmann Stiftung sind deshalb darauf ausgerichtet, Menschen zu fördern, die Gesellschaft zu stärken und dafür die Systeme weiterzuentwickeln.
> Die Menschen stehen im Mittelpunkt unserer Arbeit. Alle sollen an der zunehmend komplexen Gesellschaft teilhaben können – politisch, wirtschaftlich und kulturell. Die Programme der Bertelsmann Stiftung erschließen dafür das Wissen, vermitteln Kompetenzen und erarbeiten Problemlösungen. (Homepage Bertelsmann Stiftung)[94]

Dabei scheut BERTELSMANN auch nicht davor zurück, staatliche Aufgaben gleich selbst zu übernehmen. Dafür bedient die Stiftung sich ihrer Tochter ARVATO, die in England ganze staatliche Verwaltungen übernommen hat. Ihr Einstieg in die Kommunalverwaltung Würzburg inklusive Verwaltung der Bürgerdaten ist dagegen, wie bereits erwähnt, kläglich gescheitert. Die kritische Literatur zu Bertelsmann ist inzwischen sehr umfangreich[95]; auch die Gewerkschaft Erziehung und Wissenschaft (GEW) hat sich wiederholt mit dem Thema befasst und schließlich auf dem Gewerkschaftstag in Nürnberg 2009 eine auch von mir mit entwickelte distanzierte Position verabschiedet.

Hans-Peter Waldrich hat in den »Blätter(n) für deutsche und internationale Politik« (9/2009) darauf hingewiesen, dass der Stiftungsgründer Reinhard Mohn und seine Familie, speziell auch seine Frau Liz Mohn, die Vorstandsmitglied der Stiftung ist, seit Jahren dem Staat eine tiefe Effizienzkrise attestieren. »Daher sei es gewissermaßen ein Segen, dass ihm das Geld ausgehe, denn so könne sich endlich erweisen, was wirklich tauglich ist: nämlich die konsequente Übertragung unternehmerischer Konzepte auf die Gesamtgesellschaft in allen Lebensbereichen.«[96] Dazu zitiert Waldrich den verstorbenen Reinhard Mohn, »Die gesellschaftliche Verantwortung des Unternehmers« von 2003: »Ein Segen, dass uns das Geld ausgeht«.[97]

Je mehr privatisiert ist, desto weniger gibt es noch demokratisch zu entscheiden

Die Dauerberatung des Staates durch die Berater-Unternehmen »erhöhe das ›Risiko der Fremdsteuerung‹ und führe zum Verlust der ›Gestaltungskompetenz‹«, zitiert Werner Rügemer den Bundesrechnungshof.[98]

In diesem Beitrag gibt Rügemer einmal mehr einen gestrafften Überblick über das fortgeschrittene Stadium der Übernahme bis dahin originär staatlicher Aufgaben wie z.B. den Betrieb von Gefängnissen oder das Militär, aber auch anderer sensibler Bereiche wie etwa staatliche Melderegister etc.

Wie stark eine Lobby sein kann und wie sehr sie den Staat bevormunden kann, wird immer wieder grell in die öffentliche Wahrnehmung gerückt, wenn aus den USA in regelmäßiger Folge Massaker gemeldet werden, die von jungen Menschen oft an Bildungseinrichtungen verübt werden.

Trotzdem schaffen es Behörden und Regierung nicht mehr, die Waffenkäufe einzudämmen. Michael Moore und seinen Reportagen ist es zu verdanken, dass inzwischen auch einer breiteren Öffentlichkeit bekannt geworden ist, wie die ›National Rifle Association‹ bisher erfolgreich Einschränkungen verhindern konnte.

Wenn private Internetkonzerne Daten aller Art ausspähen, intime, private, geschäftliche und politische bis hin zum Handy der deutschen Bundeskanzlerin (um dies an US-Regierungsstellen und Geheimdienste weiterzuleiten), beschleicht viele Menschen ein Ohnmachtsgefühl, weil der Staat eine Kontrolle kaum noch in Erwägung zieht.

Was etwa den Finanzsektor betrifft, so dürfte weniger bekannt sein, dass die US-Notenbank, die Federal Reserve Bank (FED), zwar eine staatliche Institution darstellt, aber weiterhin den Privatbanken gehört, die sie gegründet haben.

Besonders pikant wird es, wenn die Verschränkung von privaten Interessen und staatlicher Politik der schlichten Größe eines Unternehmens bzw. seiner Stellung in der Gesamtwirtschaft geschuldet ist, wie es in den Begriff »too big to fail« eingegangen ist. Die sogenannte Bankenkrise hat dafür ein anschauliches Beispiel geliefert.

Auch wenn wirtschaftliche Prozesse durch juristische Finessen so verkompliziert werden, dass Behörden nicht mehr durchblicken, begeben sie sich regelmäßig in die Hände derjenigen Beraterunternehmen, die vorher die Komplikationen herbeigeführt haben. Aktuell kann dies bei den Cum-Ex-Geschäften beobachtet werden, aber auch bei der Bearbeitung der Bankenkrise und in vielen anderen Fällen.

Dass private Unternehmen längst in Bereiche vorgedrungen sind, die wie Militär und Justiz traditionell dem Staat vorbehalten sind, zeigen insbesondere die USA, wo im Zusammenhang mit dem Irakkrieg durch besondere Vorfälle das Unternehmen ›Blackwater‹ öffentlich bekannt wurde. Es gilt – allerdings inzwischen unter dem Namen ›Academi‹ – als das größte US-amerikanische private Sicherheits- und Militärunternehmen.[99]

Zu den Proportionen privat/staatlich weist Werner Rügemer darauf hin, dass der US-Kongress 2016 für Afghanistan 9.800 Soldaten bewilligt hatte, aber zugleich mehr als sechsmal so viele private Militärdienstleister vor Ort waren.[100]

Schon 2006 erschien von Rolf Uesseler das Buch »Krieg als Dienstleistung« mit dem bezeichnenden Untertitel »Private Militärfirmen zerstören die Demokratie«.

Bereits in den 1990er Jahren hatte der in Deutschland vergleichsweise beliebte US-Präsident Clinton die großflächige Privatisierung der Gefängnisse eingeleitet.

Nachdem dann in England Labour mit Tony Blair die neoliberale Margaret Thatcher abgelöst hatte, wurde mit der großflächigen PPP-Privatisierungs-Strategie begonnen, die dann von der EU (unter Führung der Europäischen Investitionsbank) übernommen und von Schröder in Deutschland implantiert wurde.[101]

Und es treibt nicht nur den Linken die Zornesröte ins Gesicht, wenn ausgerechnet eine linke Regierung in Griechenland gezwungen wird, die größte Privatisierung von öffentlichem Vermögen und öffentlicher Schätze in der Geschichte des Landes durchzuführen.

Der Staatsabbau schreitet weiter voran

Wer sich einen Über- und Einblick in den fortgeschrittenen Prozess der Privatisierung in Deutschland mitsamt den bedrohlichen Auswirkungen auf eine demokratische Gestaltung verschaffen möchte, kommt um das erhellende Buch von Tim Engartner STAAT IM AUSVERKAUF – PRIVATISIERUNG IN DEUTSCHLAND nicht herum.

Bildung, Verkehr, Bundeswehr, Rente und Arbeit, Post und Telekom, Gesundheit und kommunale Versorgung – es gibt nahezu keinen Bereich, der von der Kaperung durch private Unternehmen und ihr privates Renditekalkül verschont würde.

Wenn man sich vor Augen führt, dass die negativen Auswirkungen dieser Privatisierungspolitik auch noch fast täglich in den Medien präsent sind (sei es Bahn oder Paketdienste), verwundert es schon, dass die Gegenbewegungen, die es erfreulicherweise auch gibt, bislang nicht zu einem wenigstens medialen Aufruhr geführt haben. Um nur einige Zahlen zu nennen:

»Von 1982, dem Beginn der Ära Helmut Kohl (CDU), bis heute trennte sich allein der Bund von rund 90 Prozent seiner unmittelbaren oder mittelbaren staatlichen Beteiligungen.«[102]

Durch die Privatisierung der öffentlichen Infrastruktur wurden allein in den vergangenen zwei Jahrzehnten rund 1,2 Millionen Arbeitsverhältnisse vernichtet. »In allen Kommunen, in denen die Abfallentsorgung, die Energie- und Wasserversorgung sowie die Gebäudereinigung privatisiert wurden, klettern die Preise, mitunter aufs Dreifache.«[103]

Dennoch lässt das Buch die Leser_innen nicht frustriert zurück, denn selbst Großbritannien, wo »allein zwischen 1984 und 1991 ein Drittel der weltweiten Privatisierungserlöse erzielt wurden«, sah sich nach schmerzhaften Erfahrungen insbesondere mit der Zerschlagung von *British Rail* und zahllosen Unfällen zu einer Re-Verstaatlichung wenigstens von *Railtrack* gezwungen.[104]

Und so versteht sich das Buch auch als »Weckruf«: Denn soll »unsere Gesellschaft nicht von einer auf Ellenbogenmentalität fußenden Individualisierung erfasst werden, in der jeder allein seines eigenen Glückes Schmied ist, dann muss die ›Verbetriebswirtschaftlichung‹ der öffentlichen Daseinsvorsorge ein Ende finden. (...) Jedenfalls wenn wir nicht in einer Gesellschaft leben wollen, die von allem den Preis, aber von nichts den Wert kennt.«[105]

Die kommunale Selbstverwaltung steht auf dem Spiel

Dass mit einer den Unternehmenssektor begünstigenden Steuerpolitik der Staat einschließlich der Kommunen nicht mehr in der Lage sein wird, das bisherige Niveau seiner Tätigkeiten aufrechtzuerhalten, war absehbar. Wie krass dies aber inzwischen geworden ist, zeigen die mittlerweile aufgelaufenen und vor allem wahrnehmbaren Defizite.

Jochen Nagel, der ehemalige Landesvorsitzende der hessischen GEW macht in dem Vorwort zu Eicker-Wolfs bereits zitiertem Buch »die auf Sozial- und Staatsabbau im Innern aufbauende aggressive Exportstrategie der deutschen Wirtschaft maßgeblich für die europäische Krise verantwortlich, die im gleichen Währungsraum strukturbenachteiligte Nationalökonomien mehr und mehr an den Rand drängt.« Und weiter heißt es:

> Auch im eigenen Land führt sie – trotz steigender Beschäftigtenzahlen – zu einer immer größeren sozialen Spaltung zwischen Benachteiligten und Bevorzugten. Dabei wirkt der Staatsabbau als Katalysator. Egal ob die öffentliche Infrastruktur wie Straßen, Gebäude, Bibliotheken, Schwimmbäder und andere Sporteinrichtungen oder die Bereiche Gesundheit, Pflege und Bildung: Sie alle verfallen, werden geschlossen oder abgebaut. Nicht zu schweigen vom Verscherbeln öffentlichen Vermögens durch Verkauf und Privatisierung profitabler Teile.[106]

Inwieweit damit bereits Artikel 28 Absatz 2 des Grundgesetzes verletzt wird, mag umstritten sein, bedroht ist der darin enthaltene Kern allemal.

> Grundgesetz Artikel 28, Absatz 2:
> Den Gemeinden muss das Recht gewährleistet sein, alle Angelegenheiten der örtlichen Gemeinschaft im Rahmen der Gesetze in eigener Verantwortung zu regeln. Auch die Gemeindeverbände haben im Rahmen ihres gesetzlichen Aufgabenbereiches nach Maßgabe der Gesetze das Recht der Selbstverwaltung. Die Gewährleistung der Selbstverwaltung umfasst auch die Grundlagen der finanziellen Eigenverantwortung; zu diesen Grundlagen gehört eine den Gemeinden mit Hebesatzrecht zustehende wirtschaftskraftbezogene Steuerquelle.
> Absatz 3:
> Der Bund gewährleistet, dass die verfassungsmäßige Ordnung der Länder den Grundrechten und den Bestimmungen der Absätze 1 und 2 entspricht.

Denn: »Aufgrund einer strukturellen Unterfinanzierung der öffentlichen Hand bestehen in Deutschland zum einen erhebliche Defizite bei der staatlichen Infrastruktur. Unterfinanziert sind zum anderen mit den Bereichen Gesundheit und Pflege sowie Erziehung und Bildung soziale und gesellschaftsorientierte Dienstleistungen, für deren Finanzierung die öffentliche Hand verantwortlich ist.«[107]

Obwohl die Gefahr besteht, dass der infrastrukturelle Unterbau überproportional und u.U. systemgefährdend vernachlässigt und damit auch eine wichtige Grundlage für die Erbringung des Exportüberschusses gefährdet wird, scheinen Wirtschaftsverbände und Regierungen eher die dabei zunächst eingesparten Finanzmittel im Blick zu haben. Dies kann sich, wie im Folgenden gezeigt wird, durchaus in kurzer Zeit rächen.

Zunächst aber ist festzustellen, dass in Deutschland die öffentlichen (Brutto-)Investitionen seit Beginn der 1970er Jahre sowohl im Verhältnis zum Bruttoinlandsprodukt rückläufig sind, stärker als in anderen wichtigen Industrienationen, worauf Eicker-Wolf hinweist.[108] Das Gefälle bestehe auch gegenüber der EU.

Noch schlimmer ist, dass der öffentliche Kapitalstock inzwischen spürbar geschrumpft ist, sodass die Kreditanstalt für Wiederaufbau den Investitionsrückstand allein im kommunalen Bereich auf 126 Milliarden Euro beziffert (KfW-Research 2017).[109] Bekanntermaßen machen unterlassene Erhaltungsinvestitionen den nachzuholenden Aufwand umso größer. Dazu kommt ein neues Problem: Das 2009 im Grundgesetz verankerte Kreditaufnahmeverbot (fälschlicherweise und irreführend ›Schuldenbremse‹ genannt[110]) für Bund (wirksam ab 2016) und Länder (wirksam ab 2020) macht staatliche und kommunale Investitionen noch schwieriger. Relativ bekannt ist auch, dass Deutschland bereits seit langem einen *unter*durchschnittlichen Anteil seines BIP für Bildung ausgibt.[111]

Das Gemeinwesen beraubt sich seiner Hände und Köpfe

Personalausgaben werden in Bezug auf die öffentlichen Haushalte gern als »konsumtive« Ausgaben bezeichnet im Gegensatz zu den »investiven«, den Sachinvestitionen. Für letztere wurde den Gebietskörperschaften auch bis vor dem Festzurren der »Schuldenbremse« eine Kreditaufnahme und eine Nettoneuverschuldung zugebilligt. Getreu der Erkenntnis, dass mit den Krediten ja Werte geschaffen wurden. Nicht so bei den Personalausgaben!

Wie oberflächlich diese Betrachtungsweise war und noch ist, zeigte sich – nicht sofort, aber mit steigender Tendenz – als (bewilligte) Haushaltsmittel nicht mehr abgerufen werden konnten.

In der Stadt Frankfurt am Main, deren Haushalte wir uns in der GEW über die Jahre immer sehr genau angesehen haben, wurden für Sanierung und Neubau von Schulen 2014 beispielsweise nur noch 31 Prozent, 2016 sogar nur noch 19 Prozent der bewilligten Mittel überhaupt abgerufen, schlicht und ergreifend weil das planende Personal fehlte. Der Kämmerer war vermutlich insgeheim erfreut, konnte er bzw. seine Partei doch damit glänzen, dass sie die dringend notwendigen und beantragten Investitionsmittel anstandslos bereitstellten. Allerdings mit dem Wissen, dass sie nach Abschluss der Haushaltsperiode wieder da landeten, wo sie hergekommen waren: auf dem Konto des Kämmerers.

Die Politik des gewollten Personalabbaus führte jedoch schon lange vorher dazu, dass Probleme mit den unterfinanzierten Infrastrukturen viel zu spät erkannt wurden. Denn man hatte nicht einmal mehr das nötige Personal für Kontrollen, eine solide Bestandsaufnahme der Schäden sowie des Bedarfs. Dies zeigte sich zuletzt auch immer deutlicher bei der sogenannten Berliner Schulbau-Offensive und führte dort letztlich in ein bizarres ÖÖP-Modell, bei dem schon allein die zu veranschlagenden Kosten für Sanierungen laufend revidiert werden mussten.

(Bei den ÖPP-Modellen werden öffentliche Einrichtungen privaten Firmen übereignet und für lange Zeiträume zurückgemietet, meist 30 Jahre, bei dem Berliner ÖÖP-Modell passiert das gleiche, nur dass hier an die Stelle eines privaten Unternehmens ein privates Unternehmen tritt, das dem Staat gehört.)

Eine ähnliche Situation findet sich in weiten Bereichen des Öffentlichen Dienstes. Die Ursache: »Die teilweise vollzogene Kahlschlagpolitik senkte den Personalbestand des öffentlichen Dienstes von 1991 bis 2008 um ein Drittel (von 6,7 Millionen Beschäftigten in 1991 auf 4,5 Millionen in 2008).« Bei den Kommunen fand in diesem Zeitraum sogar eine Halbierung der Beschäftigtenzahlen statt.[112]

So nachteilig sich diese Politik darstellt, so eindeutig ist sie bisher verfolgt worden, wie am Beispiel der Koalitionsvereinbarungen in Hessen bereits an anderer Stelle gezeigt. Denn der andere Effekt ist, dass kurzfristig der finanzielle Spielraum des Staates für andere Zwecke erweitert wird, mit denen die Wettbewerbsfähigkeit des Unternehmenssektors verbessert werden konnte. Diesen Befund stützt auch eine Vergleichsziffer im MEMORANDUM 2017:

> Die Zahl der im öffentlichen Dienst und/oder bei öffentlichen Arbeitgebern Beschäftigten wird auf 1.000 Einwohner_innen bezogen und mit anderen Ländern verglichen. Und tatsächlich rangiert auch hier Deutschland eindeutig im untersten Feld und ist mit 57 Beschäftigten pro 1.000 Einwohner_innen im internationalen Vergleich einsame ›Spitze‹ (allerdings nach unten)![113]

In Frankfurt am Main wurde 2007 beispielsweise der Gewerbesteuerhebesatz gesenkt, um die Rahmenbedingungen für Unternehmen in der Stadt (wesentlich, aber nicht nur Banken) zu verbessern. Damit verzichtet die Stadt seitdem jährlich auf rund 100 Millionen Euro.

Auch hier ist durch nachhaltige Kritik (nicht zuletzt des Autors) bei einigen Parteien ein Umdenken in Gang gekommen.

Die Begleitmusik zum Personalabbau: das »Ehrenamt« – Da treffen sich CDU und Grüne

Fotografie des Autors

Wie man aus der selbst verschuldeten Not auch noch eine Tugend zu machen versucht, dazu hat die hessische CDU im Landtagswahlkampf 2018 ein merkwürdiges Beispiel geliefert, was das nebenstehende Wahlplakat zeigt.

Wo der Staat sich verweigert oder nur noch unzureichend auftritt, füllt oft ehrenamtliche Arbeit die entstandene Lücke. Mit dem Wahlplakat versuchte die CDU, gesellschaftlich notwendige Arbeit als »unbezahlbar« hinzustellen, wobei sie sicherlich bewusst mit der Doppeldeutigkeit des Begriffs jonglierte. Genutzt hat es ihr jedoch nicht viel. Sie verlor 11,3 Prozent und landete bei 27 Prozent der Stimmen.

Dazu passt ebenfalls, dass die Behindertenbeauftragte der hessischen Landesregierung diese Arbeit ehrenamtlich machen sollte, was von den Behindertenverbänden zu Recht scharf kritisiert wurde.

6. Die Bedrohung des Rechtsstaats

Rechtsstaat und unternehmerische Freiheit

Rechtsstaatlichkeit bedeutet zunächst lediglich Schutz vor Willkür, nicht unbedingt auch einen ›*gerechten*‹ Staat. Denn die Richter als letzte Instanz setzen ja nicht die Regeln, sondern Exekutive und Legislative. Dennoch ist der Schutz vor Willkür bereits ein Wert an sich und historisch nicht ohne Konflikte durchgesetzt worden.

Für die unternehmerische Freiheit ist die Unterwerfung unter staatliche Regelungen und sogar unter richterliche Entscheidungen nur ›zweite Wahl‹. Es sei denn, sie brauchen die Regeln zu ihrer Expansion. Je schwächer die Unternehmen sind, desto leichter fällt ihnen diese Unterwerfung. Für multinationale ›Player‹ und Monopole gilt dies dagegen nicht. Sie sind es ohnehin gewohnt, in allen wirtschaftlichen Beziehungen in der Regel selbst die Normen zu setzen, sei es, dass diese Beziehungen sowieso wenig reguliert sind, sei es, dass die Unternehmen selbst an den entsprechenden Gesetzen mitgeschrieben haben.

Gegebenenfalls ziehen sich Unternehmen auch aus Staaten zurück, die sie an der freien Entfaltung hindern. Steuer›oasen‹ sind dagegen wahre Schatzkästchen. Für eine nachsichtige Behandlung bei Rechtsverstößen sorgt auch der ›too-big-to-fail‹-Status, der schon zur Rettung einiger ›systemrelevanter‹ Banken mit Steuergeldern geführt hat.

Von daher ist es nicht verwunderlich, dass den privaten Schiedsgerichten in internationalen Handelsabkommen ein so hoher, fast ideologischer Stellenwert zugewiesen ist. Immer noch wird apologetisch ins Feld geführt, dass diese Schiedsgerichte der Rechtssicherheit für Auslandsinvestitionen dienten. Diese Argumentation ist bei dem größten Teil der infrage kommenden Investitionen nicht nur ein Hohn, sondern eher schon Zynismus! Weil es gerade umgekehrt in Verbindung mit den übrigen Regelungen der Handelsabkommen den globalen Unternehmen ermöglicht wird, die Rechtssysteme von Staaten auszuhebeln. Und für eine exportorientierte Wirtschaft bedeutet dies ›bares Geld‹.

Das Rechtssystem ist eingebettet in das politische, gesellschaftliche und ökonomische System

Der als »dritte Gewalt« bezeichnete Rechtsstaat kann logischerweise nicht ohne das mit ihm verbundene politische, gesellschaftliche und ökonomische System gesehen und von ihm getrennt werden.

Schließlich müssen sich die Richter nach den von der Exekutive erlassenen Rechtsvorschriften (Erlasse und Rechtsverordnungen) und den von den Parlamenten beschlossenen Gesetzen und kommunalen Satzungen richten. Und im privaten Recht sind die von den Vertragsparteien vereinbarten Regelungen zu beachten, sofern nicht zwingend kodifiziertes Recht ihnen entgegensteht.

Andererseits kann nicht alles geregelt werden und auch die Anschauungen über das, was Recht ist oder Recht sein sollte, ändern sich im Lauf der Zeit, sodass noch genügend Spielraum für das sogenannte Richterrecht bleibt, d.h. die Rechtsauslegung.

Dazu kommt, dass die Richter nach ihrer Ernennung durch die Exekutive bzw. durch Exekutive und Legislative gemeinsam in Form von Richterwahlausschüssen formal unabhängig sind.

Die Gerichte mit den relativ meisten eher politischen Auseinandersetzungen sind naturgemäß die Verfassungsgerichte der Länder und das Bundesverfassungsgericht, auf der EU-Ebene der Gerichtshof der Europäischen Gemeinschaften (EuGH) und der Europäische Gerichtshof für Menschenrechte sowie auf der Ebene der UN der Internationale Gerichtshof und der

Internationale Strafgerichtshof. Deshalb ist die Besetzung der Richterbänke bei diesen Gerichten stets eine hochpolitische Angelegenheit.

Es ist also anzunehmen, dass die Anschauungen der regierenden Parteien sich auch bei den von ihnen ausgewählten obersten Richtern im Großen und Ganzen wiederfinden. Schließlich werden sie soziologisch auch zur Funktionselite gezählt, wie bereits ausgeführt.

Hinzu kommt die besondere Rolle der Staatsanwälte, die ja weisungsgebunden sind und über die Ermittlungen und die Anklageerhebung zu entscheiden haben.

Der Bereich der wirtschaftlichen Beziehungen und seine juristische Kodifizierung sind ohne politische Vorgabe und ohne den Einfluss von Unternehmensverbänden kaum denkbar. Und die Privatisierung immer größerer Bereiche des öffentlichen Lebens befördert die rechtlichen Auseinandersetzungen in den Bereich des Privatrechts, der einer öffentlichen und demokratischen Kontrolle kaum zugänglich ist.

> Die Anwendung des Öffentlichen Rechts in Angelegenheiten des Staates oder der Kommunen gewährleistet auch (mehr oder weniger) Transparenz und damit demokratische Kontrollmöglichkeiten. Das Privatrecht schützt dagegen die Unternehmenssphäre und entzieht, wo es zum Tragen kommt, Geschäfte des Staates oder der Kommunen der demokratischen Kontrolle. Jedenfalls wird die Transparenz aus Gründen des »Wettbewerbsschutzes« immens beeinträchtigt.[114]

Je dominanter privatrechtliche Verhältnisse im staatlichen Raum werden, desto mehr verändert sich auch das Rechtssystem entsprechend.

Zur Andeutung nur einige wenige Beispiele aus jüngerer Zeit: Die Bedeutung privater Schiedsgerichte in internationalen Handelsabkommen, die weit in die staatliche Hoheitssphäre hineinreichen, ist zuletzt durch die öffentlichen Auseinandersetzungen und Demonstrationen zu TTIP und CETA ins öffentliche Bewusstsein gedrungen.

Die Abgasbetrugsstrategien, aber auch Lebensmittelfälschungen, verbotene Preiskartelle u.v.m. wurden und werden in der Regel als »Skandale« bezeichnet. Das bedeutet, dass sie als Ausnahmeerscheinungen angesehen werden. Demgegenüber zeigen sie für mich nur, dass auch im Rechtssystem mit zweierlei Maß gemessen wird, je nachdem, ob es sich um Privatpersonen oder um wirtschaftlich bedeutende Unternehmen der Bundesrepublik handelt. Der Grundsatz »too big to fail« könnte hier in freier Abwandlung durchaus mit »too big to prosecute« gleichgesetzt werden.

Hans See ist dieser Frage sehr gründlich sowohl theoretisch als auch praktisch-politisch nachgegangen (letzteres durch die Gründung von Business Crime Control 1991).

Weil seine in den beiden Büchern Kapitalverbrechen und Wirtschaft zwischen Demokratie und Verbrechen entwickelten Gedankengänge von grundsätzlicher Bedeutung auch für die Auswirkungen des Exportüberschussmodells auf den Rechtsstaat sind, wird die Zusammenfassung aus dem Anhang meines Buches Mit Demokratie ernst machen im Folgenden eingefügt: **Wir brauchen eine allseitige Sensibilisierung für demokratiegefährdende Mächte und ›Null Toleranz‹ für kriminelle Machenschaften der Wirtschaftsakteure!**

Ein Grund für die fehlende Wirkungsmächtigkeit alternativer kritischer Ansätze und damit das Demokratie-Defizit liegt vermutlich in der unzureichenden Wahrnehmung der Dreistigkeit und der Militanz der neoliberalen Politik.

Wenn man den Schleier der Werbung lüftet, mit dem wir Tag für Tag, Jahr für Jahr eingesprüht und eingehüllt werden, von den umsäuselnden bis marktschreierischen, jedenfalls die Verführungskünste ausnutzenden Medien bis zu den schicken Konsumtempeln und ›Einkaufsparadiesen‹, sieht die kapitalistische Warenwirtschaft nicht mehr so sanft, schick und geschmeidig aus, wie sie sich gerne darbietet.

Oder wie es Hans See klagend formuliert: »Wenn die Menschen in den reichen Kapitalstaaten nicht nur die enormen Wachstumskräfte und eindrucksvollen Leistungen, sondern auch die anderen Folgen der Kapitalverbrechen sehen, spüren, hören oder riechen könnten, dann hätte eine reformsozialistische, ökologische Politik größere Verwirklichungschancen.«[115]

Tatsächlich ist unser Wirtschaftssystem nicht so liberal strukturiert, wie es selbst gern den Anschein erwecken möchte. Auch insofern ist der Ausdruck »Neoliberalismus« nicht unproblematisch. Aus kritischer Sicht ist es in den Kategorien von Kampf, Krieg, Vernichtung u.ä. adäquater zu fassen. Dies wurde in der Finanzkrise so deutlich, dass praktisch die gesamte Finanzbranche (ob im Einzelfall verdient oder nicht – man denke an Genossenschaftsbanken) öffentlich mit Begriffen wie »Kredithaie« und anderen Negativ-Assoziationen belegt wurde.

Dem bereits zitierten Frank Schirrmacher kann man die einstige Gänsehaut förmlich nachempfinden, wenn er schreibt:

> »Skalpieren«, »killen«, »ausblasen« sind die Verben, die sie lieben. Bei einer Investmentbank programmierten sie ihre Computer so, dass aus den Lautsprechern bei Kurs- oder Zinsveränderungen Kriegsgeräusche drangen. An regen Handelstagen waren die Flure vom Getöse zerbrechenden Glases und einschlagenden Pistolenkugeln erfüllt.[116]

Schirrmacher zitiert einen dieser Zeitgenossen aus der Finanzbranche:

> ›Ich kann es nicht erklären. Es ist so wild. Wenn jemand das von außen sähe, würde er sagen: Die sollten eingesperrt werden – so gewalttätig ist es, wenn es losgeht. Als Amerika im Golfkrieg war, hatten wir 300.000, 400.000 Kontrakte pro Tag, sechs Monate lang … Du musst dabei sein … Das ist alles, was zählt … 400.000 Francs zu verlieren, paralysiert mich nicht …Das Gute an mir ist, wenn ich zusammengeschlagen werde, stehe ich wieder auf und gehe rein. Auf geht's, zurück an die Front.‹[117]

Nun gilt dies aber eben nicht nur für den Finanzmarkt. Richten wir die Scheinwerfer auf die vielen Tausend Toten im indischen Bhopal 1984[118], die ihr Schicksal dem US-Chemiekonzern Union Carbide Corporation zu verdanken haben. Erinnern wir uns an die im Werksfeuer umgekommenen Toten der für den Westen produzierenden Textilfabriken in Bangladesch. Oder gehen wir nach Wolfsburg (und an wahrscheinlich einige andere Automobilstandorte), wo mit den Abgasbetrügereien ja nicht nur ein finanzieller Schaden verursacht wurde, sondern ebenso entsprechende Gesundheitsschäden, wenn auch nicht monokausal nachweisbar.

Das alles sind Beispiele für die immense kriminelle Energie ›klassischer‹ Unternehmen.[119]

Der Kampf gegen Wirtschaftskriminalität darf die Wettbewerbsfähigkeit nicht behindern

Ich muss an dieser Stelle ausführlicher auf Hans See zurückkommen, weil er explizit auf die *inhärente* Kriminalitätsaffinität der kapitalistischen Wirtschaft hingewiesen hat. In den beiden bereits zitierten Bänden geht er sogar so weit, »hinter den Weltproblemen unserer Epoche – und zwar als deren Hauptursache – die Wirtschaftsverbrechen« zu sehen.[120]

Wenn wir uns die angeführten Beispiele für Wirtschaftskriminalität ansehen und diskutieren, so neigen wir dazu, sie als Abweichung von der Norm anzusehen, als Ausnahme von der Regel. Mittlerweile fällt es allerdings schon schwer, etwa die zahlreichen Rechtsstreitfälle der Deutschen Bank und die Summen, die sie dafür zurückgestellt hat, als Ausnahmen von der Regel nachzuvollziehen.

Der Deutschlandfunk berichtet am 10.10.2016, dass der Deutschen Bank allein in den USA 14 Milliarden Dollar Strafe für illegale Geschäfte drohen (der Deutschlandfunk spricht verharmlosend von »unseriösen« Geschäften). Die französische Bank BNP Paribas habe eine Strafe von 6,6 Milliarden Euro akzeptiert. Nach Berechnungen des Wallstreet Journals hätten US-Behörden 110 Milliarden Dollar von Banken eingetrieben.

Trotz solcher immerhin bekannt gewordener Fakten muss Hans See bedauernd feststellen: »Selbst für jene, die sich mit der Verwirklichung des sozialen und demokratischen Verfassungsstaats befassen, ist Kriminalität, zumal Wirtschaftskriminalität, im günstigsten Fall eine Randfrage.«[121]

See dagegen sieht schon in der »ursprünglichen Akkumulation«, wie sie Marx beschrieben hat (das, was in den Lehrbüchern als »Industrialisierung« bezeichnet wird), das kriminelle Element strukturbildend ausgeprägt. »Strukturelle Räuberei, das ist der harte Kern der Kapitalverbrechen.«[122] In seinen beiden Büchern weist er sowohl wissenschaftstheoretisch als auch durch unzählige Beispiele nach, dass zwischen dem illegalen und dem legalen Kapital eine Trennschärfe nur schwer herzustellen ist.[123] Er schlägt vor, diesem »Wechselverhältnis zwischen dem legalen und dem illegalen Kapitalismus« innerhalb der Bürgerbewegungen nachzuspüren.[124]

In seinem Buch Wirtschaft zwischen Demokratie und Verbrechen – Grundzüge einer Kritik der kriminellen Ökonomie von 2014 geht See noch einen Schritt weiter und spricht davon, »dass die legale und die illegale Wirtschaft ein Komplementärsystem bilden. Seriöse Wirtschaftsunternehmen betreiben einen Teil ihrer Geschäfte jenseits geltenden Rechts und sie kooperieren dabei mit dem Organisierten Verbrechen, mit Parteien, Politikern, Interessensverbänden, Lobbyisten, Medien und Geheimdiensten. Sie wickeln – und dies weitgehend ungestört – alle Geschäfte ab, deren Legalisierung selbst in den liberalsten kapitalistischen Demokratien politisch nicht mehr durchsetzbar ist.«[125] Dabei verweist er exemplarisch auf den Waffenhandel.

Vor allem sind es die konstituierenden Prinzipen der kapitalistischen Produktionsweise, die Profitmaximierung und das Konkurrenzprinzip, die den Kampf gegen Wirtschaftskriminalität oder – wie Hans See es nennt – gegen die Kapitalverbrechen (nicht im Sinne von *großen Verbrechen*, sondern im Sinne von: *Verbrechen, begangen von der Kapitalseite*) zu führen, so erschweren. Denn: »Der Kampf gegen Verbrechen des Kapitals gefährdet nach Ansicht der Unternehmer und ihrer Repräsentanten in Politik und Wissenschaft die internationale Wettbewerbsfähigkeit nationaler Wirtschaften.«[126]

Und zu der immer wieder aufflammenden öffentlichen Debatte um »unanständige« Profitraten und »überhöhte« Managergehälter zitiert Hans See aus dem 1. Band des KAPITALS von Karl Marx eine auch heute noch hochaktuelle Passage, in der Marx den Gewerkschafter Dunning zu Wort kommen lässt:

> Das Kapital hat einen Horror vor Abwesenheit von Profit oder sehr kleinem Profit, wie die Natur vor der Leere. Mit entsprechendem Profit wird das Kapital kühn. 10 Prozent sicher, und man kann es überall anwenden; 20 Prozent, und es wird lebhaft; 50 Prozent, positiv waghalsig; für 100 Prozent stampft es alle menschlichen Gesetze unter seinen Fuß; 300 Prozent, und es existiert kein Verbrechen, das es nicht riskiert, selbst auf Gefahr des Galgens. Wenn Tumult und Streit Profit bringen, wird es sie beide encouragieren.[127]

Man denke daran, wie selbstverständlich der damalige Chef der Deutschen Bank Josef Ackermann die Maxime von der 25 Prozent Gewinnmarge öffentlich ausgegeben hat und wie er dafür eher bewundert als kritisiert worden ist. Dass dies nur durch waghalsige, aus heutiger Sicht großenteils illegale, jedenfalls illegitime ›Investments‹ zu bewerkstelligen war (und ist), scheint heute allgemeine Anschauung zu sein – selbst in der veröffentlichten Meinung, damals nicht. Aber inzwischen ist auch Herr Ackermann ›vom Acker‹, die Deutsche Bank ist mit Aufräumarbeiten beschäftigt – und mit der Suche nach einem neuen Geschäftsmodell.

Eine sehr große Rolle bei dieser Betrachtungsweise zur Funktionsfähigkeit des Rechtsstaats spielt die schiere Größe multinationaler Unternehmen.

Der Gedanke, schreibt See, »inwieweit mächtige Wirtschaftsunternehmen, zumal Weltkonzerne, nicht auch schon als Staaten zu betrachten und wie diese zu behandeln sind, um sie in Schranken zu weisen…«[128] liegt eigentlich nahe. Schließlich gelang es einzelnen (insbesondere Finanz-)Unternehmen in der Vergangenheit, ganze Staaten über Währungsspekulationsgeschäfte zu destabilisieren, mit all den sozialen Folgen, die das für einen Großteil der Bevölkerung mit sich bringt. Und wenn man sich vergegenwärtigt, dass sehr viele der multinationalen Unternehmen von ihrem Umsatz her das Bruttoinlandsprodukt einer Menge von Staaten weit übersteigt, dann kann man die Machtfülle ermessen, die dahintersteckt. Zumal, worauf auch Hans See hinweist, sich solche Unternehmen einer nationalstaatlichen Regulierung weitgehend entziehen und entziehen können.

Wenn man sich zudem vor Augen führt, welche Scheinkämpfe von Politikern bisher gegen Steueroasen geführt wurden und welche unrühmliche Rolle der EU-Präsident Juncker dabei spielte und spielt, dann brauchen die international tätigen Konzerne sich keine Sorgen zu machen, dass ihre unsozialen und zum Teil illegalen Machenschaften von der regierenden EU-Elite auch nur irgendwie missbilligt oder gar bedroht würden.

Selbst Wikipedia, dessen Veröffentlichung zu Jean-Claude Juncker mit Sicherheit von diesem juristisch ›gegengelesen‹ und entsprechend gereinigt worden ist, darf vermerken, für welche dieser Praktiken Juncker in seiner Zeit als luxemburgischer Premierminister aktiv verantwortlich war.

Wer aber denkt, dass ihm diese Machenschaften seinerzeit eine Kandidatur für die EU-Präsidentschaft unmöglich gemacht oder auch nur ernsthaft behindert hätten, täuscht sich. Im Gegenteil: Eine derart das Gemeinwohl verheerende Politik wird auch noch mit einem Preis für »*herausragende Verdienste als Anwalt für eine sozial gerechte und marktwirtschaftliche europäische Ordnung*« geadelt! So die Formulierung im Preis der Fasel-Stiftung (Duisburg) 2009. Die Laudatio hielt der damalige nordrhein-westfälische Ministerpräsident Jürgen Rüttgers, CDU.

Wie systematisch und inhärent die Neigung von großen multinationalen Unternehmen ist, für ihr Geschäftsmodell negative rechtliche Regularien zu umgehen, zeigen beispielsweise die mühseligen Versuche, Unternehmen wie Amazon, Apple u.ä. zur Zahlung adäquater Steuern in den Ländern zu bringen, in denen sie ihre Umsätze erzielen.

2014 leitete die Europäische Kommission eine Untersuchung zu der nach ihrer Ansicht illegalen Staatshilfe Luxemburgs an Amazon in Form von Steuervorteilen seit 2003 ein. 2013 habe der Steuersatz bei einem Milliardenumsatz lediglich 0,5 Prozent betragen.[129]

Und im gleichen Jahr deckte ein internationales Rechercheteam von NDR, WDR und SÜDDEUTSCHER ZEITUNG unter dem Namen Luxemburg-Leaks auf, dass das Großherzogtum Luxemburg in der Amtszeit von Jean-Claude Juncker seit 2002 komplizierte Steuerabkommen zwischen mehr als 340 internationalen Konzernen und Luxemburg abschloss, welche Hunderte Milliarden Euro durch Luxemburg schleusten, womit Steuern in Milliardenhöhe verloren gingen.

Im März 2019 ist bei Oxford University Press ein Buch von Johanna Stark erschienen mit dem ebenso bezeichnenden wie provokanten Titel LAW FOR SALE. Stark ist wissenschaftliche Referentin am Max-Planck-Institut für Steuerrecht und Öffentliche Finanzen in München. In einem Gastbeitrag in der SÜDDEUTSCHEN ZEITUNG (14.7.2019) erläutert sie Grundzüge Ihres Buches und bestätigt damit das bisher hier Gesagte, insbesondere zur Einbettung des Rechtssystems in das politische, gesellschaftliche und ökonomische System.

Ihre erste Schlussfolgerung nach Verweis auf britische Vorstellungen von einem vergrößerten rechtlichen Spielraum nach dem Brexit lautet: »Anbieter von Rechtsnormen konkurrieren um die Gunst mobiler Nachfrager und haben im Zuge dessen begonnen, ihre Rechtsprodukte aktiv zu vermarkten. Das Gegenstück dazu sind strategische Rechtswahlentscheidungen der Nachfrager, die sich das für ihre Interessen am besten passende Recht heraussuchen.« Individuen und Unternehmen könnten sich immer leichter aus einem Rechtssystem heraus- und in ein anderes hineinbewegen. »Standortwettbewerb wird so zu Rechtswettbewerb.« Recht wird »zunehmend zum Standortfaktor – mit teils sehr problematischen Konsequenzen.«

Diese ›problematischen Konsequenzen‹ sieht sie darin, dass sich durch solche Entwicklungen eine Perspektive auf das Recht als staatliches Produkt verfestige, »als einkaufbare – aber auch ablösbare – Dienstleistung, die mit der traditionellen Vorstellung einer staatlichen Rechtsordnung als unverbrüchlichem Rahmen für marktmäßiges Geschehen nicht mehr viel gemein hat.« »Probleme ergeben sich etwa im Hinblick auf das Demokratieprinzip.« Denn dieses beruhe auf der gleichen Mächtigkeit jedes Bürgers nach der Prämisse »ein Bürger, eine Stimme«. Im marktmäßigen Zusammenspiel von Angebot und Nachfrage hingegen entstehe ein Ungleichgewicht: Die Verhandlungsmacht verschiebe sich zugunsten derjenigen, »die selbst besonders mobil sind oder über international begehrte und mobile Ressourcen verfügen können, beispielsweise Direktinvestitionen.«

Da einmal unter Wettbewerbsgesichtspunkten gesetzte Regeln nur sehr schwer oder gar nicht wieder rückgängig gemacht werden könnten, führe dies zu »Konflikten zwischen verschiedenen rechtspolitischen Zielen«. Außerdem gebe es Güter, die tunlichst nicht dem Markt unterworfen werden dürften. Auch diese seien von dem Problem tangiert.

Ihre Schlussfolgerung ist einigermaßen pessimistisch: »Konsequent weitergedacht führt aber ein sich an Reichweite und Intensität ausbreitender Rechtswettbewerb dazu, dass das Recht selbst als Marktprodukt betrachtet werden muss. (…) Je stärker die Rolle des Rechts als Standortfaktor an Bedeutung gewinnt, desto mehr wird sich auch seine inhaltliche Gestaltung an dieser Funktion orientieren.« (Alle Zitate von Johanna Stark in diesem Absatz: www.sueddeutsche.de/wirtschaft/gastbeitrag-recht-im-angebot-1.4523741)

Den »Doppelcharakter kapitalistischer Demokratien« offen legen

Das eben Ausgeführte geht bereits über den Rechtsrahmen der Gesellschaft hinaus und berührt das grundsätzliche Verständnis von Demokratie, das die wirtschaftlichen Gestaltungsmöglichkeiten mit einschließen muss. Von daher ist Sees Schlussfolgerung voll zuzustimmen: »Denn solange Demokratie nicht auch die Wirtschaft einschließt, regiert in Wahrheit das Kapital.«[130]

Diesen Gedankengang hat im Übrigen auch das MEMORANDUM 2017 aufgegriffen. Am Ende der Kurzfassung wird für »eine europaweite Demokratisierung der Wirtschaft« geworben. »Es ist nicht akzeptabel, dass der politische demokratische Überbau der Gesellschaft auf einen autokratisch verfassten Unterbau in der Wirtschaft trifft, in der nur die Kapitaleigner und das Management das Sagen haben.«[131]

Die andere Schlussfolgerung ist die, den Kampf zur Aufdeckung, Wahrnehmung, Verfolgung und gesellschaftlichen Ächtung der Kapitalverbrechen zu einer wichtigen Auseinandersetzung für die Demokratie zu machen. »Der politische Kampf gegen Kapitalverbrechen ist in Theorie und Praxis ein Kampf um mehr Demokratie…«[132] Deshalb kommt all den Whistleblowern, den vielen Gruppen, die intransparente Vorgänge bis hin zu kriminellen Machenschaften der Öffentlichkeit zu Bewusstsein bringen, eine entscheidende Bedeutung für eine demokratische Gesellschaft zu. Und deshalb sind alle diejeinigen, die deren Möglichkeiten beschneiden, wie am Beispiel der Umwelthilfe ausführlich dargestellt, im Grunde demokratiefeindlich.

Dass Hans See 1991 den Verein Business Crime Control gegründet hat, ist nur folgerichtig und dürfte bekannt sein. Sein Plädoyer von 2014 wirkt angesichts der Vorgänge in den USA unter Trump, den Vorstellungen eines Boris Johnson in Großbritannien oder einer wachsenden AfD in Deutschland noch immer sehr aktuell:

> Daher halte ich denen entgegen, die glauben, Wirtschaftsverbrechen könnten allein durch eine Verschärfung des Wirtschaftsstrafrechts oder – wenn dies nicht hilft – durch mehr Demokratie im Staat verhindert oder auch nur minimiert werden: Die Demokratisierung der Wirtschaft ist notwendig, weil anders nicht verhindert werden kann, dass es in absehbarer Zeit in immer mehr Staaten der Welt dramatische Mehrheiten für sozialdarwinistische und faschistische Parteien geben wird.[133]

»Wirtschaftsdemokratie wagen«

Vor diesem Hintergrund kommen Aufrufen wie denen von Sarah Wagenknecht, noch Vorsitzende der Fraktion Die Linke im Bundestag, unter dem Slogan »Wirtschaftsdemokratie wagen« eine mehr als propagandistische Funktion zu. Die linke Bundestagsfraktion hatte im November 2016 eine Konferenz mit über 250 Betriebs- und Personalräten in Berlin veranstaltet, auf der dafür plädiert wurde, die betriebliche Mitbestimmung als einen »Teil des dualen Systems der Interessenvertretung parallel zur Tarifautonomie« zu stärken. Kolleg_innen aus der Praxis forderten eine stärkere Sanktionierung und höhere Strafen bei Verstößen gegen das Betriebsverfassungsgesetz und die Verankerung des § 119 Betriebsverfassungsgesetz (Straftaten gegen Betriebsverfassungsorgane und ihre Mitglieder) im Strafgesetzbuch.[134]

Nach diesen eher grundsätzlichen Ausführungen soll der Druck multinationaler Unternehmen und der Exportüberschussstrategie auf unseren Rechtsstaat und das Recht als Mittel der politischen Auseinandersetzung noch durch einige wenige Beispiele ergänzt werden, die die Bandbreite der Interventionen im Folgenden deutlich machen.

1. Der Abgasbetrug – Nachtrag

Ergänzend zu den bisherigen Ausführungen soll hier angemerkt werden: Der Dieselabgasbetrug kann als Musterbeispiel für die Grenzen unserer Rechtsordnung angesehen werden, aber auch als Musterbeispiel für das Zusammenwirken von Parteien, Politik, Konzernen, wenn es gilt, »unsere« vermeintlichen Wirtschaftsinteressen zu schützen. Dann macht die Kritik selbst vor der Gerichtsbarkeit nicht mehr Halt, wie Äußerungen insbesondere aus CDU und CSU zu den Verwaltungsgerichtsurteilen mit Dieselfahrverboten gezeigt haben. Detailliertere Ausführungen habe ich auf der Plattform *rubikon*, komprimierte in einem Gastbeitrag in der FR gemacht, der im Anhang (7) aufgeführt ist.

Der Kabarettist Urban Priol bezeichnete in seinem Jahresrückblick am 28.12.2018 im ZDF den Verband der Automobilindustrie übrigens als so etwas wie die deutsche »American Rifle Association«, wie sie durch die Bücher und Filme von Michael Moore weltbekannt geworden ist.

Im Übrigen ist im Vorgehen gegen die Deutsche Umwelthilfe dieselbe Unverfrorenheit festzustellen wie im Vorgehen gegen Attac. Und immer vertrauen die Parteien der ›radikalen Mitte‹ darauf, dass es ein gewisser Teil der Bevölkerung offen oder insgeheim mitträgt.

2. Zweierlei Maß oder: Ein juristischer Angriff auf die ›Zivilgesellschaft‹

Den bisher entlarvendsten Vorstoß macht der Staat nun ausgerechnet bei einer der bekanntesten Organisationen, bei *Attac*, das 1998 in Frankreich gegründet wurde als eine Bewegung zur Einführung einer Finanztransaktionssteuer und im Jahr 2000 in Deutschland als »Netzwerk zur demokratischen Kontrolle der internationalen Finanzmärkte«. Weltweit hat Attac rund 90.000 Mitglieder, Attac Deutschland rund 30.000.

Und es ist kein Zufall, dass die Vertreter der GERMANY FIRST-Politik alles tun, deren Arbeit zu behindern, denn das Offenlegen von Machenschaften bis hin zu solchen krimineller Natur, geheimen Deals, sorgt für eine Transparenz, die den Geschäften abträglich ist.

Schlimmer wird es in den Augen der Vertreter von GERMANY FIRST noch, wenn Information und Aktion miteinander verbunden werden, sei es in Form von Großdemonstrationen wie die zu CETA, sei es in Form von Klagen wie denjenigen der Umwelthilfe.

Eine solche Aufklärung und solche Aktionen sind in den Augen von Vertretern von GERMANY FIRST Gift für das Wettbewerbsklima und manchmal auch Gift für konkrete Vorhaben.

Während Lobbyverbände der Unternehmen mit fast unbegrenzten Finanzmitteln agieren können, weil billionenschwere Kapitalinteressen hinter ihnen stehen, sind Nichtregierungsorganisationen auf Mitgliedsbeiträge und Spenden angewiesen.

Die deutsche Abgabenordnung als steuerliches ›Grundgesetz‹ erlaubt die steuerliche Absetzbarkeit der Spenden für gemeinnützige Zwecke, was den Anreiz dafür erhöht.

Das sind bei NGOs natürlich weniger als die berühmten »Peanuts« im Verhältnis zu den Privatstiftungen, die weitgehend Unternehmensinteressen vertreten. Und es ist schon erstaunlich, dass die Bertelsmann-Stiftung, obwohl sie als Eigentümerin ihrer (aktiven) Wirtschaftsunternehmen fungiert, immer noch als gemeinnützig anerkannt wird.

Über die Bertelsmann-Stiftung in ihrer Rolle als Unternehmerin und in der Rolle als Politik-Stifterin ist genug geschrieben worden. Zusammen mit anderen habe ich selbst in der Gewerkschaft GEW Beschlüsse initiiert, die sich kritisch mit der Bertelsmann-Stiftung auseinandersetzen und deren Gemeinnützigkeit infrage stellen; leider vergebens. Bertelsmann ist ein zu (ge)wichtiger Pfeiler im Ideologiegebäude, als dass man auf ihn verzichten wollte.

Umso härter ist deshalb der finanzielle Angriff auf Attac mittels Auslegung des Steuerrechts durch den Bundesfinanzhof als oberstes Gericht der Finanzgerichtsbarkeit, aber auch vorgeschaltet 2014 schon vom Finanzamt Frankfurt am Main als Behörde des Landesfinanzministers, das den Prozess einleitete.

> Pressemitteilung des Bundesfinanzhofs Nr. 9 vom 26. Februar 2019
> Kein allgemeinpolitisches Mandat für gemeinnützige Körperschaften: Bundesfinanzhof entscheidet gegen Attac-Trägerverein, Urteil vom 10.1.2019 V R 60/17
> **Die Verfolgung politischer Zwecke ist im Steuerrecht nicht gemeinnützig. Gemeinnützige Körperschaften haben kein allgemeinpolitisches Mandat, wie der Bundesfinanzhof (BFH) mit Urteil vom 10. Januar 2019 V R 60/17 zu Lasten des Attac-Trägervereins entschieden hat.**
> (Die vollständige Presseerklärung ist im Anhang abgedruckt)

Die Journalistin Birgit Marschall nennt im Deutschlandfunk das nun veröffentlichte Urteil ein »starkes Stück«. Denn das Ziel von Attac sei ja gerade, gemeinnützig zu sein. Das sei die Organisation vielleicht vor dem strengen Steuerrecht nicht, gesellschaftlich aber sehr wohl. Und Marschall verweist darauf, dass auch Greenpeace und der BUND betroffen sein könnten: »Das ist für den gesamten Bereich der Nichtregierungsorganisationen eine

Bombe«, so die Journalistin, die das Urteil als Präzedenzfall bezeichnete. (Deutschlandfunk vom 26.2.2019)

Der Tagesspiegel vom 26.02.2019 titelt: »Ein alarmierender Angriff auf Attac«. Caroline Fetscher kommentiert eine »kaum nachvollziehbare Entscheidung auf tönernen Füßen.« Attac sei schließlich keine Volkshochschule, sondern übe offen und radikal Kritik an den ökonomischen Verwerfungen der Globalisierung. Missliebige Organisationen und Vereine finanziell unter Druck zu setzen sei bekannte Taktik undemokratischer Regime und Bananenrepubliken.

Und die *taz* vom 27.2.2019 verweist darauf, dass 2008 um ein Haar das Weltwirtschaftssystem zusammengebrochen wäre, weil Märkte nicht reguliert waren. Die Ideen für dieses Problem würden von Attac propagiert.

Werner Rügemer, selbst im Beirat von Attac, weist darauf hin, dass Attac seit dem Jahr 2000 einen großen Beitrag für die ›Volksbildung‹ geleistet habe. Der Verein habe ›die ökonomische Alphabetisierung in Deutschland vorangetrieben und das bürgerschaftliche Engagement in trüben Zeiten befördert.‹

> Während dieser vorbildlich arbeitende Verein also nicht gemeinnützig sein soll, gelten knallharte Lobbyorganisationen der Industrie und des Militärs sowie Kampfverbände der Regierungspartei CDU in Deutschland selbstverständlich als gemeinnützig. Hinzu kommen milliarden-schwere Unternehmensstiftungen und sogar Aktiengesellschaften. Eine kurze Übersicht lässt den Atem stocken. Wie weit kann man die Perversion noch treiben? Und wie weit ist die oberste Justiz schon Komplizin? (https://arbeitsunrecht.de/bundesfinanzhof-privat-unternehmer-und-ihre-lobby-als-wahre-foerderer-des-gemeinwesens/)

(Die vollständige Stellungnahme findet sich wegen des unverhüllten »Zweierlei-Maßes«, das Finanzbehörden und Teile der Finanzgerichtsbarkeit hier an den Tag legen, im Anhang.)

Ich habe bereits im Kapitel 4 ein ähnliches Vorgehen gegen die Deutsche Umwelthilfe benannt. Dort war es die Autolobby gewesen, die den Entzug der Gemeinnützigkeit gefordert hatte. Und es war die CDU, die willig zu Hilfe geeilt war. Aber – das muss auch hinzugefügt werden – nicht im luftleeren Raum, sondern gestützt auf eine zwar teils selbst organisierte vorherrschende Meinung, doch ebenfalls gestützt auf einen in die falsche Richtung weisenden Ärger eines beachtlichen Teils der Bevölkerung.

Bildhaft verdeutlicht hat dies der Wagengestalter für die kritischen Nummern im Düsseldorfer Karnevalsumzug 2019, Jaques Tilly, mit seinem Motivwagen[135], auf dem der deutsche Dieselautofahrer von drei (gleichrangigen) »Gewalten«, der Deutschen Umwelthilfe, der Bundesregierung und der Autoindustrie gewürgt wird.

Fotografie des Autors

Hier nun geraten dem kritischen Karikaturisten sämtliche Rollen durcheinander: Brandstifter und Helfershelfer, Brandmelder und Feuerwehr verschmelzen hier unter der Kutte des Ku-Klux-Klan zu *einer* einzigen Bedrohung des vermeintlich idyllischen Autofahrerdaseins. Genauso, wie es der Mainstream in den Medien nahelegte.

Interessant ist es übrigens auch, sich zu vergegenwärtigen, wo und von wem der Angriff auf Attac gestartet wurde. Die Initiative ging vom Finanzamt Frankfurt am Main aus. Dienstherr ist der hessische Finanzminister. Es ist zwar nicht derselbe, der vier Steuerprüfer mittels eines psychiatrischen Gutachtens aus dem Dienst gemobbt hat, aber dieselbe Partei,[136] nur dieses Mal in einer Koalition mit den Grünen. Ein Aufstand in der Koalition war jedenfalls nicht zu vernehmen, ein weiteres Indiz für die Trennung von den Wurzeln der eigenen Parteigründung.

Bevor auf zwei weitere strukturelle Fälle kriminellen Verhaltens eingegangen wird, wird am folgenden Beispiel gezeigt, wie selbst vergleichsweise harmlose Versuche, mittels Kleinkunst politisch zu wirken, auch mit dem strafrechtlichen Verfolgungsapparat energisch »bekämpft« werden.

3. Mit Kanonen auf Spatzen? Realsatire in Köln

Dass selbst kabarettistische Protestformen inzwischen auf Intoleranz und juristische Verfolgung derer stoßen, die als politische Parteien bei der Verfolgung der Unternehmenskriminalität eher versagen, zeigt der folgende Fall. Ich führe ihn deshalb an, um zu zeigen, wie der Rechtsstaat auch für harmlosere Fälle instrumentalisiert wird. Für die Betroffenen geht es dann immer auch um die entstehenden Kosten.

Der bereits zitierte Werner Rügemer, Vorstandsvorsitzender des Vereins *Aktion Arbeitsunrecht*, der sich durch vielfältige Aktionen gegen schlechte Arbeitsbedingungen und Repressionen gegen Gewerkschafter_innen zur Wehr setzt, wurde wegen des Vorwurfs der Urkundenfälschung von der Kölner Kriminalpolizei vorgeladen. Hintergrund und Anlass für Ermittlungen und Strafanzeigen war eine Aktion gegen Betriebsratsbehinderung durch Toys›R‹Us in Würselen.

Es ging dabei auch um den kurzzeitigen Kanzlerkandidaten der SPD, Martin Schulz, aus eben diesem Ort. Was war passiert? Lassen wir *arbeitsunrecht* selbst ›sprechen‹:

> »arbeitsunrecht e.V.«: Die aktion ./. arbeitsunrecht hatte die Teilnahme des echten Martin Schulz an einer Protestveranstaltung in seiner Heimatstadt Würselen für den 16.12.2017 angekündigt. (Schulz war damals noch SPD-Parteichef und angehender Oppositionsführer im Bundestag.)

In Würselen ging es kurz vor dem 3. Advent – am umsatzstärksten Tag des Jahres – um die Verteidigung der **Toys R Us**-Betriebsratsvorsitzenden Mona E., die sich Mobbing, Zermürbungsmethoden und juristischer Nachstellung durch das Deutschland-Management ausgesetzt sah.

Statt des echten Martin Schulz trat *Der Wahre Martin Schulz* auf. Hinter der Figur, die an den Punkrocker *Der wahre Heino* aus dem Umfeld der *Toten Hosen* in 1980er-Jahren angelehnt war (Die Zeit, 19.7.1985), steckte der Kölner Mietrebell **Kalle Gerigk**, der sich mit Hilfe einer Maskenbildnerin in Form bringen ließ.

Manche Medien wie das Lokalradio Antenne Aachen und zahlreiche Bürger fielen darauf herein – alle aufgeweckteren Zeitgenossen hatten ihren Spaß.

Tatsächlich war die Zusage des echten Martin Schulz eine leicht zu erkennende Satire (der Brief kann bei *arbeitsunrecht* abgerufen werden), versprach das Würselener SPD-Urgestein doch nicht weniger als »eine konsequente Revision der Hartz-Gesetze«. (https://arbeitsunrecht.de/spd-stellt-strafanzeige-der-wahre-martin-kehrt-zurueck/)

Arbeitsunrecht e.V. berichtet weiter, dass der SPD-Bundesvorstand bereits am 17. Dezember 2017 Strafanzeige wegen Urkundenfälschung gestellt hatte. Es folgten Ermittlungen des LKA Berlin und der Kölner Kripo. Was die SPD anscheinend in Rage brachte, war die satirische Ankündigung einer Revision der Hartz-Gesetze.

Kurz vor Weihnachten 2018, also über ein Jahr später, schien dann doch der Verstand die Oberhand gewonnen zu haben. Jessica Reisner stellte für *arbeitsunrecht e.V.* am 7.12.2018 fest: »Wir meinen: Statt eine Satire-Aktion mit übertriebenem Ehrgeiz zu verfolgen, sollten SPD und Staatsanwaltschaften endlich gegen systematische und professionelle Betriebsratsbehinderung in Deutschland aktiv werden!«

Bleibt die Frage, was das geschilderte Beispiel mit dem deutschen Exportüberschussmodell zu tun hat.

Gegenstand der Kritik von arbeitsunrecht e.V. war der zentrale Beitrag der SPD zur Senkung der deutschen Lohnkosten und die Verbesserung der internationalen Wettbewerbsfähigkeit durch die Hartz-Gesetze. Den SPD-Kanzler-Kandidaten in spe mit der Infragestellung dieses Hebels in direktem Zusammenhang zu bringen, würde die SPD in eine erhebliche Zwickmühle führen, jedenfalls der öffentlichen Erörterung weiteren Auftrieb geben. Dazu war man damals nicht bereit.

4. Das Beispiel *Deutsche Bank*

Eine völlig gegenteilige juristische Behandlung erfährt das nationale Unternehmenssymbol, die Deutsche Bank.

2015 wurde in der *Zeit* vom 23. April die Frage gestellt, »ob die Deutsche Bank ein normales Geldinstitut oder eine kriminelle Vereinigung ist«.[137]

Wolfgang Hetzer, ein promovierter Rechts- und Staatswissenschaftler, der sowohl im Europäischen Amt für Betrugsbekämpfung als auch im Bundeskanzleramt u.a. als für organisierte Kriminalität Zuständiger genügend Erfahrungen sammeln konnte, hat diese Frage als Titel für ein Buch gewählt, das 2015 erschienen ist. Aber, um dies schon vorab zu beantworten, die *strafrechtlich* relevante Titelfrage des Buches IST DIE DEUTSCHE BANK EINE KRIMINELLE VEREINIGUNG? muss Hetzer am Schluss verneinen; er nimmt den Vorwurf der kriminellen Vereinigung und den, ein Teil der OK (Organisierten Kriminalität) zu sein, zurück und stellt – frei nach Gertrude Stein – fest: »Die Deutsche Bank ist eine Bank ist eine Bank ist eine Bank.«[138]

Damit ist Hetzer am Wesenskern einer Bank wie der Deutschen angelangt, in der das Folgende üblich zu sein scheint:

> Wenn einem Vorstandsvorsitzenden (Fitschen) nichts anderes einfällt, als beim Ministerpräsidenten des Landes Hessen anzurufen, um ihm sein Missvergnügen über die Durchführung einer richterlich angeordneten Hausdurchsuchung beim Hauptsitz der Deutschen Bank in Frankfurt am Main mitzuteilen, so als ob ein »Potentat« darüber zu entscheiden hätte, ob die Justiz ihre Pflicht tut, muss man sich im Übrigen weder über Rechtsbewusstsein noch über Manieren der Deutschen Bank Gedanken machen.[139]

Aber der Reihe nach: Zunächst stellt Hetzer fest: »Teilbereiche der Finanzbranche haben der OK in mehrfacher Hinsicht den Rang abgelaufen – ein Umstand, der besonders alarmierend ist, weil Banken Teil der »kritischen Infrastruktur« sind. Es geht bei ihnen nicht wie bei der »normalen« OK um isolierbare Rechtsgutsverletzungen, sondern um die Frage, ob hochqualifizierte Finanzingenieure, asoziale Führungseliten der Geldindustrie und völlig überforderte Politiker einen Selbstzerstörungsmodus aktiviert haben, dem die Zivilgesellschaften ganzer Länder zum Opfer fallen könnten.«[140]

Hetzer liefert auch die Größenordnung: »Allein die organisierten Rechtsverstöße bei Zinsfestsetzungen (Libor, Euribor) haben nach Schätzungen Geschäfte im Wert von mindestens 500 Billionen Dollar beeinflusst (…). Allein die Schadensträchtigkeit der Rechtsverletzungen in diesem Bereich dürfte die Gewinne aller Mafia-Organisationen in den meisten Ländern dieser Erde übertreffen.«[141] Und von der Gesamthöhe der bisherigen Sanktionen, Vergleiche usw. ließe sich, so Hetzer, auf die Höhe der »inkriminierbaren Geschäfte« schließen.[142]

In den vergangenen Jahren hätten die Führungen der Deutschen Bank ein Strafbedürfnis geschaffen, das die gesamte Institution erfasst.

Allerdings schränkt Hetzer ein, dass es aufgrund der in § 129 StGB formulierten Straftatbestände schwerfallen dürfte, die Deutsche Bank als »kriminelle Vereinigung im engeren strafrechtlichen Sinne« anzusehen.[143]

In Deutschland werde dieses Bedürfnis in absehbarer Zeit auch nicht zu befriedigen sein, »weil dort im Hinblick auf die Unternehmensstrafe – von einer einzigen Initiative aus Nordrhein-Westfalen abgesehen – das rechtspolitische Mittelalter, vielleicht auch die Steinzeit, noch nicht beendet ist. Das ist nicht länger hinnehmbar, weil besonders das Verhalten der Deutschen Bank in den letzten Jahren die Frage aufgeworfen hat, ob die größte deutsche Bank eine kriminelle Vereinigung geworden ist oder sich in ein gemeingefährliches Hochleistungszentrum verwandelt hat, in dem eine deliktische Kultur herrscht, die jeder bekannten Mafia-Organisation nicht zuletzt wegen ihrer Schadensträchtigkeit haushoch überlegen ist.«[144]

In Deutschland könne man gegen juristische Personen nur mit den Mitteln des Ordnungswidrigkeitsgesetzes vorgehen.

Dabei sei es kaum zu übersehen, »dass Steuerhinterziehung, Fehlallokation von Kapital zum Zwecke der Steuervermeidung, steuerlicher Gestaltungsmissbrauch von legalen Unternehmen zum Nachteil der Allgemeinheit und korrupte Praktiken in weltweit agierenden Konzernen zu einer strukturellen und funktionellen Überschneidung mit OK geführt haben.«[145] Und verweist auf die im Zusammenhang mit illegalen Kartellbildungen verbundenen Rekordgeldbußen deutscher Konzerne.

»Vielleicht ist tatsächlich nicht mehr zu klären, in welchem Maße und zu welcher Zeit zwischen (noch) legalen Unternehmen und der OK Deckungsgleichheit besteht.«[146]

Allein beim Thema Geldwäsche beliefen sich die Kosten aus Strafen und Vergleichen der Banken seit Beginn der Finanzkrise bis Dezember 2014 auf 178 Milliarden Dollar. »Dabei wurden die führenden sechs Banken aus den USA und die zwölf größten Institute aus Europa, darunter die Deutsche Bank, berücksichtigt.« Manipulierte Wechselkurse, »getürkte Zinssätze, Beihilfe zur Geldwäsche und Steuerhinterziehung sind Teile eines langen ›Sündenregisters‹ der Banken.«[147]

Der Deutschen Bank drohten bis 2016 weitere Rechtskosten von 5,1 Milliarden Dollar, zusätzlich zu den bisher schon aufgelaufenen 8,5 Milliarden Dollar. »Insgesamt soll sie in rund siebentausend Rechtsstreitigkeiten und hundertachtzig aufsichtsrechtliche Untersuchungen verwickelt sein.«[148]

Die Deutsche Bank sei deshalb schon 2014/15 als »*Rechtsabteilung mit angeschlossener Bank*« bezeichnet worden.[149] Und als ob dies nicht schon reichen würde, wiederholt Hetzer: Die Deutsche Bank habe sich »als schadensträchtiger erwiesen als jede in der Kriminalgeschichte bekannt gewordene Mafia-Organisation.«[150]

Rudolf Hickel, der schon einige Jahre zuvor eine »Streitschrift« mit dem Titel ZERSCHLAGT DIE BANKEN – ENTMACHTET DIE FINANZMÄRKTE (Berlin 2012) veröffentlicht hatte, argumentiert in eine ähnliche Richtung. Er zitiert den Vorsitzenden Carl Levin aus dem 650-Seiten-Bericht einer Kommission des US-Senats zur Aufarbeitung der Banken- und Finanzkrise mit dem Titel WALLSTREET AND THE FINANCIAL CRISIS. ANATOMY OF A FINANCIAL COLLAPSE. MAJORITY AND MINORITY STAFF REPORT vom 13. April 2011 (Wallstreet und die Finanzkrise. Anatomie eines Finanzkollapses):

»Bei unseren Untersuchungen sind wir auf eine Schlangengrube voller Gier, Interessenkonflikte und Missetaten gestoßen.«[151] In der Galerie der Beschuldigten fanden sich Banker, Rating-Agenturen, die Bankenaufsicht, Spitzenpolitiker, Hedgefonds, der US-Notenbank-Chef u.v.a. Der Deutschen Bank wurde im Abschlussbericht ein eigenes Kapitel gewidmet. Darin wird festgestellt: »Die Bank verkaufte minderwertige Anlagen.« Hickel erläutert eine dieser Anlagen mit der Bezeichnung »Gemstone 7« als ›Paradebeispiel‹:

> Von den als strukturierte Wertpapiere angebotenen CDOs stand die Deutsche Bank zwischen 2004 und 2008 für den Gesamtbetrag über 32 Milliarden US-Dollar gerade. In Gemstone 7 wurden 115 RMBS-Anleihen gebündelt … Verschiedene, über Hypothekarkredite auf private Wohnimmobilien besicherte Anleihen wurden in eigenständige Wertpapiere gebündelt… Trotz schlechter Ratingnoten für 90 Prozent dieser RMBS-Anleihen wurden diese Papiere zum Verkauf angeboten, doch waren Verluste absehbar.[152]

In diesem Zusammenhang spricht Hetzer davon, dass die über viele Jahre sich hinziehenden Verstöße gegen wichtige Vorschriften in zahlreichen großen Geldinstituten überall auf der Welt dazu geführt hätten, »dass sich systematischer Rechtsbruch in ein kommerzielles Prinzip verwandelt hat.«[153]

Das Fehlverhalten sei »zur professionellen Maxime geworden« und »deshalb die strafrechtliche Verfolgung der Bankrotteure des Finanzwesens äußerst schwierig. (…) Die Vereinbarkeit von geschäftlicher Tüchtigkeit und gesetzesgebundener Loyalität galt fast schon als kategorisch ausgeschlossen. Rechtsgehorsam erschien als disqualifizierende Naivität, welche die Überlebenschancen auf dem Gefechtsfeld internationaler Finanzaktivitäten drastisch reduzierte.«[154] Das ist starker Tobak und übertrifft fast noch Hans See, bestätigt ihn jedenfalls vollauf.

Ähnlich sieht es auch Hickel[155], der dafür die Verschiebung des Geschäftsmodells in Richtung des spekulativen Investment-Bankings verantwortlich macht, wodurch der Anteil der Kundeneinlagen bis Mitte 2011 von 42 auf 28 Prozent zurückgefahren wurde und die Kreditgeschäfte von 50 auf 21 Prozent. Gleichzeitig wurde die Bilanzsumme von 533 Milliarden Euro unter Hilmar Kopper auf 1.906 Milliarden Euro unter Ackermann erhöht.

Und die von Ackermann gesetzte Gewinnmarge von 25 Prozent habe sich eben nur mit solchen Papieren oder mit Spekulationspapieren auf Rohstoffe und Lebensmittel generieren lassen.

Selbst deutschen Kommunen seien Zins-Wetten angedreht worden, von denen die »CMS Spread Ladder Swaps« deshalb bekannt wurden, weil die Deutsche Bank 2011 durch ein Grundsatz-Urteil des BGH zum Schadensersatz verpflichtet wurde.[156]

Hickel zitiert den ehemaligen Chef-Ökonomen des Internationalen Währungsfonds, Simon Johnson, der 2011 sagte: »Der deutsche Finanzsektor ist sehr problematisch, und die Deutsche Bank ist besonders gefährdet, sich selbst in die Luft zu jagen. Ihr Chef Josef Ackermann ist einer der gefährlichsten Bankmanager der Welt, weil er darauf besteht, eine Eigenkapitalrendite von 20 bis 25 Prozent zu erzielen.«[157]

Hetzer bestätigt das durch eine zwei Seiten lange Liste von Vorwürfen an die Adresse der deutschen Bank im Zusammenhang mit der Bankenkrise 2009/2010 und referiert Strafverfahren und Urteile gegen Mitarbeiter der Deutschen Bank. Seit Herbst 2014 hätten US-Aufsichtsbehörden Banken in den USA und in Europa zu Strafzahlungen in Höhe von 10 Milliarden Dollar verurteilt.[158]

5. »Cum-Cum« und »CUM-Ex« – Hase und Igel

»Cum-Ex: Der Coup des Jahrhunderts«, titelt Die Zeit am 18. Oktober 2018 und zitiert dabei Christoph Spengel, Steuerprofessor an der Universität Mannheim: »Es handelt sich um den größten Steuerraub in der Geschichte Europas.«

Die »Cum-Cum«-und die »CUM-Ex«-Geschäfte sind bereits seit 2014 (!) ausführlich dokumentiert worden, sowohl von großen deutschen und europäischen Zeitungen als auch von (meist öffentlich-rechtlichen) Rundfunk- und Fernsehanstalten und durch parlamentarische Anfragen. (Die folgenden Ausführungen stützen sich u.a. auf die Die Zeit Nr. 43/2018 vom 18. Oktober, Wikipedia und zahlreiche Netzkampagnen.)

Wie bei anderen großflächigen Aufdeckungen von Whistleblowers kommt dem Recherche-Verbund mehrerer Zeitungen unter Leitung des Recherchezentrums Correctiv (insgesamt 19 Medien aus zwölf Ländern) besondere Bedeutung zu, der am 2. Mai 2016 seine Untersuchungen zu »Cum-Cum« veröffentlichte. 2018 wurden dann die sogenannten CumEx-Files veröffentlicht.

Welche Ungleichgewichte zwischen einer wahren Phalanx an Beratern und dem Heer der Beratenen auf der einen Seite und der das Gemeinwohl verkörpernden staatlichen Gewalt auf der anderen Seite bestehen, die das Treiben eigentlich kontrollieren und regulieren sollte, hier aber sehr klein wirkt, zeigen folgende Zahlen:

Für die staatlichen Recherchen waren mehr als 180.000 Seiten vertraulicher Akten zu überprüfen, interne Gutachten von Banken und Kanzleien sowie E-Mails auszuwerten und zudem Interviews mit Insidern und verdeckte Recherchen in der Finanzbranche zu führen.

Auf der anderen Seite stehen die großen Banken, die Berater und Beraterkonzerne und die Anwälte und Anwaltskonzerne; Kanzleien wie diejenige, die den späteren Kronzeugen der Anklage einst angeworben hat.

In diesem Artikel der ZEIT vom 18.10.2018 kommt ein Kronzeuge zu Wort. Dieser schildert den Empfang bei seinem Berufseintritt so: fast *zweitausend Anwälte* aus aller Welt sitzen an langen Tischen, inmitten von Ausstellungsstücken des prachtvollen *Queen Victoria and Albert Museums* in London. An den Geschäften waren fast alle Banken auf die eine oder andere Art beteiligt, darunter Deutsche Bank und Commerzbank sowie große amerikanische Investmentbanken. Viele unterhielten Abteilungen, deren Mitarbeiter intern als ›Tax Trader‹ bezeichnet wurden. Es handelt sich also nicht um das Versagen Einzelner, sondern um ein branchenweites Phänomen. Als *organisierte Kriminalität in Nadelstreifen* bezeichnete der Kronzeuge der Anklage die Geschäfte.

Zunächst zur Dimension

Bereits 2017 hatte Spengel berechnet, dass dem deutschen Fiskus zwischen 2001 und 2016 mindestens 31,8 Milliarden Euro entgangen sind. Im Zuge der Cum-Ex-Files kommen nun in Frankreich mindestens 17 Milliarden, in Italien 4,5 Milliarden, in Dänemark 1,7 Milliarden, in Belgien 201 Millionen Euro dazu. Für die anderen betroffenen Länder liegen keine offiziellen Zahlen oder belastbaren Marktdaten vor.

Es handele sich um den »größten Steuerraub in der Geschichte Europas«. Der am 19. Februar 2016 eingesetzte Bundestagsuntersuchungsausschuss hat die ihm vorgelegte Frage nach der Gesamthöhe des Schadens für den Steuerzahler übrigens nicht beantwortet, es gibt lediglich ein Minderheitenvotum des Grünen-Abgeordneten Schick.

Der Staat will Geschäftsmodelle, mit denen er um Steuereinnahmen betrogen wird, nicht wirklich aufklären

Seit 1992 wussten deutsche Behörden, dass Banken und Investoren mit den Cum-Ex-Geschäften den Fiskus schädigen. Aber erst 2012, also 20 Jahre später, trat eine Gesetzesänderung in Kraft, die dies ändern sollte. Und erst

2016 gab es tatsächlich eine Gesetzesänderung, die auch Cum-Cum-Geschäfte generell verhindern sollte.

Bereits im Mai 2011 wurde das Bundesfinanzministerium vom Münchener Oberbürgermeister Christian Ude über Cum-Cum-Geschäfte der DekaBank informiert. Das Ministerium sah jedoch zu diesem Zeitpunkt keinen Handlungsbedarf.

Recherchen ergaben, dass die Geschäfte vermutlich bis Oktober 2018 weiterliefen. Und Experten wie der Mannheimer Steuerprofessor Christoph Spengel gingen noch im Januar 2019 davon aus, dass Cum-Cum-Gestaltungen beständig möglich sind.

Auch habe es die Bundesregierung über Jahre hinweg unterlassen, ihre europäischen Partnerländer zu warnen, obwohl das Bundesfinanzministerium mindestens seit 2002 von den illegalen Machenschaften wusste.

Bezeichnend ist auch, dass sich bei der Abstimmung über die Einsetzung des Untersuchungsausschusses des Bundestags die Abgeordneten von SPD und Union der Stimme enthielten.

Die erste Anklage wegen Dividendenstripping wurde übrigens im Oktober 2017 gegen den Steueranwalt Hanno Berger sowie gegen mehrere ehemalige Aktienhändler der Hypovereinsbank wegen Steuerhinterziehung erhoben. DIE ZEIT vom 18.10.2018 hält fest:

Finanzministerium warnte viel zu spät
Während die EU europaweite Datenbanken betreibt, um Flüchtlinge zu erfassen oder Informationen über Terroristen zu teilen, gibt es so etwas für Steuergeschäfte nicht. Fragt man bei der EU-Kommission nach, ob Cum-Ex-, Cum-Cum- oder verwandte Geschäfte auf europäischer Ebene diskutiert wurden, lautet die Antwort: »Das fällt in die Kompetenz der Nationalstaaten.« Deren Steuerbehörden aber denken vor allem an sich, kommunizieren kaum miteinander. Das Prinzip: Wer etwas weiß, sagt es nicht weiter. Wer nicht nachfragt, erfährt nichts. (…)
Die einzige Organisation, die sich überhaupt um einen systematischen internationalen Austausch bemüht, ist die OECD. Seit 2007 führt die Industrieländerorganisation ein »Aggressive Tax Planning Directory«. Über

diese Datenbank können ihre Mitgliedsländer Steuertricks an alle anderen OECD-Staaten melden. Allerdings sagt Achim Pross, der Chef der zuständigen Abteilung, funktioniere sie nur, wenn sie auch regelmäßig gelesen und befüllt werde. Hier liegt das Problem. Sucht man in der Datenbank den Begriff »Cum-Ex«, gibt es nur einen Treffer. Die Meldung kommt aus Deutschland. Doch sie ist von 2015. Zu diesem Zeitpunkt weiß das Finanzministerium seit 13 Jahren von Cum-Ex…

Juristische Bewertung und Gesetzgebung

Die steuer- und eigentumsrechtliche Würdigung scheint sich in einem juristischen Graubereich zu bewegen. Wenn aber selbst die Generalklausel des § 42 der Abgabenordnung nicht mehr ausreicht, wonach rechtsmissbräuchliche Steuergestaltungen steuerlich nicht anzuerkennen sind, dann entfaltet das Recht offensichtlich seine Schutzwirkung nicht (mehr).[159]

Dazu gehören aber wie so oft zwei Seiten! Wenn das Recht sich bereits – wie Johanna Stark analysiert und auf den Seiten 114f dargestellt – »im Angebot« befindet, bleibt als Frage nur, wie die Gesellschaft dauerhaft mit den Widersprüchen Rechtsstaat kontra Recht als Wettbewerbsvorteil, ›Gleiches Recht für alle‹ kontra Käuflichkeit von Rechtskonstruktionen durch Berater, Recht als Ware kontra Demokratie umgehen will.

Es ist sicher richtig, dass diese Widersprüche eigentlich international zu regeln wären. Aber das darf keine Ausrede sein, im verfügbaren nationalen Rahmen die Zügel schleifen zu lassen.

Ein großes Problem sind die bereits beschriebenen riesigen multinationalen Beraterkonzerne, nicht allein durch ihre personellen Kapazitäten, sondern weil sie regelmäßig ›beide Seiten‹ beraten: Unternehmen und ihre Kontrahenten auf staatlicher Seite. Von daher müssen Staat und Kommunen dringendst entsprechende eigene Beraterorganisationen aufbauen bzw. verstärken.

Noch schlimmer wird es, wenn dieser ›Befangenheitsgrund‹ gar nicht gesehen wird, weil der Interessengegensatz bereits in eine mehr oder weniger ›gemeinsame Sache‹ übergegangen ist, Unternehmen und Staat also ohnehin in die gleiche Richtung marschieren und es nur noch um graduelle Unterschiede geht. Eine Politik des GERMANY FIRST hilft jedenfalls nicht, aus dieser Falle zu entkommen.

Eine unerträgliche Verquickung

Arnold Ramackers, ein ehemaliger Finanzrichter aus Düsseldorf, sagte im Untersuchungsausschuss aus. Ramackers soll im Sinne führender Banken Gesetzestexte formuliert haben und war unter anderem an der Gesetzesänderung von 2007 beteiligt, die sich als ungeeignet zur Verhinderung von Cum-Ex-Geschäften erwies und damit Banken und Anlegern ermöglichte, für weitere fünf Jahre ungerechtfertigte Ausschüttungen aus dem Steuervolumen zu erlangen. Er hatte Zugang zu Dokumenten, die Parlament und Öffentlichkeit nicht erhalten durften, und hat sie an Banken weitergereicht, sodass diese die neuen Regelungen gleich wieder umgehen konnten. Auch im Ruhestand soll Ramackers noch Einfluss ins Ministerium gehabt, sich an der Formulierung von Gesetzen beteiligt und an Sitzungen teilgenommen haben. Später nahm Ramackers einen Beratervertrag beim Bundesverband deutscher Banken an.[160]

Solche Vorgänge sind ohne Zustimmung des Ministeriums kaum vorstellbar. Das liefert dann auch die reale Grundlage für die Einschätzung großer Teile der Bevölkerung, besonders der Jugendlichen (dazu später mehr), man könne im Politikbetrieb ohnehin nichts ausrichten.

Auf eine noch weitergehende Verquickung hat Stephan Hebel in seinem Vortrag am 6.9.2018 in Frankfurt hingewiesen: Vier private Beratergesellschaften beraten die EU bei der Steuergesetzgebung und hinterher beraten sie die Unternehmen bei der Umgehung. So etwas hält man tunlichst vor der Öffentlichkeit verborgen.

Oberster Gesichtspunkt für die Vorgehensweise staatlicher Behörden scheint zu sein, ob involvierte Banken durch die Aufklärung und Ahndung dieser Geschäfte in wirtschaftliche Schwierigkeiten geraten könnten. Denn die für die Aufarbeitung der betrügerischen Geschäfte zuständige Bundesanstalt für Finanzdienstleistungsaufsicht (Bafin) wollte mit den im Juli 2017 allen rund 1800 deutschen Banken und Sparkassen zugesandten Fragebögen u.a. wissen, mit welchen drohenden Rückzahlungen die Banken rechneten und ob ihre Stabilität dadurch gefährdet sein könnte. UNTERNEHMENSWOHL FIRST heißt hier anscheinend die Devise. Übrigens war erst eine hartnäckige Sachbearbeiterin aus dem Bundeszentralamt für Steuern, die sich weigerte, das Geld auszuzahlen, nötig, um den Stein ins Rollen zu bringen.

Meine Gier war so groß – Gier ist der häufigste Begriff, der in den Medien für derartige Vorgänge benutzt wird. Das mag auch ein (nicht sehr edler) Beweggrund sein, erklärt aber nicht, weshalb diese »Gier« denn dann nicht schärfer eingegrenzt und überwacht wird, wie man es beispielsweise bei der »Gier« der Raser durch Radarfallen macht.

Die Antwort liegt in dem zugrunde liegenden Zweck, die Steuerlast reicher Kunden zu drücken. »Wir hatten alle dieses Bild vor den Augen: Der Feind ist der Staat«, so wird der Kronzeuge zitiert. [161]

Das Steuerrecht in der Zwickmühle zwischen Exportförderung und Aufrechterhaltung des Staates

Die gesamte westliche Staatengemeinschaft hat nie ernsthaft erwogen, gegen Steuer›oasen‹ vorzugehen und dieser Form von Steuerhinterziehung und Abgabenverweigerung einen Riegel vorzuschieben.

Denn Steuerhinterziehung und Abgabenverweigerung sind nur die nicht so schönen Kehrseiten von Einkommens- und Vermögensmaximierung für die reichen Schichten der Gesellschaft und Deutschlands Unternehmen.

Schon die Wortwahl sagt alles: Für so etwas Schönes wie eine Oase gibt es im Grunde nur noch eine Steigerung: das Paradies. Und völlig sprachlogisch werden Steuer›oasen‹ auch Steuer›paradiese‹ genannt.

Man merkt hier den Blickwinkel der Betrachter. Und die bewundernswerte Fähigkeit und Macht, Sprachmuster in der Öffentlichkeit zu verankern und diese selbst denjenigen aufzuzwingen, die darunter leiden, weil ihnen das Geld vorenthalten wird.

Ein solcher Hinweis darauf, dass für diese ›Oasen‹ und ›Paradiese‹ andere bluten müssen, kommt fast schon der verbalen Vertreibung aus einem Paradies gleich, in dem sich die allermeisten gar nicht befinden.

Jan Schmidbauer schreibt in der SZ vom 7.11.2017 treffend:

> Der Rennfahrer Lewis Hamilton tut es, die britische Königin Elizabeth II., aber auch internationale Konzerne wie Nike oder Apple: Sie alle haben in den vergangenen Jahren Geschäfte über Steueroasen gemacht, wie die *Paradise Papers* zeigen. Konzerne und Superreiche sind die Gewinner des Offshore-Systems. Zu den Verlierern zählen Staaten wie Deutschland. Der französische Ökonomen Gabriel Zucman hat nun für die *Süddeutsche Zeitung* berechnet, welcher Schaden durch Steueroasen entsteht. Das Ergebnis: Allein Deutschland entgehen 17 Milliarden Euro pro Jahr an Steuereinnahmen, weil internationale Konzerne ihre Gewinne in Steuerparadiese verschieben. Insgesamt verliert die EU umgerechnet ein Fünftel ihrer Einnahmen aus Unternehmenssteuern, rechnet Zucman vor. Das entspreche 60 Milliarden Euro im Jahr. Deutschland ist besonders betroffen. Von allen untersuchten Ländern verliert die Bundesrepublik am meisten Geld durch Steueroasen. Die Einnahmen aus Körperschaftsteuer könnten 32 Prozent höher liegen als bislang. In Frankreich liegt der Wert bei 25 Prozent, in Großbritannien bei 20 Prozent. (…) Der Gegenwert von zehn Prozent des weltweiten Bruttoinlandsprodukts wird nach seinen Berechnungen von Superreichen in Steueroasen geparkt.[162]

Tatsächlich befinden sich solche für uns rechtsfreie Räume nicht nur auf mehr oder weniger abgelegenen Inseln, sondern durchaus auch im Inland oder benachbarten Ausland. »Konzerne verschieben Gewinne aus Deutschland meistens nicht auf karibische Inseln: Zwei Drittel der möglichen Steuereinnahmen verliert Deutschland durch Steueroasen in der EU, beispielsweise durch die Niederlande, Irland oder Luxemburg.«[163]

Aber irgendwo müssen sie ja hin, die finanziellen Überschüsse aus dem Exportüberschuss-Land Deutschland. Und eh man sie mit dem Staat teilt und dieser sie womöglich ›leistungsschwächeren‹ Gesellschaftsmitgliedern zukommen lässt, tolerieren die Eliten eher die Erosion des Rechts.

Wie sagt doch Michael Hartmann zum Bewusstsein dieser Schicht: »Ein Merkmal, das für die meisten Elitenmitglieder vor allem in der Wirtschaft charakteristisch ist: Die Ausübung von Macht über längere Zeiträume hat zur Folge, dass der Glaube wächst, die allgemeinen Regeln hätten für einen selbst nur noch eingeschränkt Gültigkeit.«[164]

Die skizzierte Bedrohung von Demokratie, Rechtsstaat und sozialem Zusammenhalt würde es meines Erachtens nahelegen, dringend über das deutsche Konkurrenzmodell nachzudenken und Alternativen anzugehen.

Bevor solche erörtert werden, soll aber noch ein Blick auf die Europäische Union geworfen werden, für die in den jüngsten Europawahlen stärker denn je geworben wurde, um Rechtsradikale und sogenannte Populisten zurückzudrängen.

Denn auch hier zeigt sich, dass wir es nicht mit einem ›Europa der Gleichen‹ zu tun haben, sondern eher mit einer Instrumentalisierung der EU für deutsche Wirtschaftsinteressen.

7. Das deutsche Exportüberschuss-modell spaltet Europa

Die Wahrnehmung der EU

Dass Deutschland in Europa eine zentrale Rolle spielt, um es vorsichtig zu formulieren, ist bekannt. Dass diese zentrale Rolle aber keineswegs für ein soziales, zwischen den Mitgliedsstaaten ausgleichendes Europa, ja selbst nur für eine nachfrageorientierte, Arbeitsplätze schaffende Politik eingesetzt wird, ist in der Bevölkerung eher weniger im Bewusstsein.

Wenn Kritik aus dem europäischen Ausland an der deutschen Austeritätspolitik in den deutschen Medien rezipiert wird, ist sofort das deutsche Narrativ von der »Schuldenbremse« und der »schwarzen Null« zur Stelle. Und das krittelnde Ausland hat postwendend den Aufkleber unseriöser Schuldenmacher, welche die Stabilität der Währung und letztlich des gesamten Systems gefährden.

Insofern hat für die *deutsche* öffentliche Meinung das GERMANY FIRST keineswegs eine negative Bedeutung, sondern unterstreicht einmal mehr den »Wächteranspruch« Deutschlands und seines Finanzministers in Bezug auf die zur absoluten Wahrheit erhobenen Schuldenregeln und zur Geldpolitik.

Gleichzeitig verlaufen wirtschaftspolitische Weichenstellungen in der EU verhältnismäßig abgeschirmt von der öffentlichen Wahrnehmung. Das hat sich nicht nur in Bezug auf die Handelsabkommen gezeigt, sondern auch in Bezug auf das, was die deutsche Bundesregierung hinter den Kulissen in der EU durchgesetzt hat – entgegen dem positiven Image, das sie sich nach außen hin gerne zulegt. Die Abgas-Auseinandersetzung lässt grüßen. Wenigstens hier ist etwas von der unrühmlichen Bremserrolle der deutschen Regierung durchgesickert.

Von daher sind auch Meinungsumfragen zu EU-Themen nur mit Skepsis zu genießen. Nach einer Umfrage der Friedrich-Ebert-Stiftung vom September 2018 bewerten 68 Prozent der befragten Deutschen die EU-Mitgliedschaft Deutschlands überwiegend als vorteilhaft bzw. als ausgeglichen und nur 25 Prozent bewerten sie als eher nachteilig.

Nach einer anderen Statistik (»statista«[165]) ist die Zufriedenheit mit der EU vom Frühjahr 2016 bis Herbst 2018 kontinuierlich gestiegen, und zwar von 39 Prozent auf 50 Prozent (»ziemlich zufrieden«) und weiteren 5 Prozent, die 2018 sogar »sehr zufrieden« waren. Dem standen 2018 eine starke Minderheit von 38 Prozent gegenüber, die »nicht sehr zufrieden« oder »überhaupt nicht zufrieden« waren.

Die Europäische Kommission verwendet dafür den Begriff »Optimismus für die Zukunft der EU« und stellt in einer Umfrage fest, dass sich die Zahl der »total Optimistischen« nach einer Abwärtsbewegung von 2007 bis 2011 (von 69 auf 48 Prozent) bis 2018 auf 61 Prozent erhöht habe. Der Anteil der »totalen Pessimisten« habe sich von 46 Prozent 2011 auf 34 Prozent 2018 vermindert.

Wer die Verteilung dieser Ansicht (in der nachfolgenden Grafik) auf die einzelnen der 28 Mitgliedsstaaten betrachtet, kann schnell erkennen, wie gespalten die EU ist. Und es ist auch kein Wunder, dass sich der geringste »Optimismus« in Griechenland findet, mit einer »Pessimisten«-Quote von 56 Prozent.

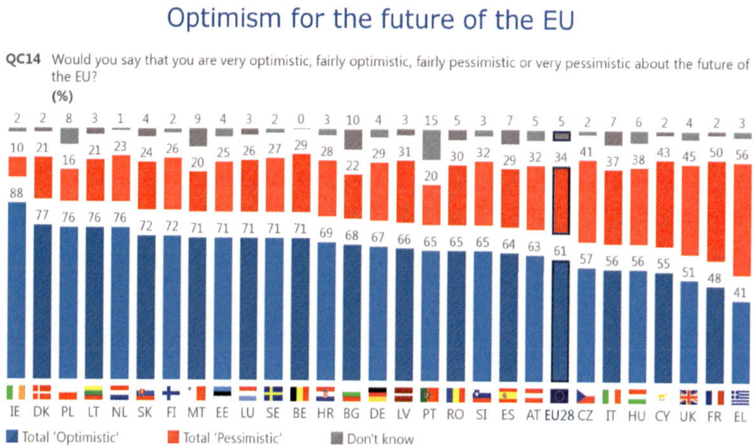

http://ec.europa.eu/commfrontoffice/publicopinion/index.cfm/ResultDoc/download/DocumentKy/84833

GERMANY FIRST – auch in der EU

Der bereits zitierte Hans Kundnani, Senior Transatlantic Fellow des German Marshall Fund, beleuchtet in seinem Buch GERMAN POWER die deutsche Rolle in Europa im Allgemeinen und der EU im Besonderen. Und diese Rolle ist kein Ruhmesblatt.

Die Vorwürfe reichen von »einer Art Wirtschaftsimperialismus«[166], dieser Begriff wurde besonders mit der Installation der »Troika« und ihrem Einmarsch in Athen gern verwendet. Dies führte bekanntlich bis hin zu griechischen Karikaturen, in denen die deutsche Bundeskanzlerin Merkel mit Hitler verglichen wurde. Kundnani zitiert den belgischen Ökonomen de Grauwe, der die deutsche ›Blaupause für Europa‹ darin erblickte: »Sich deutscher Herrschaft beugen oder gehen«.[167] Deutschland habe eine »Instabilitätskultur in die EU hineingetragen. Tatsächlich habe Deutschland in Europa nicht für Stabilität gesorgt, sondern für Instabilität.«[168]

Aber was hat das mit der deutschen Exportüberschussstrategie zu tun?

Die Antwort findet sich mit Kundnani in der Art und Weise, wie mit der deutschen Wirtschaftskrise nach dem Einigungs-Boom und zuletzt nach der Finanzkrise von 2008 umgegangen worden ist.

Kundnani erinnert an die ›Agenda 2010‹, die von der SPD-Grünen-Regierung 2003 auf die Schiene gesetzt wurde, ideologisch vorbereitet durch das ›Schröder-Blair-Papier‹ 1999. Damit ist bekanntlich der Niedriglohnsektor enorm ausgebaut worden mit der Ausstrahlung bis hinein in die regulären Arbeitsverhältnisse. Gleichzeitig wurde ein massives Steuersenkungsprogramm insbesondere für die Unternehmen umgesetzt, die ›Deutschland-AG‹[169] entflochten und Privatisierungsprogramme eingeleitet.

Kundnani weist in einer Langfristperspektive darauf hin, dass auch die Einführung des Euro 1999 (als Giralgeld) bzw. 2002 sich extrem günstig für die deutsche Exportwirtschaft ausgewirkt habe.

Deutschland habe sich durch »innere Abwertung« (von der D-Mark zum Euro) den Weg zur Wettbewerbsfähigkeit geebnet.[170] Und seit Einführung des Euro hätten die Ungleichgewichte zwischen den Volkswirtschaften der Eurozone weiter zugenommen. »Das war das genaue Gegenteil dessen, was in der EU und insbesondere in der Eurozone eigentlich hätte passieren sollen.« [171] Divergenz statt Konvergenz waren die Folge.

> Angesichts von Deutschlands eindeutigem Interesse am Erhalt des Euro – weil nicht zuletzt die deutschen Exporte aufgrund von dessen Schwäche im Vergleich zur D-Mark profitieren – hätte Deutschland in Entsprechung der US-Haltung gegenüber Europa nach 1945 Maßnahmen ergreifen können, um den eigenen Handelsbilanzüberschuss zu verringern, eine maßvolle Inflation zuzulassen oder als »consumer of last resort«, als »Konsument letzter Instanz« … verschuldeten Volkswirtschaften einen Wachstumsweg aus der Rezession zu ermöglichen und damit ihre Schuldenlast zu reduzieren. Doch Deutschland weigerte sich beharrlich, einen solchen Ansatz zu verfolgen. Stattdessen bestand es auf Austerität überall in der Eurozone, was es der Peripherie erschwerte, die eigene Wirtschaft in Gang zu bringen, und die Krise verschärfte … So etwas wie einen Marshallplan gab es für die verschuldeten Länder Europas jedenfalls nicht.[172]

Tatsächlich kam zur Implantation des Euro auch die deutsche Austeritätspolitik, die der Chef des Bundeskanzleramts Bodo Hombach (SPD) auch als ›Supply-Side-Sozialismus‹ bezeichnete, also als ›angebotsorientierten Sozialismus‹ – im Gegensatz zu einer keynesianischen nachfrageorientierten Wirtschaftspolitik, wie man sie eigentlich von einer SPD-Regierung erwartet hätte (und wie sie zur Begegnung der Bankenkrise auch kurzzeitig selbst von der CDU mitgetragen wurde). Die Beifügung ›Sozialismus‹ dient hier wie so oft zur Irreführung.

Das bedeutet, dass die europäische Zentralbank an den Zielen der Deutschen Bundesbank ausgerichtet wurde und Haushaltsdefizite mit automatischen Verschuldungsverboten ausgebremst wurden.

»Unsere bewährte Stabilitätspolitik ist zum Leitmotiv für die zukünftige europäische Währungsordnung geworden,« zitiert Kundnani den seinerzeitigen Finanzminister Theo Waigel 1991.[173]

Und der EU-Fiskalpakt von 2011 war der Verankerung des Kreditaufnahmeverbots im Grundgesetz 2009 (vulgo »Schuldenbremse«) nachgebildet.[174]

Dass ein Exportüberschussland einen entsprechenden Absatzmarkt benötigt, war ohnehin einer der Gründe für den Vorläufer der EU, die Europäische Wirtschaftsgemeinschaft (EWG). »Deutschland braucht Europa – wenn auch nur als Exportmarkt, trotz der wachsenden Exporte in Schwellenländer, und um den Wert der eigenen Währung niedrig zu halten«, hält Kundnani fest.[175] Und mit dem Ende des kalten Krieges und der Ausweitung der EU nach Osten entstand an Deutschlands Grenzen plötzlich ein Ring von Niedriglohnländern mit gut ausgebildeten Arbeitskräften. Kundnani zitiert hierzu einen Ökonomen, der das als »großdeutsche Ökonomie« bezeichnet habe, »die Deutschland im Vergleich zu anderen Volkswirtschaften der Eurozone einen systemimmanenten Wettbewerbsvorteil verschaffte.«[176]

Entscheidend für das, was von derartigen Strategien und ihrer Umsetzung beim ›normalen Volk‹ ankommt (oder sollte man besser sagen, ankommen soll?), ist das parallel dazu vermittelte Narrativ.

Und das deutsche »Krisennarrativ« – so Kundnani – lautete, dass die Krise von 2008 durch die mangelnde Haushaltsdisziplin in den Defizitländern verursacht worden sei. Man wollte nicht wahrhaben, dass Überschüsse Teil des Problems makroökonomischer Ungleichgewichte waren. »Die Deutschen nämlich betrachteten die Krise vor allem als eine, die von anderen verursacht worden war.«[177] Kundnani weist darauf hin, dass mit Hilfe der Achse Deutschland–China auf dem G20-Gipfel in Seoul eine Begrenzung des Leistungsbilanzüberschusses verhindert wurde.[178]

Die Art und Weise, wie Deutschland die Krise gelöst hatte, zeugte nach diesem Narrativ also eher von deutschen Tugenden als von einer Erholung der Weltwirtschaft. Dies bestärkte wiederum das nationale Selbstbewusstsein, wobei Deutschland, wie Kundnani in seinem historischen Rückblick veranschaulicht, immer zwischen ›Exzeptionalismus‹ und der Opferrolle hin- und hergeschwankt sei, sozusagen »zwischen Bismarck und Deutschland als ›Depp Europas‹« (BILD-Zeitung).[179] Der deutsche ›Exzeptionalismus‹, also die Betonung der deutschen Besonderheit und die Abgrenzung von anderen auch westlichen Kulturen, sei aber zentraler Bestandteil des deutschen Nationalismus.[180]

Dieser ›deutsche Weg‹ habe nach 2010 ein Comeback erlebt. Er sollte dem ›American Way‹ überlegen sein.

> Doch als sich die deutsche Wirtschaft erholte, und insbesondere nach der Wirtschafts- und Finanzkrise, schien der deutsche Wirtschaftsnationalismus in anderer Form wiederzukehren. Diese neue Spielart des ökonomischen Nationalismus fußte auf Deutschlands überragenden Exporten, die offenbar die D-Mark als Symbol deutschen Wirtschaftserfolgs ersetzt hatten. Deutschland war schon immer stolz darauf gewesen, Exportweltmeister zu sein, doch in den 2000er Jahren schienen Exporte nicht nur für die deutsche Wirtschaft, sondern auch für das deutsche Nationalgefühl von zentraler Bedeutung zu sein: Die Deutschen betrachteten sich zunehmend als Exportnation.[181]

Deutschlands »Export-Nationalismus« sei allerdings auch einer der Gründe, die es für Deutschland so schwierig machten, die Eurokrise zu lösen.[182]

Und angesichts der von US-Präsident Trump zunehmend eingesetzten Mittel des Wirtschaftskrieges ist auch der Hinweis Kundnanis auf Edward

Luttwak aktueller denn je. In seinem Buch TURBO-KAPITALISMUS – GEWINNER UND VERLIERER DER GLOBALISIERUNG (1998 bzw. 1999 dann auf Deutsch) entfaltet er den Begriff der »geoökonomischen Macht«. In den internationalen Beziehungen würden Methoden des Handels zunehmend militärische Methoden ersetzen.[183] Dazu passt eine Beschreibung von Gerd Appenzeller im TAGESSPIEGEL von 2013, wonach das deutsche Außenministerium und seine 230 Botschaften in aller Welt sich anscheinend zunehmend als ›Dienstleister der Außenwirtschaft‹ betrachteten (siehe dazu auch die Ausführungen z. B. auf S. 85).

Zwischenfazit: Nicht die einzige, aber eine der großen Spaltungslinien in der EU geht ausgerechnet von Deutschland aus, das sich immer gern zum Fürsprecher der EU macht. Und es ist gerade die deutsche Exportüberschusspolitik, welche die Spaltung in der EU umso tiefer treibt, je erfolgreicher sie ist.

Italien begehrt auf?

Was mit der EU passiert, wenn andere Länder das deutsche Spiel nicht mehr mitmachen, hat jüngst Italien gezeigt. Die neue italienische Regierung aus Fünf-Sterne-Bewegung und rechtsradikaler Lega hatte sich zunächst geweigert, der Aufforderung der europäischen Kommission nachzukommen und das Budgetdefizit im Staatshaushalt deutlich zu reduzieren.

Hintergrund sind die insbesondere auf Betreiben Deutschlands nochmals verschärften Maastricht-Kriterien durch den Fiskalpakt von 2012. Dadurch bildet nicht mehr das 3-Prozent Haushaltsdefizit (im Verhältnis zum BIP) die Einschreitgrenze für die EU-Exekutive. Vielmehr wird schon ab 0,5 Prozent ein Überwachungs- und Genehmigungsregime in Gang gesetzt, weil Länder dann ihre Haushalte zusammen mit Maßnahmen zum Verschuldungsabbau der EU-Kommission und dem Europäischen Rat vorlegen und genehmigen lassen müssen. Das wird nicht nur als Oktroy, als Fremdbestimmung *empfunden*, das *ist* es auch.

Wenn mit der Weigerung, einer solchen Auflage nachzukommen, ein sozialpolitisches Programm verbunden wäre, das ein Um- oder Gegensteuern zu der herrschenden neoliberalen Politik zum Inhalt hätte wie Griechenland es versucht hat, wäre dies tatsächlich eine neue Politikvariante, die das ›deutsche Schuldenregime‹ durchaus infrage stellen und eine breitere Anhängerschaft in Europa finden könnte. Und tatsächlich hatte die italienische Koalition ihre Haltung auch so dargestellt.

Mechthild Schrooten, Professorin an der Universität Bremen und Mitglied der MEMORANDUM-Gruppe, hat in einem Beitrag für die Blätter für deutsche und internationale Politik[184] aber darauf hingewiesen, »dass sich das geplante Defizit keineswegs einseitig mit einer aktiven Sozialpolitik erklären lässt.« Es gehe bei dem Defizit »also nicht um gesamtstaatliche Solidarität, sondern um Partialinteressen.« Tatsächlich würden »bei den Budgetplänen der italienischen Regierung die Vermögenden geschont und eben nicht dazu herangezogen, die chronische Defizitsituation des Staates zu entschärfen. Rom will gerade nicht die gebotenen höheren Steuern für Vermögende, Unternehmen und Einkommensstarke zur Bewältigung der anstehenden Staatsaufgaben einführen.«

Damit ›widersetzte‹ sich die italienische Regierung nur scheinbar dem durch Deutschland geprägten EU-Regime, denn in Wirklichkeit versucht auch sie mit einem Austeritätsprogramm ihre Wirtschaft anzukurbeln, immerhin die drittgrößte in der EU.

Auch Italien wird sich nicht aus der Verschuldungskrise befreien können, worauf Schrooten hinweist. Notwendig wäre also vielmehr ein koordiniertes Vorgehen der EU-Mitgliedsstaaten etwa bei der Kreditaufnahme.[185] Eine tragfähige Krisenbewältigungsstrategie habe aber die EU bisher nicht hervorgebracht.

Wie weit sich hier das Narrativ von der »Schwarzen Null« bereits durchgesetzt hat, macht Schrooten im Weiteren klar: »Damit wird die Staatsfunktion auf das Erreichen einer Plangröße ausgerichtet. Damit aber wird der nationale finanzpolitische Handlungsspielraum massiv beschnitten.«[186] Die politischen Folgen sind katastrophal, denn »die sinnentfremdete Kennzifffernorientierung der EU führt bei vielen Bürgerinnen und Bürgern zum Eindruck der Hilflosigkeit und des Ausgeliefertseins.«[187]

Auf EU-Ebene wartet damit wie auch in Italien und in Deutschland die folgende und wichtige Erkenntnis immer noch auf ihren Durchbruch: »Finanzkrisen sind immer Verteilungskrisen, daher müssen verteilungspolitische Antworten auf die aktuelle Situation gefunden werden.«[188]

Dass angesichts einer verfallenden Infrastruktur inzwischen auch Unternehmerverbände die ›Schwarze Null‹ infrage zu stellen beginnen, nicht aber die Steuerumverteilung von unten nach oben (!), bekräftigt diese Forderung noch einmal aktuell.

Das italienische Beispiel zeigt im Übrigen nur eine der vielen Varianten, mit denen andere EU-Staaten versuchen, das deutsche Exportüberschussmodell zu kopieren und zu adaptieren. Macron, der zwar in Bezug auf die Kreditpolitik eine andere Position vertritt als Deutschland, ist bei seinem Versuch, die Agenda 2010 in Frankreich nachzubauen, vorerst auf Widerstand gestoßen.

In Spanien gewinnen separatistische Parteien an Zulauf, die versuchen, mit Sezession statt mit Solidarität im ökonomischen Wettbewerb nach vorne zu kommen. Im Jahr der Europawahl 2019 stellt sich die Frage umso dringlicher, wie ein Politikwechsel in der EU auszusehen hätte.

Für oder gegen die EU – die falsche Frage

Attac Österreich hat zu dieser Frage ein interessantes Bändchen herausgegeben. Unter dem Titel Entzauberte Union – Warum die EU nicht zu retten und ein Austritt keine Lösung ist versuchen die Autor_innen dem scheinbaren Dilemma zu entkommen, sich ›für oder gegen die EU‹ bekennen zu müssen und »die falsche Debatte zwischen ›pro- und antieuropäischen‹ Kräften zu überwinden«[189]

Es gehe vielmehr darum, »die Handlungsperspektiven jenseits des falschen Gegensatzes ›Reform oder Austritt‹ aufzuzeigen: Welche Spielräume gibt es innerhalb der bestehenden EU-Strukturen, und für welche politischen Forderungen müssen wir eigene Alternativen von unten aufbauen?«[190]

Peter Wahl von der NGO WEED (Weltwirtschaft, Ökologie & Entwicklung) und von Attac hat dazu in einem Ossietzky-Beitrag die Überschrift »Europa – raus aus der binären Logik« gewählt.[191]

Damit meint er eine »autonome Strategie, die weder im Kielwasser des europäischen Mainstream dümpelt, noch nationalistisch vereinnahmt werden kann.«[192] Die Ansätze dazu lauten »flexible und differentielle Integration«, genauer: »ein Mix aus selektiver Integration und selektiver Desintegration« oder: teils mehr, teils weniger Europa. Dazu käme eine »variable Geometrie, vulgo: Koalition der Willigen«. Schließlich käme noch eine verstärkte »Öffnung nach außen« dazu, nämlich »maßgeschneiderte« Kooperationen mit Nachbarstaaten.

Alle diese Ansätze sind hilfreich, nicht nur theoretisch, weil sie Denkblockaden auflösen, sondern auch praktisch-politisch, weil sie Basisbewegungen, die im Moment in allen Sektoren aktiv sind, eine gemeinsame Richtung geben können.

8. Raus aus einer absurden Politik!

Mit der Widersprüchlichkeit umgehen

Die bisherigen Ausführungen rufen förmlich danach, mindestens schon einmal das Exportüberschussmodell schleunigst zu den Akten zu legen und sich um eine ausgeglichene(re) Handels- und Wirtschaftspolitik zu bemühen.

Aber die gleichen Ausführungen blockieren gleichzeitig das Gehirn, weil man schon ahnt, dass die Probleme dann nicht aufhören, weil sie ›systembedingt‹ sind. Selbst wenn man »nur« die eklatanten Widersprüche und Feindseligkeiten angehen will, welche die Exportüberschussstrategie für unsere Nachbarn, für den Zusammenhalt in Europa und in der Welt mit sich bringen, könnte man schon von vornherein mutlos werden. Denn es scheint für die deutsche Politik überaus verlockend zu sein, weiter so zu verfahren, egal wie zukunftsträchtig, wie widersprüchlich, wie gefährlich dieser Weg auch ist.

Es sind immer wieder die Grundmechanismen eines kapitalistischen Systems, das auf Ausdehnung der Nachfrage bei gleichzeitiger Beschränkung derselben angewiesen ist, auf die wir stoßen. Und nicht zufällig spricht man von einem *Grundwiderspruch*.

Einen Schub für das alternative MEMORANDUM!

Dennoch: Solange wir dieses System nicht überwinden (können und/oder wollen), müssen wir herausfinden, ob es in diesem Rahmen Änderungen geben kann, ob sie tragfähig und durchsetzbar sind. Tragfähig heißt, dass sie dem Ziel einer sozial gerechten, demokratisch vorzeigbaren, ökologisch vertretbaren und friedlichen Gesellschaft näher kommen.

Diese Änderungen werden die Widersprüche nicht aufheben, aber hoffentlich mildern und in Ansätzen vielleicht überwinden können.

Vor allem ist es wichtig, diese Widersprüche zuzugeben, statt sie zu verdrängen oder zu überspielen. Und es ist unumgänglich, sie *öffentlich* zu thematisieren und *einen demokratischen Wettbewerb um Lösungen* zu veranstalten.

Diesen Versuch unternimmt seit 1975 bzw. 1977 jährlich die MEMORANDUM-Gruppe mit ihrem alternativen Wirtschaftsgutachten, seit 1995 auch auf europäischer Ebene. Dieses Anliegen verdient nach über 40 Jahren durchaus einen deutlichen Schub nach vorn!

Es ist also bereits zu erahnen, wie schwierig dieser Prozess ist und dass eine Vielzahl an weiteren Korrekturen unseres Wirtschaftssystems erforderlich wäre. »Systemische« Fragen, wie man zu sagen pflegt, haben es in sich.

Die Erfahrung lehrt, dass es meistens die unschönen Ereignisse sind, die die notwendigen Veränderungen herbeiführen und manchmal geradezu erzwingen. Deshalb soll daran erinnert werden.

Das Ahlener Programm der CDU von 1947 als Reaktion auf den Hitler-Faschismus ist eine solche Erfahrung, die Wende zum erneuten Ausstieg aus der Atomenergie durch Merkel nach Fukushima ein weiteres Beispiel. Und wenn man Glück hat, wird aus einer Tragödie keine Farce.

> Das kapitalistische Wirtschaftssystem ist den staatlichen und sozialen Lebensinteressen des deutschen Volkes nicht gerecht geworden. Nach dem furchtbaren politischen, wirtschaftlichen und sozialen Zusammenbruch als Folge einer verbrecherischen Machtpolitik kann nur eine Neuordnung von Grund aus erfolgen.
>
> Inhalt und Ziel dieser sozialen und wirtschaftlichen Neuordnung kann nicht mehr das kapitalistische Gewinn- und Machtstreben, sondern nur das Wohlergehen unseres Volkes sein. Durch eine gemeinwirtschaftliche Ordnung soll das deutsche Volk eine Wirtschafts- und Sozialverfassung erhalten, die dem Recht und der Würde des Menschen entspricht, dem geistigen und materiel-

len Aufbau unseres Volkes dient und den inneren und äußeren Frieden sichert. (CDU: *Ahlener Programm 1947*; https://www.kas.de/c/document_library/get_file?uuid=76a77614-6803-0750-c7a7-5d3ff7c46206&groupId=252038)

Eigentlich sollte es möglich sein, nicht bis zur nächsten Katastrophe zu warten und dann deren Folgen auszubaden.

Da unsere Gesellschaft zwischen den Polen Kooperation/Hilfsbereitschaft/Solidarität und den Polen Konkurrenz/Egoismus/Eigennutz hin- und hergerissen ist oder besser hin- und hergerissen wird, kommt es darauf an, die erstgenannten Punkte zu stärken.

Exkurs: ›Gewalt ist immer auch Machtdemonstration‹

Der Soziologe Wilhelm Heitmeyer wurde von der FR-Redakteurin Elena Müller nach den Hintergründen dafür gefragt, dass Übergriffe auf »Helfer«-Berufe wie Polizisten, Feuerwehrleute und Sanitäter, Personal in Notaufnahmen von Krankenhäusern, aber auch gegen Lehrer oder Jobcenter-Mitarbeiter stark zunähmen.[193]

Nachdem Heitmeyer die je verschiedenen Motivationen beschrieben hatte, verallgemeinert er: »Generell gilt: Gewalt ist immer eine Machtdemonstration, die die eigene Überlegenheit signalisieren und Angst und Verachtung gegenüber anderen auslösen soll.« Und weiter: »Wenn man nach gesellschaftlichen Hintergründen fragt, ist immer wieder darauf hinzuweisen, dass wir in einer kapitalistischen Gesellschaft leben, in der Konkurrenz das zentrale Muster ist und Stärkedemonstration immer belohnt wird. Das ist die eine Seite. Die andere Seite ist, dass wir in einer Gesellschaft mit einem ganz schnellen Wandel leben. Das bedeutet, dass wir es mit einer Wertepluralisierung – nicht zu verwechseln mit Werteverlust – zu tun haben. Es ist nicht mehr allgemein klar, welche Werte wir teilen, was uns gemeinsam wichtig ist.«[194]

Heitmeyer beklagt einen »immensen Verlust von Empathie«, der für ihn einen Hinweis auf »Vergiftungen in der Gesellschaft« darstellt. Solchen gewaltbereiten Personen sei oft nicht mehr klar, wo die Grenzen zum zerstörerischen Verhalten sind. Hinzu komme, dass die aggressiven Akteure sich selbst oft in einer Opferrolle sähen und sich dadurch einen moralischen Vorsprung verschafften, der es ihnen subjektiv erlaube, das Gesetz des Handels in die eigene Hand zu nehmen.

Und er macht dafür das »Diktat der Konkurrenz, der harten Zeittaktung, des Durchsetzungsdrucks etc.« verantwortlich. Die Lösung sieht er darin, dass jede Gesellschaft immer wieder öffentlich die eigenen Normen verdeutlichen und vermitteln müsse und klarmachen solle, welche Werte nicht verhandelt werden können; als Mittel »gegen eine Durchrohung gesellschaftlicher Strukturen und eine Verrohung von Verhalten«.[195]

Die Widersprüchlichkeiten der ›Elite/Eliten‹

Wenn man das bisher hier zusammengetragene Material noch einmal Revue passieren lässt, dann unterstreicht das die Aussagen von Heitmeyer voll und ganz. Schwierig wird es nur damit, dass diese Normen eines vernünftigen Zusammenlebens von der Funktionselite, d.h. von der Spitze der Gesellschaft durchlöchert und mit Hilfe einer Doppelmoral auch desavouiert werden.

Michael Hartmann hat in dem bereits zitierten Buch Die Abgehobenen – Wie die Eliten die Demokratie gefährden wertvolle Hinweise darauf gegeben, mit welchen Mechanismen und mit welchem Bewusstsein wir es hier zu tun haben.

Elite definiert Hartmann als »jene Personen, die qua Amt oder – vor allem in der Wirtschaft – qua Eigentum in der Lage sind, gesellschaftliche Entwicklungen maßgeblich zu beeinflussen. Der zentrale Maßstab für die Zugehörigkeit zu einer Elite ist daher die Macht, über die eine Person verfügt.«[196] Und die zentralen, weil einflussreichsten Eliten »kommen in allen modernen Industrieländern stets aus den Bereichen Wirtschaft, Politik, Verwaltung und Justiz. Sie sind für die Entscheidungen verantwortlich, die für die weitere Entwicklung dieser Gesellschaften ausschlaggebend sind.«[197]

»Die Lebenswelten von Eliten und Bevölkerung haben sich in den letzten Jahrzehnten immer weiter voneinander entfernt. Das hat in erster Linie mit der enormen Spreizung der Einkommen und Vermögen zu tun.«[198] Hartmann spricht hier vom obersten Prozent der Gesellschaft mit einem mindestens fünfstelligen Monatseinkommen und weit überdurchschnittlichem Vermögen.

Ihre Alltagswelt und die Lösungsmöglichkeiten für ihre Probleme entfernen sich immer weiter von der Mehrheit der Bevölkerung. »Die Eliten sind in ihrer großen Mehrheit inzwischen so weit von der breiten Bevölkerung entfernt, dass sie zunehmend Schwierigkeiten haben, deren Probleme zu erkennen und die Folgen ihrer Entscheidungen für die Bevölkerung zu verstehen.«[199] Dazu hat sicherlich beigetragen, »dass die deutschen Eliten in den letzten zwei Jahrzehnten sozial ein Stück exklusiver und homogener geworden sind.«[200]

So hat auch die »tiefgreifende Veränderung in der sozialen Zusammensetzung der jeweiligen Regierungskabinette« in den USA und Großbritannien (Reagan und Thatcher) die Durchsetzung und Dominanz einer neoliberalen Politik wesentlich begünstigt[201] – so Hartmann weiter.

Auch in Deutschland sei eine ähnliche Entwicklung zu beobachten, allerdings erst »gut eineinhalb Jahrzehnte später«, wobei hier – wie bereits dargestellt – die rot-grüne Regierung unter Schröder/Fischer nach dem Ausscheiden von Oskar Lafontaine und dem Eintritt von Hans Eichel als Finanzminister eine entscheidende Rolle spielten.

Die seitherige soziale Spaltung der Gesellschaft zeichnet Hartmann mit eindrucksvollen Zahlen nach.[202] Und diese Spaltung ist zusätzlich zu der in einer kapitalistisch geprägten Wirtschaft grundsätzlich vorhandenen noch einmal verstärkt gleichzeitig Voraussetzung und Ergebnis einer Politik, die auf den Exportüberschuss setzt:

> So, wie die Vorstandsgehälter in den DAX-Konzernen die Referenzgröße für die Bezahlung in den anderen hohen Führungspositionen bilden, so geben die Leistungen nach Hartz IV den Maßstab für den unteren Lohnbereich ab, der dann wieder Auswirkungen bis in die Mitte hinein hat. Menschen,

> die länger als ein Jahr arbeitslos sind und damit nur noch Hartz IV erhalten, müssen sich mit 416 Euro pro Monat, das heißt mit knapp 5.000 pro Jahr begnügen. Familien mit zwei Kindern zwischen sechs und 14 Jahren kommen monatlich auf insgesamt 1.382 Euro… Sie haben damit nicht einmal halb so viel Geld im Monat wie Martin Winterkorn an Rente pro Tag.« (…) Es ist insofern kein Zufall, dass Arbeitslose in Deutschland mit über 70 Prozent das höchste Armutsrisiko innerhalb der EU aufweisen…[203]

Entscheidend für den Umgang mit Widersprüchen ist hier, dass die Eliten von dieser Entwicklung enorm profitieren, wozu insbesondere die Steuerpolitik beigetragen hat. Von daher ist es nicht verwunderlich, dass sie »die herrschende neoliberale Politik im Kern nach wie vor für alternativlos« halten und »die negative Haltung weiter Bevölkerungskreise ihnen gegenüber in der Regel auf Unwissen und fehlgeleitete Emotionen« zurückführen.[204]

Dazu kommt, dass auch die Medieneliten »zu großen Teilen immer noch Teil des herrschenden Konsenses« seien, »dass es zur Politik der letzten Jahrzehnte keine wirkliche Alternative gebe.«[205]

»Das entscheidende Problem ist deshalb nicht eine bewusst verfälschte Darstellung oder böser Wille, sondern der durch eigene Situation und Herkunft verengte Blickwinkel.«[206]

Dabei kommt ihnen noch ein weiterer Umstand zupass: Da sie im Rahmen des parlamentarischen Systems »mehr Rücksicht auf die breite Bevölkerung nehmen (müssen), als das in früheren Jahrhunderten der Fall war«, wie Hartmann schreibt,[207] können sie durch den Export von Arbeitslosigkeit, Verschuldung usw. den Grad der Unzufriedenheit im Inland kleiner halten als die nicht exportstarken Staaten es können.

Die Widersprüchlichkeiten der unteren Schichten

Die unteren Schichten der Gesellschaft sind tagein, tagaus mit dem TINA-Prinzip konfrontiert (There is no alternative). Sie ahnen vielleicht, dass hier etwas nicht stimmt. Aber wenn die wenigen kritischen Stimmen nicht wahrnehmbar sind und eigener kritischer Sachverstand (aus welchen Gründen auch immer) fehlt, müssen die gängigen Narrative verfangen, die da lauten:

- Eine vernünftige Wirtschaftspolitik ist die beste Sozialpolitik.
- Vernünftig ist es, unsere boomende Exportbranche zu unterstützen.
- Deutschland ist Weltmarktführer – und das hat eben Gründe!
- Die beste Sozialpolitik ist die, welche Arbeitsplätze schafft. (Und mit der Schaffung von Arbeitsplätzen ist immer gemeint: private Arbeitsplätze, nicht staatliche!)
- Es muss alles getan werden, damit die Gewinne stimmen. Denn die Gewinne von heute sind die Investitionen von morgen und die Arbeitsplätze von übermorgen.

Diese eingängigen und einer gewissen Logik ja nicht entbehrenden Argumentationen sind zwar so nicht mehr haltbar, aber immer noch ideologisch wirksam genug.

Hinzu kommt die Pflege der sogenannten »Neid«-Debatte, nach der die weniger Leistungsfähigen oder -willigen ja nur neidisch auf die »Leistungsträger« sind. Auch das Ausland neidet uns unseren Erfolg. Warum strengen die sich nicht mehr an, um ebenso wettbewerbsfähig etc. zu werden wie wir?!

In fast allen *diesen* Fragen sind die sogenannten Populisten, jedenfalls die AfD in Deutschland, noch radikaler als ihre Mitbewerber.

Gleichzeitig werden hohe Einkommen, Vermögen und Erbschaften nicht nur der Statistik, sondern auch dem öffentlichen Diskurs entzogen.

Der Verschuldung, die als Einziges gern und ausgiebig beleuchtet wird, steht ja ein mindestens gleich hohes Vermögen gegenüber. Was damit gemacht wird, wird vor den Blicken der Öffentlichkeit tunlichst verborgen.

Die Mehrheit der deutschen Bevölkerung ist aus all diesen Gründen vermutlich mit dem deutschen Wirtschaftsmodell einigermaßen einverstanden. Aber das bedeutet nicht mehr als das gern benutzte Bild vom Boot, in dem wir alle sitzen. Und dieses Boot ähnelt eher einer römischen von Sklaven angetriebenen Galeere als einem Kreuzfahrtschiff heutiger Prägung. Vermutlich hat es von beiden etwas. Und wie die Titanic vor hundert Jahren oder etwa die »Costa Concordia« 2012 können Boote jederzeit auf Hindernisse auflaufen und sinken, wenn die Stimmung zu unbesorgt ist.

Auch das Boot mit dem Namen GERMANY FIRST ist jederzeit in Gefahr, aufzulaufen oder von Konkurrenten angegriffen zu werden, die es als fragwürdig und existenzbedrohend ansehen. Der amtierende US-Präsident Trump ist mit Sicherheit nicht der Einzige, der dafür infrage käme.

Und schließlich müssen die unteren Schichten mit den Bedingungen leben, die das Exportüberschuss-Modell ›unter Deck‹ erzwingt: Hartz IV, die Explosion der »Tafeln«, unzureichende Einkommen, prekäre Arbeitsverhältnisse, Befristungen, ein unzureichendes Pflegesystem, der Mangel an erschwinglichem Wohnraum, fast eine Million Obdachlose etc.

Viele machen die sozialen Nebenwirkungen der Exportüberschusspolitik sowohl in Deutschland als auch in den nicht so »wettbewerbsfähigen« Ländern für den Aufstieg von Populisten, Nationalisten und Rechtsradikalen verantwortlich.

Der sich selbst als Philosoph bezeichnende Björn Vedder hat sich in seinem bereits zitierten Buch REICHER PÖBEL ausgiebig damit befasst. Er zitiert wiederum Naomi Klein, die darauf hinweist, dass der Wahlerfolg Donald Trumps ein Resultat der Auswirkungen ist, die eine neoliberale Ökonomie und Politik auf Menschen hat. Viele litten unter den Deregulierungen des Marktes, der Privatisierung öffentlicher Einrichtungen und Versorgung, der Austeritätspolitik, der globalen Konkurrenz und Spekulation und sähen sich von den Konsequenzen dieser Wirtschaftspolitik verletzt. Ähnliches ließe sich auch für die Wähler der AfD in Deutschland behaupten … »Wobei hier vielleicht der Eindruck, in Zukunft mit entsprechenden Einbußen rechnen zu müssen, schwerer wiegt als die Einbußen, die schon vorliegen. Größer als die tatsächliche Verletzung ist die Hoffnungslosigkeit.«[208]

Dilemmata haben die Menschen nicht so gerne

Wo die Widersprüchlichkeiten des Exportüberschussmodells (Leben auf Kosten anderer Länder, der Umwelt usw.) sich nicht leugnen lassen, wird schnell tabuisiert. Dies bedeutet aber nicht unbedingt ein *heuchlerisches* Verhalten. Denn oft ist es so, wie bereits dargestellt, dass die Widersprüchlichkeit gar nicht thematisiert wird, also auch nichts tabuisiert werden muss.

Wo sie aber thematisiert wird, kommt man zunächst in ein Dilemma. Und der Versuch, dem Dilemma zu entkommen, führt schnell zu der Feststellung, dass ein Ausweg nicht infrage kommt (zum Beispiel aus finanziellen Gründen) oder nicht machbar ist (aus Gründen des mangelnden Einflusses). Dann bleibt entweder zähneknirschend nur der bisherige Weg übrig. Und um die Zähne zu schonen, hilft die Beruhigung des erwachten Gewissens: »Es wäre schön, die Dinge zu ändern, ist aber nicht machbar« oder für Weiterdenkende: »Da müsste so viel geändert werden, am besten das ganze System. Das dauert.«

Oder man schließt sich dem Protest an, der einem heute schon sehr leicht gemacht wird. Mit einem Klick ist eine Petition oder ein Protestbrief ins Netz gesetzt und eine aktive NGO setzt ihn bildreich öffentlich in Szene. Der kleinere aktive Teil geht real auf eine Demonstration und nur der harte Kern engagiert sich vielfach und dauerhaft. Protestbewegungen könnten ein Gradmesser dafür sein, inwieweit Widersprüche von Seiten der Bevölkerung aktiv angegangen werden!

Solange allerdings die Proteste wachsen und gleichzeitig diejenigen in die Parlamente und Regierungen gewählt werden, die all das unterstützen und vorantreiben, *wogegen* sich die Proteste richten, ist auch dieser Gradmesser nur bedingt geeignet.

Der Oberflächen-Journalismus muss überwunden werden

Aus Ärger über die wochenlange ›Bericht‹-Erstattung zur Regierungsbildung nach der Bundestagwahl 2017 hatte ich mich gefragt:

»Wird die kritische Meinungsbildung in Deutschland völlig ins Aus gedrängt?« Es ist schon gespensterhaft, wie die wochenlang gelaufenen »Jamaika-Gespräche« im Mainstream der deutschen Medien abgebildet und kommentiert wurden.

Inhalte, um die es in Koalitionsverhandlungen eigentlich gehen sollte, wurden an den Rand gedrängt. Viel wichtiger war es anscheinend, minutiös und mit einem gehörigen Aufwand an Personal zu verfolgen, ob es tatsächlich einen Durchbruch in Richtung All-Parteien-Koalitionsfähigkeit der etablierten Parteien CDU-CSU-FDP-Grüne geben könne und welche grundsätzliche Rolle den politischen Programmen überhaupt noch zukommen würde.

Wenn man sich ansieht, was Kretschmann in Baden-Württemberg allein in Bezug auf den Schulterschluss mit den Autokonzernen erreicht hat, von dem Megaprojekt »Stuttgart 21« ganz zu schweigen (wo man bei einem grünen Oberbürgermeister in Stuttgart und einem grünen Ministerpräsidenten mehr Möglichkeiten hätte als normalerweise üblich), dann ist der Schulterschluss bei wichtigen wirtschafts- und finanzpolitischen Fragen im Vielparteien-Konsens nicht mehr verwunderlich. Auch wenn es für Jamaika auf Bundesebene dann doch nicht geklappt hat, weil die FDP (nicht nur europapolitisch) auf die ›nationalliberale Karte‹ gesetzt hatte.

9. Eine Alternative ist möglich!

Dazu müssen die Parteien aber auch bereit sein

> Dort, wo Marktliberale auf den entschiedenen Widerstand der dem linken Spektrum zuzuordnenden Kräfte stießen und die Linke bei der Übernahme der Regierungsverantwortung auf einen starken öffentlichen Sektor hinwirkte, blieb der Erfolg neoliberaler Entstaatlichungspolitik begrenzt. (MEMORANDUM 2017[209])

Das MEMORANDUM 2017 legt hier den Finger auf die Wunde und begnügt sich bei dieser Einschätzung nicht mit dem *Aufzeigen* einer alternativen Perspektive, sondern befasst sich auch mit Fragen zur *Umsetzungsmöglichkeit* unter den gegebenen gesellschaftlichen Bedingungen. Und die Antwort heißt: Eine Alternative ist gangbar!

Die politischen Kräfte, d.h. die entsprechenden Parteien müssen es allerdings auch wollen. Darauf macht der nächste Hinweis im selben MEMORANDUM aufmerksam:

> Dort, wo eine linksgeneigte Politik dem Abbau des öffentlichen Sektors nicht nur nichts entgegensetzte, sondern ihn aus der Regierungsverantwortung heraus selbst aktiv betrieb, kam es zu drastischen Einschnitten. (…) So auch in Deutschland, wo die rot-grüne Regierungskoalition von 1998 bis 2005 der neoliberalen Entstaatlichungsidee dadurch zum entscheidenden Durchbruch verhalf, dass sie gleichermaßen in der Finanz- und Steuer- wie auch der Wirtschafts- und Arbeitsmarktpolitik den Kompass auf mehr Markt und weniger Staat ausrichtete. Wo zunächst die PDS und dann die Linkspartei mit am

> Kabinettstisch saß respektive sitzt (Brandenburg seit 2009; Mecklenburg-Vorpommern 1998–2002; Berlin 2002–2011; Thüringen seit 2014), gingen und gehen davon keine Bremswirkungen aus; teilweise (Brandenburg, Berlin) wurde in der Vergangenheit sogar verstärkt Personal abgebaut.[210]

Und leider muss das neue MEMORANDUM 2018 feststellen: »Auch für die neue GroKo lautet das Credo: Binnenwirtschaftlich weiter von den Arbeits- zu den Kapitaleinkünften umverteilen, den Staat durch eine kontraproduktive Schuldenbremse an die Kette legen und auf eine Wettbewerbs- und Marktorientierung setzen sowie nach außen eine aggressive Wirtschaftspolitik betreiben, die die EU ökonomisch zunehmend spalten und politisch weiter zerstören wird.«[211]

Das bedeutet, dass die Debatte über eine alternative Wirtschaftspolitik von den an Regierungen in Bund und Ländern beteiligten Parteien nicht oder jedenfalls nicht in der gebotenen Intensität geführt wird – und oft nur als Zugeständnis an Bevölkerungsinitiativen. (Eine scheinbare Ausnahme macht die Debatte über ökologische Erfordernisse, die sich aber meist an den Kern unseres Wirtschaftsmodells nicht herantraut.) Immerhin kann darin auch das Zugeständnis gesehen werden, die alternativen Vorschläge nicht als unrealistisch oder gar utopisch abtun zu können. Meist wird auf ›die Kräfteverhältnisse‹ oder den medialen Gegenwind verwiesen.

Ich vermute allerdings, dass das Bestreben, an einer Regierung beteiligt zu sein, so groß ist, dass man nicht riskieren will, als Gefährder des ›erfolgreichen‹ deutschen Exportüberschussmodells hingestellt oder auch nur verdächtigt zu werden.

Binnenmarktorientierung– ein trockener Begriff für eine ganz reale Verbesserung der Lebensverhältnisse

Traditionell wird der Exportüberschuss-Politik die »Binnenmarktorientierung« gegenübergestellt. Dabei geht es nicht um einen fiktiven ›Binnenmarkt‹, sondern um den von staatlicher Seite gestalt- oder beinflussbaren

Bereich im Inland. Das ist der Öffentliche Dienst mit Staat und Kommunen als Nachfrager; das sind die infrastrukturellen Investitionen einschließlich von Innovationen, die von diesen Körperschaften in Auftrag gegeben werden können; es sind die Sozialleistungen, aber auch die Einkommens- und Vermögensverteilung.

Inzwischen wird die Kritik am Modell GERMANY FIRST zu Recht immer lauter. »Sie kommt nicht nur aus den südeuropäischen Krisenländern. Die EU-Kommission, die OECD und der IWF, aber auch die US-Administration unter Obama und Trump kritisieren Deutschland für seine aggressive Exportpolitik. Das einhellige Credo lautet: Die Bundesrepublik müsse über mehr Investitionen und höhere Löhne die Binnennachfrage stärker steigern, um über wachsende Importe die Leistungsbilanz auszugleichen.«[212]

Aber es geht ja nicht nur um den Ausgleich einer schnöden Bilanz, sondern um die sich dahinter verbergende Problemlage von Menschen und Strukturen. Und es geht bei einem solchen Ausgleich nicht nur um andere Länder. Diese können zwar, insbesondere wenn sie in einen postkolonialen Status wie Griechenland getrieben werden, in der Tat eine sehr große Betroffenheit reklamieren. Aber, wie dieses Buch zeigt, sind die Auswirkungen des Exportüberschussmodells auch in Deutschland selbst, im Inland, für einen nicht unerheblichen Teil verheerend, für einen weiteren nachteilig und für alle nicht zukunftsträchtig – oder, wie man heute sagt, nicht nachhaltig.

Die letzten MEMORANDEN – und nicht nur sie – haben aufgezählt, wie die öffentliche Infrastruktur verfällt, wie die öffentlichen Investitionen nicht einmal mehr ausreichen, um die Substanz zu erhalten.

Die Entwicklung der Einkommen enthält einem immer größer werdenden Teil der Bevölkerung ihren Anspruch auf das erwirtschaftete Sozialprodukt vor und erschwert ihre Leben. Prekäre, insbesondere befristete und unsichere Arbeitsverhältnisse sorgen zusätzlich für eine standige Unsicherheit und machen eine vernünftige Lebensplanung fast unmöglich.

Nahezu 1 Million Obdachlose und fast die Hälfte der Bevölkerung mit einem Anspruch auf Mietzuschüsse zeigen den eklatanten Mangel an erschwinglichem Wohnraum.

Die Pflege in Deutschland ist desaströs. Und Krankenhäuser können ihr Potential nicht mehr entfalten, weil der Privatisierungsdruck und der damit verbundene Renditeanspruch drastisch zunehmen.

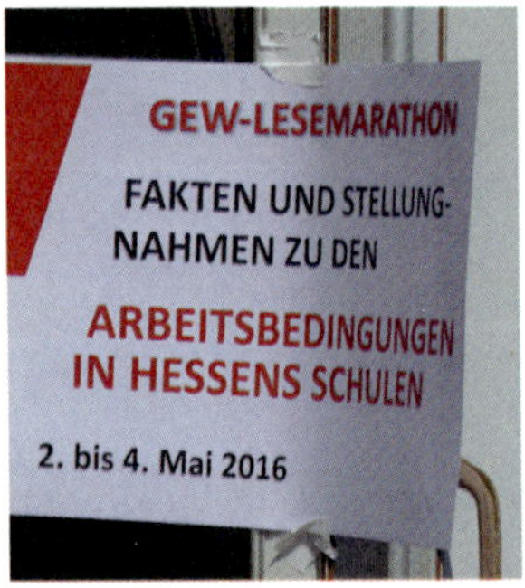

Und im Bildungsbereich klagen Lehrkräfte über die stets wachsende Belastung, weil sie mit ständig neuen Aufgaben überfordert werden und der Staat sich weigert, die Arbeitszeit zu reduzieren.

Das nebenstehende Bild (Fotografie des Autors) zeigt eine Aktion der hessischen GEW, die über drei Tage lang vor dem Kultusministerium in Wiesbaden Überlastungsanzeigen aus dem Schulbereich öffentlich vorgetragen hat. Und es geht – wie immer – um Verteilungsfragen, auch wenn diese gern von den Profiteuren verschwiegen und tabuisiert werden.

Es ist recht offensichtlich, dass der AfD, dass den Rechtsradikalen und Rechtspopulisten weitgehend der Nährboden entzogen wäre, wenn die vorliegenden Vorschläge wenigstens in nennenswerten Teilen umgesetzt würden. Folgerichtig plädiert die Gruppe »Alternative Wirtschaftspolitik« für eine wirtschaftspolitische Umorientierung und damit für die Verbesserung der Lebensverhältnisse der deutschen Bevölkerung.

Wenn der Exportüberschuss durch eine ausgleichende Binnennachfrage kompensiert werden soll, dann kommen im Prinzip drei Nachfrageströme infrage: die Nachfrage der Arbeitnehmer (bzw. Konsumenten), der Unternehmen und die des Staats.

Arbeitseinkommen stärken

Der erste Ansatzpunkt wäre eine Neuausrichtung bei den Arbeitseinkommen. Die Lohnquote lag 2017 mit 68,5 Prozent um 3,6 Prozent niedriger als zur Jahrtausendwende (mit 72,1 Prozent). Der Anteil der abhängig Beschäftigten am Volkseinkommen hat sich in den letzten 17 Jahren also um rund 1,7 Billionen Euro vermindert.[213] Das bedeutet weniger Kaufkraft für diejenigen, die ohnehin weniger haben, ungerecht verteilte Lebenschancen, ein sorgenvolleres Leben. Noch entscheidender ist vermutlich, dass ein Großteil der Kinder und Jugendlichen erleben, dass es nicht aufwärts geht wie in den 50er und 60er Jahren des letzten Jahrhunderts, sondern abwärts. Und dass ihre Einkommens- und später ihre Alterssituation schlechter sein werden als die ihrer Eltern. Zuversicht in die Zukunft entsteht so nicht!

Die Lösungsvorschläge reichen von Reallohnsteigerungen, der Erhöhung des Mindestlohns, einer Arbeitszeitverkürzung, dem Aufbau eines öffentlich geförderten Beschäftigungssektors bis hin zu steuerpolitischen Maßnahmen. Aber jeder einzelne dieser Lösungsvorschläge ist mit einer heftigen Auseinandersetzung konfrontiert, die von der Kapitalseite unentwegt geführt wird.

Vermögensteuer aktivieren

Beim Vermögen sieht es noch krasser aus, wie bereits dargestellt. Hier ist es von einem einigermaßen objektiven Standpunkt her absolut unverständlich, dass die durch eine Auflage des Bundesverfassungsgerichts von 1995 seit 1997 ausgesetzte Vermögensteuer bis heute nicht wieder aktiviert wurde, indem die Auflagen des Gerichts, Geld- und Sachvermögen gleich zu behandeln, erfüllt werden.

50 Jahre lang war es ganz selbstverständlich, dass Vermögende ihren besonderen Beitrag für das Gemeinwohl leisteten – und das zu Zeiten mit einem gesamtgesellschaftlich geringeren Wohlstand als heute! Und wie man an der Tabelle der Hans-Böckler-Stiftung sieht, fällt die deutsche Fiskalpolitik diesbezüglich auch unter vergleichbaren Staaten aus dem Rahmen.

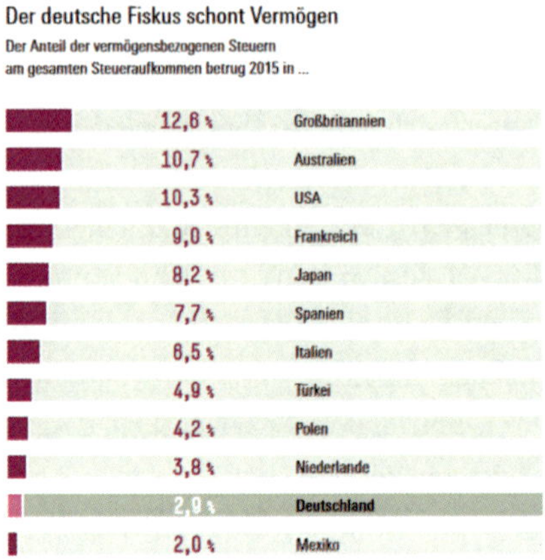

Steuern auf Immobilien, Nettovermögen, Erbschaften, Schenkungen, Finanztransaktionen. Quelle: OECD 2017. https://www.boeckler.de/fotostrecke_boeckler_impuls-r.htm?id=116791&chunk=1

Etwa 20 Milliarden Euro könnte eine erneuerte Vermögensteuer nach den Vorschlägen des Deutschen Instituts für Wirtschaftsforschung (DIW) von 2016 jährlich einbringen. Und das mit einem Steuersatz von 1 Prozent ab 1 Million Euro Vermögen, der bis 1,5 Prozent ab 20 Millionen Euro steigen würde und der außerdem noch Freibeträge vorsieht.

Da die Vermögensteuer eine Ländersteuer ist, kann man sich ausmalen, was damit für die drei Kernbereiche der Länder – Bildung, Polizei und Justiz – an Verbesserungen herauskäme. Nur eine verfestigte und bornierte ideologische Positionierung kann so etwas ablehnen.

Man sieht, die Pläne für ein gesichertes Umsteuern in der Finanzpolitik sind da. Und Unterschriftenlisten (VERMÖGENSTEUER JETZT!) kursieren bereits – mit namhaften Erstunterzeichner_innen wie z.B. Prof. Dr. Friedhelm Hengsbach SJ, Nell-Breuning-Institut, Prof. Dr. Rudolf Hickel, Arbeitsgruppe Alternative Wirtschaftspolitik, Detlev von Larcher, Attac, Wolfgang Lieb, www.Nachdenkseiten.de, Nicola Liebert, Tax Justice Network, Wolfgang Pieper, ver.di, Leiter Grundsatz und Vorstandssekretär und selbst einem Unternehmer, nämlich Ernst Prost, Geschäftsführer der Liqui Moly GmbH.

Und um auch der mit viel Kapitalmacht ausgestatteten Gegenpropaganda den Wind aus den Segeln zu nehmen, hat zum Beispiel der *Arbeitskreis*

Steuermythen eine schöne Seite auf seiner Homepage unter dem Titel »Vermögensteuern treffen die breite Masse der Bevölkerung« veröffentlicht.[214]

Erbschaftsteuer nutzen

In einem Diskussionspapier des DIW, ebenfalls von 2016, plädiert der Autor Stefan Bach alternativ für eine Reform der Erbschaftsteuer, die das dazu ergangene Bundesverfassungsgerichtsurteil berücksichtige. Leider sei die Chance zu einer solchen grundlegenden Reform bei der vor kurzem verabschiedeten Erbschaftsteuerreform 2016 vertan worden.

Seine Argumentation für eine verbesserte Erbschaftsteuer: »Das Aufkommen der Erbschaftsteuer liegt bei derzeit 5 bis 6 Milliarden Euro im Jahr. Man könnte es längerfristig mehr als verdoppeln und zugleich die Belastung von Unternehmensvermögen auf eine erträgliche Höhe begrenzen, wenn die Steuervergünstigungen stark reduziert würden.«[215]

Wenn die infrage kommenden 8100 (!) Haushalte mit einem Netto-Gesamtvermögen von 1,1 Billionen Euro ab einer Freigrenze von 40 Millionen Euro mit zwei Prozent besteuert würden, brächte das rund **15,6 Milliarden Euro** im Jahr.

Die reichsten 130 Haushalte Deutschlands mit mehr als 800 Millionen Euro müssten das darüber liegende Vermögen mit drei Prozent versteuern, was weitere **2,1 Milliarden Euro** einbrächte.

Auch hierzu liegen durchgerechnete Vorschläge vor, beispielsweise das von der GEW in dritter Auflage 2017 herausgegebene Steuerkonzept zur Beseitigung der Unterfinanzierung der dringendsten staatlichen Aufgaben oder das Gutachten von Tobias Kaphegyi im Auftrag der GEW.[216] Ähnliche Vorschläge haben auch andere Gewerkschaften und der DGB vorgelegt.

Diese Ideen scheitern aber bis jetzt an der klassenkämpferischen Barriere der Kapitalbesitzer und ihrer Hilfsbataillone sowie der durch sie verbreiteten Ideologie.

Links oben: www.dgb.de, Juni 2017; *links unten*: www.gew.de/weiter-denken, Januar 2017; *rechts*: www.gew.de, März 2016

Die strukturelle staatliche Unterfinanzierung beseitigen

Wenn die staatliche Nachfrage durch eine verfehlte Steuer- und Abgabenpolitik beschränkt wird, kommt es zu der von Eicker-Wolf so bezeichneten »strukturellen Unterfinanzierung« des Staates.[217] Dadurch ist es nur logisch, dass die Nettoinvestitionen des Staates von einem Spitzenwert von 15 Milliarden Euro in 1992 auf minus 2 Milliarden Euro in 2015 zurückgegangen sind. Und auch im internationalen Vergleich rangiert Deutschland (zusammen mit Italien und Spanien) mit einer staatlichen Investitionsquote von 2,2 Prozent in 2016 am untersten Ende einer Skala, die von 5,2 bis 3,6 Prozent für die nordischen Länder über 3,2 Prozent für die USA bis 2,8 Prozent für die gesamt EU reicht.[218]

Nach den Angaben der Kreditanstalt für Wiederaufbau beläuft sich der Investitionsrückstand allein auf der kommunalen Ebene inzwischen auf 126 Milliarden Euro (2017). Und als wäre das nicht schon schlimm genug, ist auch keine Umkehr von dieser unseligen Politik zu erkennen, denn 2009 etwa betrug der Investitionsrückstau erst 84,2 Milliarden Euro.[219] Diese Entwicklung muss dringend rückgängig gemacht und mit voller Kraft umgekehrt werden.

Für den sozial-ökonomischen Umbau wiederholt auch die MEMORANDUM-Gruppe ihre Forderung nach einem staatlichen Investitions- und Ausbauprogramm von jährlich 120 Milliarden Euro – mit der Verteilung auf die Bereiche Bildung, Verkehrsinfrastruktur und Digitalisierung, kommunale Ausgaben, sozialer Wohnungsbau und energetische Gebäudesanierung, der Pflegeinfrastruktur und zusätzlichen Arbeitsmarktausgaben. Alle Vorschläge sind mit realisierbaren Finanzkonzepten unterlegt![220]

Um dem Problem steigender Mieten und erschwinglicher Wohnungen zu begegnen, schlägt die MEMORANDUM-Gruppe ein wohnungspolitisches Sofortprogramm durch den Bund von 100.000 Wohnungen in öffentlichem Eigentum vor. Dies kann angesichts von öffentlichen Bedarfsprojektionen in der Größenordnung von 350.000 bis 400.000 Wohnungen pro Jahr nur ein erster Schritt sein. Auch hier ist ein Paradigmenwechsel erforderlich: »Der beste Weg dahin: Öffentlich bauen statt Private fördern!«[221]

Einen weiteren aktuellen Schwerpunkt legt die MEMORANDUM-Gruppe auf die Linderung des Pflegenotstands. Auch hier weise Deutschland im internationalen Vergleich »eine weit unterdurchschnittliche Pflegepersonalbesetzung auf.« Im OECD-Durchschnitt waren es 2012 fast 32 Pflegekräfte pro 1.000 Fällen, in Deutschland dagegen nur 19. Die Gruppe verweist auf ihre bereits 2014 gemachten Vorschläge zur notwendigen Finanzausstattung und zu den Eckpunkten einer stärker öffentlichen Aufgabenwahrnehmung bei der Altenpflege.

Auch Eicker-Wolf[222] geht auf den im Pflegebereich (Krankenhäuser und Pflegeeinrichtungen) inzwischen entstandenen Investitionsstau von ca. 30 Milliarden Euro ein, der sich einerseits in einer schlechteren Leistung für Kranke und ältere Personen zeigt und andererseits in einer ungeheuren Arbeitsverdichtung und -belastung der entsprechenden Arbeitnehmerinnen und Arbeitnehmer. Die schlechte Entlohnung kommt noch oben drauf.

»Würde ernsthaft versucht, den drohenden Fach- und Arbeitskräftemangel im Pflegebereich durch eine bessere Bezahlung zu verhindern, würde dies vermutlich zu Mehrkosten im mittleren zweistelligen Milliardenbereich führen.«[223]

Dafür gäbe es Lösungen, wenn man es denn will: Die Steigerung der Beitragssätze zur Pflegeversicherung, die Heraufsetzung bzw. Abschaffung der Beitragsbemessungsgrenze, eine Bürgerversicherung und nötigenfalls steuerliche Zuschüsse. Dazu muss allerdings die Politik von ihrer Wettbewerbsfixierung gelöst werden und sich um die Bedürfnisse der Bevölkerung kümmern, wie es eigentlich ihre verfassungsmäßige Aufgabe ist. Und hierbei könnte sie an der grundsätzlichen Hilfsbereitschaft der Menschen durchaus ansetzen.

Die Bildung hat bessere Bedingungen wahrlich verdient

Der Bildungsbereich, der in Deutschland weitgehend von den Ländern und Kommunen bedient wird, macht in Bezug auf eine ›strukturelle Unterfinanzierung‹ keine Ausnahme. Auch der Bildungsbereich erhält schlechte Vergleichsnoten: »Würden die deutschen Bildungsausgaben auf den OECD-Durchschnittswert angehoben, dann würde dies jährliche Mehrausgaben in Höhe von annähernd 30 Milliarden Euro bedeuten. Wenn die deutschen Bildungsausgaben den Wert des Spitzenreiters Norwegen erreichen sollen (8,3 im Verhältnis zu 5,1 Prozent in 2013), dann wären Ausgabensteigerungen in Höhe von fast 100 Milliarden Euro nötig – ebenfalls jährlich.«[224]

Die deutsche Durchschnittsbevölkerung hätte jedenfalls viel davon: Das Spektrum reicht von besser ausgestatteten Kindertagesstätten mit leistungsgerecht bezahltem Personal, über entlastete Lehrkräfte, kleinere Klassen in Unterrichtsräumen, in denen das Lernen Vergnügen macht, bis hin zu einem rhythmisierten und inklusiven Unterricht, der die Schwächeren durch ein Ganztagsangebot fördert.

Hochschulen würden möglich, in denen nicht wie aktuell befristet Beschäftigte das Prekariat vorleben müssen, das inzwischen zum Wesenskern unserer »Wettbewerbsgesellschaft« gehört. 2016 hatten nach Angaben der

GEW neun von zehn wissenschaftlichen Mitarbeiterinnen und Mitarbeitern nur einen Fristvertrag, die Mehrzahl davon mit einer Laufzeit von weniger als einem Jahr.

Demonstration der GEW in Berlin gegen Befristung an Hochschulen, https://www.gew.de/aktuelles/detailseite/neuigkeiten/auftakt-der-aktionswoche-traumjob-wissenschaft-in-berlin/

Und die berufliche Bildung würde wieder über Lehrkräfte verfügen, die nicht fachfremd unterrichten müssten. Der Ausrüstungsstand der Beruflichen Schulen würde gegenüber den Betrieben nicht so deutlich abfallen wie gegenwärtig.

Die Weltmarkt- und die Kapitalmarktorientierung staatlicher Unternehmen beenden!

Der Staat verfügt trotz umfangreicher Verkäufe immer noch über eine große Zahl in privater Rechtsform geführter Unternehmen, in denen es zwar (juristisch) nicht leicht ist, gemeingutorientierte Politik umzusetzen, von denen man aber fordern muss, nicht dieselbe Renditejagd – und dazu noch mit staatlicher Billigung – zu veranstalten wie private Kapitalanleger.

Der Frankfurter Flughafen und die Politik der hessischen Landesregierung in Bezug auf Ryan Air waren bereits Gegenstand der Erörterung. Auch der im Staatsbesitz befindliche VW-Konzern war es in Bezug auf den Abgasbetrug. Bleibt noch ein weiterer Staatskonzern: die Deutsche Bahn AG.

Binnenorientierung am Beispiel der Deutschen Bahn

In einem Gastbeitrag in der FR (10.10.2018) hat der bereits zitierte Tim Engartner ein Plädoyer für die ›Binnenorientierung‹ und die Abkehr von der Kapitalmarktorientierung der DB AG gehalten. (Tim Engartner ist nicht nur Professor für Didaktik der Sozialwissenschaften an der Universität Frankfurt, sondern auch Experte in Bezug auf die Bahn und die negativen Auswirkungen der Privatisierung öffentlicher Güter, wie auf den bisherigen Seiten bereits dargestellt.) Die folgenden Ausführungen stützen sich auf diesen Beitrag.

Die privatisierte DB stecke in einer tiefen Krise: »Rund 8000 Stunden Verspätungen fährt das »Unternehmen Zukunft« (Eigenwerbung) hierzulande jeden Tag ein. Überfüllte Waggons, fehlende Reservierungen, defekte Klimaanlagen und verschlossene Toiletten verleiden selbst treuen Bahnreisenden die Zeit an Bord.« Dabei lägen die Lösungsansätze auf der Hand. Es brauche »Investitionen in das Schienennetz, in rollendes Material sowie in qualifiziertes Personal. Viele Milliarden Euro, die in den Straßenaus- und -neubau fließen, wären bei der Schiene dringlicher.« Aber auch die Steuer- und Abgabenarchitektur müsse reformiert werden. Während die Bahn sowohl mit der Öko- als auch mit der Mehrwertsteuer belastet werde, sei der grenzüberschreitende Flugverkehr von der Mehrwertsteuer ausgenommen und auch die Ökosteuer auf den Kerosinverbrauch entfalle.

Scharf geht Engartner mit der Investitionspolitik der DB AG ins Gericht: So konzentriere sich die DB AG »immer mehr auf Frachttransporte zwischen Dallas, Delhi und Den Haag. Beinahe zwei Drittel seines Umsatzes erzielt das Unternehmen inzwischen mit bahnfremden Dienstleistungen. Der in mehr als 130 Staaten tätige Global Player setzt mit der Bonität der Bundesrepublik im Rücken auf profitable Fluggesellschaften (BAX Global), Lkw-Speditionen (Hugo Stinnes GmbH), Fuhrparks (Bundeswehr) oder aber den

Ausbau des Schienenverkehrs in Indien und Saudi-Arabien (DB Engineering & Consulting).« Für die Stärkung des Schienenverkehrs in Deutschland sei es unerlässlich, der Kapitalmarktorientierung der DB AG eine Absage zu erteilen. Denn »ein börsennotiertes oder auch nur börsenorientiertes Unternehmen wird unter rein kaufmännischen Gesichtspunkten stets solche Zugverbindungen aufgeben (müssen), deren Ertragswerte negativ sind oder jedenfalls unterhalb der durchschnittlichen Rendite im Bahnsektor liegen.«

Einen Hoffnungsschimmer sieht Engartner im Koalitionsvertrag von CDU, CSU und SPD, in dem nicht mehr die Maximierung des Gewinns, sondern eine sinnvolle Maximierung des Verkehrs auf der Schiene im Vordergrund stehe. Auch das Bekenntnis zum »integrierten Konzern Deutsche Bahn AG« und die Ablehnung der Privatisierung der Bahn ließen hoffen.

Die Quintessenz

Die Beispiele ließen sich vermehren, aber die Grundstruktur dürfte klar geworden sein. Ein Umsteuern vom Exportüberschussmodell auf die skizzierte Binnenorientierung könnte nicht nur die Konflikte mit den ›Defizitländern‹ entschärfen und der gnadenlosen Konkurrenz mehr Solidarität entgegensetzen, sondern auch die zahlreichen ›hausgemachten‹ Probleme in Deutschland lösen.

Dabei müsste die ungleiche Einkommens- und Vermögensverteilung korrigiert werden; dafür würden Lebensverhältnisse insgesamt verbessert und der gesellschaftliche Zusammenhalt gestärkt. Eicker-Wolf formuliert es so:

> Deutschland lebt aufgrund dieses (Export)Überschusses weit unter seinen Verhältnissen, da es deutlich mehr produziert als es selbst verbraucht. Diese Konstellation stellt eine Belastung für das Ausland und speziell für den Euroraum dar… Eine höhere, auf den Binnenkonsum ausgerichtete Wertschöpfung in Verbindung mit höheren Importen (würde) den durchschnittlichen Wohlstand pro Person in Deutschland steigern.[225]

Und auch das MEMORANDUM 2018 stellt fest, dass Deutschland »weit unter deutschen Spargegebenheiten und Möglichkeiten« lebt.[226] Warum sollte man das hinnehmen?!

Die noch größere Frage ist allerdings, ob ein Umschalten auf ›Binnenorientierung‹, wie es die MEMORANDUM-Gruppe und viele andere Sachverständige seit etlichen Jahren vorschlagen, ausreicht, um tatsächlich von einer gnadenlosen Exportüberschusspolitik wegzukommen und mehr Rationalität in die Politik zu bringen.

Eine oft geäußerte These ist, dass dies grundsätzlich (ökonomisch) möglich sei und dass eine solche Kursänderung »lediglich« mit einer Kürzung der Profitraten oder (›weicher‹ ausgedrückt) der Renditen einherginge.

Ich frage mich: Was berechtigt eigentlich Kapitalbesitzer (moralisch) dazu, extreme Renditen für selbstverständlich zu halten, während den einfachen Sparern ganz selbstverständlich eine Null-Zins-Politik zugemutet wird!

Da aber Renditen, Geld und Verteilungsfragen zum »Allerheiligsten« unserer Wirtschaftsordnung gehören, dürfte der Widerstand gegen eine Umorientierung und seine Verbrämung durch allerlei »Erzählungen« und Schauergeschichten enorm groß sein – vermutlich ein wahrer Tsunami.

Hier würde *eine radikale ökonomische Aufklärung* – so der Untertitel meines letzten Buches – geradezu zur Mammutaufgabe, allerdings zu einer unverzichtbaren.

Zu gewinnen wäre Vieles, denn mit einer entsprechenden Kurskorrektur wäre nicht nur eine Verbesserung der Lebensverhältnisse in Deutschland verbunden, mit all den positiven Nebenwirkungen für eine Austrocknung von Nationalismus und Rechtsradikalismus. Der Rechtsstaat könnte ebenso aus den ökonomischen Fesseln befreit werden. Und für die Demokratie wäre ein Kurswechsel geradezu eine Frischzellenkur.

Aber auch von unseren Nachbarländern würde Druck genommen. Und für die Abkehr vom neoliberalen Europamodell zu einem wirklich sozialen Europa wäre es ein wichtiger Schritt.

Exkurs: Es gibt mehr alternative Vorschläge als der breiten Öffentlichkeit bekannt

Obwohl die hier häufiger zitierte MEMORANDUM-Gruppe seit 1975 jährlich Gutachten mit fundierten Analysen und praktikablen Vorschlägen präsentiert, ist es ihr nicht gelungen, ein annähernd so großes Echo in den Medien hervorzurufen wie der von der Bundesregierung berufene ›Sachverständigenrat‹. Das ist bei einer weitgehend privatwirtschaftlich strukturierten Medienlandschaft nicht weiter ungewöhnlich. Es bedeutet aber, dass fundierte ökonomische Informationen nicht ohne weiteres in die Wahrnehmung und erst recht nicht ins Bewusstsein der Bevölkerungsmehrheit gelangen.

Dies gilt umso mehr für die Vielzahl an alternativen Instituten, wenn sie nicht mit außergewöhnlichen Forschungsergebnissen gelegentlich auf die ›Wissens‹-Seiten der Printmedien oder die entsprechenden Sendungen in Funk und Fernsehen gelangen. Von daher wird im Allgemeinen der Umfang an alternativen Vorschlägen im Bereich der ökonomischen Weichenstellungen unterschätzt.

Exemplarisch soll deshalb an dieser Stelle auf die Arbeit des *Wuppertal Instituts für Klima, Umwelt, Energie gGmbH* aufmerksam gemacht werden. Man kann dabei auch erkennen, wie zielgerichtet, aber gleichzeitig auch vorsichtig auf eine Alternative zur gegenwärtigen Wirtschaftspolitik gedrängt wird.

Dessen Präsident und wissenschaftlicher Geschäftsführer, Uwe Schneidewind, hat in dem 2018 erschienenen Band DIE GROSSE TRANSFORMATION – EINE EINFÜHRUNG IN DIE KUNST DES GESELLSCHAFTLICHEN WANDELS etwas zusammengetragen, das er »Entwürfe für eine Welt mit Zukunft« nennt, so das Vorwort.[227] Der Anlass: Der erreichte zivilisatorische Standard gerate immer mehr unter den Druck von Umweltzerstörung, Ressourcenkonkurrenz, Klimaerwärmung – um nur einige der gravierendsten Probleme zu nennen.[228] Die dabei vorgestellten »konkreten Utopien« seien »Szenarien künftiger Wirklichkeiten, die auf der Basis heute vorliegender technischer und sozialer Möglichkeiten herstellbar sind.«[229] Dabei stützt sich das Buch sowohl auf die Erfahrungen des Wuppertaler Instituts als auch auf Polanyis Analyse[230] und das Hauptgutachten »Welt im Wandel« des Wissenschaftlichen Beirats der Bundesregierung Globale Umweltveränderungen aus dem Jahr 2011, das den Begriff der »Großen Transformation« übernommen hat, wie mit einem gewissen Stolz vermerkt wird.

Da, wie Schneidewind bemerkt, das Gutachten »Welt im Wandel« »im Hinblick auf eine Kritik der ökonomischen Dynamiken eher zurückhaltend bleibt« und dafür zu Recht kritisiert worden sei, solle dies in dem Buch nachgeholt werden und insbesondere die auf der Kombination von Marktwirtschaft und Privateigentum basierende globale Wirtschaftsordnung thematisiert werden. »Moderne Kapitalismuskritik bringt hier wichtige Einsichten.«[231]

Diese Einsichten zeigen denn auch bereits die Richtung an, in die sich Korrekturen oder gar die Überwindung solcher Widersprüche bewegen müssten. Allerdings wird einschränkend klargestellt, dass es »um Reformation und nicht um Revolution« gehe.[232] Da man die »Eisenkäfig«-Ökonomie (nach einem Begriff von Maja Göpel) aber nicht so einfach verlassen kann, dürfte m. E. auch ein reformatorischer Weg nicht um ein paar revolutionäre Schritte herumkommen.

Der zentrale Begriff für eine »konkrete Utopie« heißt in dem Band »*Einbettung der Ökonomie*«. Eine solche Einbettung der Märkte beispielsweise sei nur möglich, »wenn Land, Arbeit und Geld nicht mehr beliebig frei handelbare und im Preis frei variable Güter sind, sondern die Gesellschaft die Strukturen und Regeln der Wirtschaft von ihrer Zweckmäßigkeit für die Strukturen und Regeln des sozialen Zusammenhalts abhängig macht.«[233] Dem kann man nur zustimmen.

Da man aber gleichzeitig »die produktive Grunddynamik eines marktwirtschaftlichen Wirtschaftssystems« nicht verlieren möchte [234], wird es schwierig, weil das Akkumulationsprinzip ein ständiges Wachstum des

Kapitals verlangt, es aber andererseits »von hoher Bedeutung« ist, »dass unsere zukünftige Wirtschaftsordnung nicht von inhärenten materiellen Wachstumszwängen geprägt ist.«[235]

Es zeigt sich immer wieder, dass der ›Wachstums‹-Begriff zwar sehr eingebürgert, aber ebenso unbefriedigend ist, weil er die Renditejagd und den Zwang zur beständigen Kapitalausdehnung der kapitalistischen Wirtschaft begrifflich nicht richtig einfängt.

Wie diese »ökonomische Landnahme«, also die Kommerzialisierung von immer mehr Lebensbereichen aufgehalten werden kann, ist eine ebenso wichtige wie schwierige Frage. »Letztlich geht es darum, die Reichweite der Räume neu zu verhandeln, die nach den marktwirtschaftlichen und auf Privateigentum basierten Regeln organisiert sind.«[236]

Des Weiteren kommt einer alternativen Finanz- und Steuerpolitik eine entscheidende Bedeutung zu – und zwar nicht nur in Bezug auf Gerechtigkeit sowie den sozialen Ausgleich und Zusammenhalt, sondern auch in Bezug auf die Demokratie.[237] Denn die Verbindung von Demokratie und Kapitalismus drohe – hier wird auf Wolfgang Streeck Bezug genommen[238] – endgültig zu zerbrechen. »Es stellt sich demnach die Frage, wie das Verhältnis von Demokratie und Wirtschaftsordnung künftig aussehen kann.«[239]

Wie immer bei ähnlichen Gesellschaftsentwürfen wird die Suppe recht dünn, wenn es an die Umsetzung – oder besser *Durch*setzung geht. Aber das soll kein Vorwurf sein. Angesichts der installierten Mechanismen und des Gewaltpotentials der Verteidiger des status quo, aber auch des verbreiteten TINA-Prinzips, muss man für »konkrete Utopien« schon ausgesprochen dankbar sein!

Der Band von Schneidewind plädiert für ein »evolutionäres Such- und Experimentierprogramm«, »das heute schon auf umfassendes empirisches Anschauungsmaterial zurückgreifen kann,« also »um Transformationsprozesse, die durch viele kleine Schritte Veränderungen auslösen und in der Summe moderne Wirtschaftssysteme zukunftsfähig weiterentwickeln. Eine solche Veränderung wäre am Ende im Vergleich zu der nicht nachhaltigen Ausprägung des heutigen Wirtschaftens durchaus radikal.«[240]

Wenn es gelänge, darüber eine breitere und nachhaltige öffentliche Diskussion zu führen, wäre schon einiges gewonnen!

10. Ohne eine ausreichend große ›kritische Masse‹ sind die nötigen Veränderungen nicht möglich

Normalerweise müssten wir uns keine Gedanken darüber machen, wie wir aus einer absurden Politik herauskommen und eine – selbst unter den gegebenen ökonomischen Rahmenbedingungen – gangbare Alternative in die politische Gestaltung umsetzen. Denn die parlamentarische Demokratie sieht dafür ja die geeigneten Wege vor.[241]

Das deutsche Demokratiemodell in den wichtigen Grundzügen

Der parlamentarischen Demokratie liegt folgendes Modell zugrunde:

1. Die Parteien sind die wesentlichen Träger der politischen Willensbildung.

2. Deshalb werden sie auch vom Staat unterstützt.

3. Die Parteien ringen um die Gunst der Wählerinnen.

4. Die Wählerinnen sind aufgeklärt und umfassend informiert und handeln rational.

5. Die Regierungsparteien sind gezwungen,

- **möglichst viele Forderungen und Vorstellungen der WählerInnen in ihr Programm aufzunehmen und**
- **als Regierung in die Tat umzusetzen, wenn die Partei gewählt werden will.**

(Wenn die Partei dies nicht tut, wird sie bei der nächsten Wahl abgewählt.)

Leider funktioniert die Demokratie so aber nicht oder jedenfalls nicht zufriedenstellend wie hier ausführlich dargestellt.[242] Zwischen den tausendfachen Beschwörungen unserer Demokratie und der Realität klaffen inzwischen Welten und dieser tiefe Riss dokumentiert sich auch in den Widersprüchen, wie sie von entsprechenden Untersuchungen immer wieder eingefangen werden.

Die Jugend ambivalent

Eine im Februar 2019 veröffentlichte Studie der Otto-Brenner-Stiftung über die politischen Einstellungen der Jugendlichen stellt fest, dass das »Vertrauen in die Institutionen Bundesregierung und Parteien« bei den Jugendlichen extrem niedrig ist.[243] 70 Prozent der Jugendlichen im Westen und 73 Prozent im Osten vertrauen der Bundesregierung nicht; bei den Parteien sieht es noch schlimmer aus: 78 Prozent im Westen und 81 Prozent im Osten haben den Parteien das Vertrauen entzogen.

Nun sind Regierung und Parteien nicht *irgendwelche* Institutionen, sondern konstitutive Pfeiler unserer demokratischen Verfassung. Während diese also kaum noch Vertrauen genießen, sagt eine überwältigende Mehrheit gleichzeitig, dass die Demokratie ›die beste Staatsform sei‹: 86 Prozent im Westen und 78 Prozent im Osten der Republik.

Wenn man dies nicht als Widerspruch sehen will, bleibt fast nur die Erklärung, dass Jugendliche zwar *prinzipiell* für eine Demokratie sind, diese aber gegenwärtig nicht praktiziert sehen. Oder jedenfalls von ihr nichts haben und keinen Einfluss ausüben können.

Das wird durch die folgenden Aussagen auch bestätigt: »Menschen wie ich haben keinen Einfluss darauf, was die Regierung macht«, das meinen 64 Prozent der Jugendlichen in Westdeutschland und 67 Prozent in Ostdeutschland.

Bedenklich wird es allerdings, wenn 23 Prozent im Westen und 26 Prozent der Jugendlichen im Osten, also jeder vierte Jugendliche der Aussage zustimmen: »*Es sollte einen starken Führer geben, der sich nicht um Parlamente und Wahlen kümmern muss.*«[244] Trump lässt grüßen.

»Diese jungen Bürger_innen haben teilweise das Gefühl, dass die gegenwärtige Politik in ihrem Leben nichts verändert«, schreiben die Autoren. Und belegen dies durch eine Ausdifferenzierung der Unterstützung eines ›starken Führers‹ nach dem jeweiligen Empfindungsbekunden.[245] An dieser Stelle schnellen die alarmierenden Werte noch weiter in die Höhe:

> So stimmen der Forderung nach einem starken Führer im Osten 35 Prozent der jungen Bürger_innen, die ihre Eltern als Wendeverlierer_innen sehen, 29 Prozent der Bürger_innen, die ihre eigene wirtschaftliche Lage als schlecht empfinden und 29 Prozent der Bürger_innen, die im ländlichen Raum leben, zu. (…) In Westdeutschland zeigt sich hinsichtlich der Zustimmungsraten ein sehr ähnliches Muster. (…) 27 Prozent derjenigen, die ihre eigene wirtschaftliche Lage als schlecht empfinden, und 34 Prozent derjenigen, die die wirtschaftliche Lage ihrer Region als schlecht empfinden, stimmen der Forderung nach einem Führer zu. (Männer im Übrigen weit eher als Frauen, H.S.)

Manche Widersprüche in der Untersuchung erklären sich mit dem doch eher geringen politischen Interesse und Wissen, auch wenn die Jugendlichen das Gegenteil behaupten: 62 Prozent (West) bzw. 64 Prozent (Ost) reklamieren ein solches politisches Interesse und Wissen für sich.[246] Das wäre auch ein weiterer Anstieg im Verhältnis zur letzten Shell-Studie von 2017: danach waren es in 2015 nur 46 Prozent und 2002 sogar nur 34 Prozent.[247]

Wenn allerdings zwischen 42 und 50 Prozent der Jugendlichen sich gleichzeitig nicht zutrauen, sich »*an einem Gespräch über politische Fragen zu beteiligen*« und 36 bis 43 Prozent es vermeiden »*mit Freunden und Bekannten über Politik zu sprechen, um nicht in Streit zu geraten*«, dann kann man ahnen, wie weit das politische Interesse wirklich geht.[248]

Man muss fairerweise aber auch zugestehen, dass der politische Betrieb und die Medien dafür nicht gerade förderlich sind, die verfügbare Zeit für politische Information i.d.R. knapp ist und jede Menge (moderne) Ablenkungsmöglichkeiten zur Verfügung stehen.

Hier stellt sich für die schulische politische Aufklärung und den Durchblick eine gewaltige Aufgabe.

Wer meint, dass in Deutschland nach den letzten »tausend Jahren« ein »Führer« keine Konjunktur mehr habe, irrt sich. Und wenn die Krisen sich weiter zuspitzen und die Verteilungskämpfe schärfer werden, und wenn die heimliche Agenda des GERMANY FIRST in Gefahr gerät, könnte die Zahl der Befürworter sich schnell vergrößern.[249]

Es gilt also, das in unserer Gesellschaft trotz allem vorhandene Potential an kritischer Substanz zu mobilisieren, zu fördern und zusammenzubringen, damit es die Wirkung entfalten kann, die der Größe der Probleme entspricht.

Damit es leichter ist, sich gleich zu Beginn des letzten Teils einen Überblick zu verschaffen und um die Denkrichtung anzudeuten, soll das nachfolgende Schaubild eine Hilfestellung bieten.

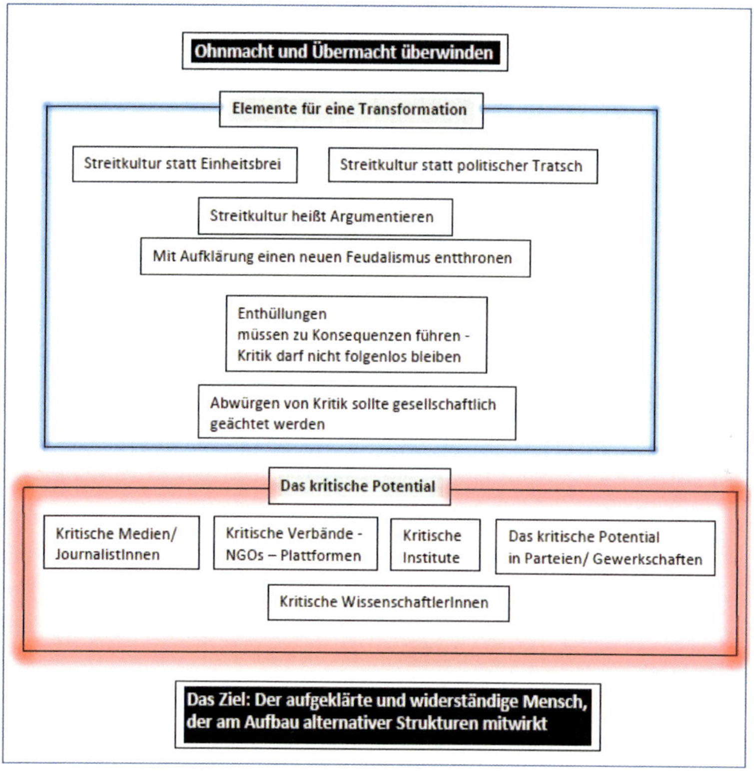

Eigene Darstellung. Der blau umrandete Bereich sollte gerade in Schulen eine wichtige Rolle spielen.

Der Schulterschluss im Vielparteienkonsens erstickt jede Alternative und sollte schleunigst beendet werden

Dass die befragten Jugendlichen mit ihren Antworten auf das Vertrauen in die Parteien nicht ganz falsch liegen, zeigt die weitgehende Übereinstimmung in wesentlichen Fragen der Wirtschaftspolitik der in unterschiedlichen Konstellationen regierenden Parteien, wie sie bereits am Ende des 6. Kapitels beleuchtet wurde.

Ähnliches lässt sich zuletzt nach fünf Jahren Regierungskoalition von CDU und Grünen in Hessen und einer weiteren fünfjährigen Auflage derselben (von 2018–2023) feststellen:

- Steuerpolitische Korrekturen an der Umverteilungspolitik von unten nach oben: Fehlanzeige.
- Begrenzung des umstrittenen Flughafenausbaus: Fehlanzeige. Sowohl drittes Terminal als auch die Umsiedlung der Billigfluglinie Ryanair von Hahn nach Frankfurt (nicht nur umweltpolitisch, sondern auch tarifpolitisch Neoliberalismus pur) zeigen entweder die Unfähigkeit oder den Unwillen des grünen Wirtschaftsministers Tarek Al Wazir, hieran etwas zu ändern.
- Auch was die rechte Flanke des Staates angeht: Die Verwicklung des Verfassungsschutzes in Serienmorde des NSU hält den grünen Koalitionspartner nicht davon ab, Rechte des Landesverfassungsschutzes weiter auszubauen.
- Den NSU-Untersuchungsausschuss musste die Landtagsopposition den Grünen und der CDU im Übrigen auch abtrotzen.
- Die große Anpassungsleistung der Grünen an die CDU in Hessen illustriert auch die Verleihung der Wilhelm-Leuschner-Medaille (in Erinnerung an den in Berlin gehenkten gewerkschaftlichen Widerstandskämpfer) an den Ex-Ministerpräsidenten und CDU-›Hardliner‹ Roland Koch, was von den Grünen nicht infrage gestellt wurde. Der DGB hatte seinerzeit eigens eine Demonstration am Verleihungsort durchgeführt.
- Solche Vorgänge eher symbolischer Art wiegen deshalb umso schwerer, als es hier nicht nur um materielle Dinge geht, sondern um politische Sensibilität!

Solange der Vielparteienkonsens die politische Richtung bestimmt, ›weil Opposition Mist ist‹, wie es ein SPD-Vorsitzender einmal formuliert hat, wird es auch der Öffentlichkeit erschwert, kontroverse Diskussionen zu führen!

Der Tratsch darf nicht politische Leitmelodie sein – die Bedeutung kritischer Journalisten

Kontroverse Diskussionen mit Tiefgang haben es in der Öffentlichkeit ohnehin schwer. Erstens erfordern sie eine gründliche Analyse durch die Medien und zweitens eine entsprechende, ausgewogene ›Streitkultur‹ um beste Lösungen.

Wenn man dagegen die wirtschaftspolitischen Sachverhalte, die ihnen zugrunde liegenden Ideologien und ihre Lobbyorganisationen fast systematisch ausblendet, bleibt nur der Tratsch. Und der ist seiner Natur nach endlos.

An der Schwierigkeit der Materie allein kann es nicht liegen, wie die (leider wenigen) Beispiele zeigen. Zahlreiche kritische Kabarettisten haben eine Menge zur politischen Aufklärung beigetragen und tun es noch heute in den öffentlich-rechtlichen Medien zu später Stunde.

Waren es früher Pispers und Schramm, so sind es heute Kabarettist_innen wie Priol, Barwasser, Schmickler, Simon, Hartmann, Staub und als Sahnehäubchen »Die Anstalt«, früher mit Priol und Barwasser, heute mit Uthoff und von Wagner nebst Gästen. Aber selbst »Extra 3« und »Die heute-show« haben eine kritische Katalysatorwirkung.

Würden Themen auf solche Art ausführlicher und nachhaltiger unter die Lupe genommen werden, auch in den regulären Programmen und zu früherer Stunde, würde sich vermutlich relativ bald ein öffentlicher Meinungsstreit, eine öffentliche Auseinandersetzung bilden, die schließlich auch gewisse Auswirkungen auf das Wahlverhalten und die Parteientätigkeit haben *könnte*.

Das Für und Wider politischer Strategien, insbesondere die Frage »Cui bono« – »Wem nützt es« könnte in öffentlichen Diskursen beleuchtet, abgewogen und zu Lösungsvorschlägen verdichtet werden. Im politischen Unterricht könnten diese Fragen die Jugendlichen anregen, sich einzumischen und die richtigen Fragen zu stellen.

Von daher kann die Bedeutung kritischer Anknüpfungspunkte durch Shows und Kabarett gar nicht hoch genug veranschlagt werden, besonders wenn sie ergänzt werden durch wohl recherchierte Beiträge, die Konflikte auf den Punkt bringen. Exemplarisch seien hier – passend zu den bisherigen Ausführungen – genannt:

»*Kontraste: Die Opfer des Exportweltmeisters*«, RBB-Sendung vom 23.8.2018 mit nur acht (!) Minuten oder:

»*Die unheimliche Macht der Berater*«, ARD-Sendung vom 25.02.19 (43 Minuten) (Vier Firmen. Fast eine Million Mitarbeiter weltweit. Aktiv in mehr als 180 Ländern. Man nennt sie die »Big Four«: die vier größten Wirtschaftsprüfungsgesellschaften der Welt.)

Die Frankfurter Rundschau hat ebenfalls immer noch genügend kritische Journalisten an Bord, auch wenn dieses Urteil durch unzählige ›Rückfälle‹ in den oben ausgeführten Mainstream und den politischen Tratsch getrübt wird.

Stephan Hebel und andere zeigen, wie durch kritische Kommentare und Leitartikel die Wächterfunktion der Medien *auch* wahrgenommen werden kann und öffentliche Debatten angestoßen werden können.

Zumal wenn sie dabei nicht stehen bleiben, sondern vertiefend Bücher veröffentlichen, die so geschrieben sind, dass sie beispielsweise auch in kürzeren Unterrichtseinheiten eingesetzt werden könnten.

Mit seinem letzten Buch Merkel: Bilanz und Erbe einer Kanzlerschaft hat er eine von dem Kabarettisten Urban Priol früher oft benutzte satirische Redewendung thematisch aufgenommen: »Ich weiß zwar nicht, was Merkel macht. Aber das, was sie macht, macht sie gut.«

»Stephan Hebel widerspricht der oft vertretenen Behauptung, diese Kanzlerin habe keine eigene Agenda gehabt. Und er zeichnet am Beispiel zahlreicher Zahlen und Fakten die Spuren nach, die Merkels Neoliberalismus im Leben der Bürgerinnen und Bürger hinterlassen hat.«[250] So habe diese Kanzlerin selbst zur Spaltung des Landes und zur Erosion des demokratischen Diskurses entscheidend beigetragen.

Diese Analyse war fällig, weil zwischen den Bildern, die von Merkel von den unterschiedlichsten Parteien und KommentatorInnen gezeichnet und in Umlauf gebracht worden sind, und der sozioökonomischen Realität meist Welten klaffen.

Schließlich können solche Themen dann auch noch »live« in entsprechenden Veranstaltungen wie im Frankfurter Club Voltaire oder anderswo diskutiert werden.

Man erkennt deutlich, kritische Journalistinnen und Journalisten und ebensolche Medien sind für die Vorbereitung und Durchsetzung eines alternativen Wirtschafts- und Gesellschaftsmodells unverzichtbar. In dem bereits zitierten Buch des Wuppertaler Instituts für Klima, Umwelt, Energie wird einem unabhängigen Journalismus als »vierter Gewalt« ebenfalls eine besondere Funktion im demokratischen Diskurs beigemessen.[251]

Die Enthüllungen betreffen meist keine ›Skandale‹, sondern in der Regel kriminelle oder kriminalitätsnahe Machenschaften

Die größte Gefahr nehmen sicherlich sogenannte Enthüllungsjournalisten und vor allem Whistleblower auf sich, nicht nur wegen der Rechtsverstöße, die sie vielfach in Kauf nehmen, sondern vor allem angesichts der Brisanz und Reichweite der aufgedeckten Machenschaften. Von daher sind Enthüllungsplattformen wie ›WikiLeaks‹ von unschätzbarem Vorteil. In den USA ist heute noch »Watergate« ein fester Begriff, obwohl es schon über 45 Jahre zurückliegt.

Investigativer Journalismus setzt sowohl eine gewisse Bereitschaft auch der ›bürgerlichen‹ Medien voraus, den Erkenntnissen zu einer gewissen Verbreitung zu verhelfen, als auch ein aufnahmebereites öffentliches Ohr, das wiederum ein entsprechendes intellektuelles Klima erfordert. In diesem Zuge spielt der Rechercheverbund NDR, WDR und Süddeutsche Zeitung eine gewichtige Rolle.

Günter Wallraff gehört in Deutschland zu den Pionieren und war zu meiner Zeit als Berufsschullehrer ein vielbeachteter und im Unterricht oft verwandter Autor, dessen Enthüllungsgeschichten und Verfilmungen jedoch nicht an Aktualität verloren haben.

Bei der Aufdeckung von brisanten Zusammenhängen zwischen Politik und Wirtschaft hat etwa Jürgen Roth viel geleistet.

Und auch die Rolle der öffentlich-rechtlichen Medien mit ihren investigativen Politmagazinen gehört in diesen Zusammenhang, wenngleich man den Eindruck haben muss, dass sie fast nur noch Alibis in einer im Übrigen den privaten Sendern nachgebildeten Informationspolitik geworden sind.

Welcher kritische Bedarf in diesem Sektor weiterhin besteht, zeigt die Neugründung der gemeinnützigen GmbH ›CORRECTIV‹. Diese bezeichnet sich als »das erste gemeinnützige Recherchezentrum im deutschsprachigen Raum. Wir machen Journalismus für die Gesellschaft und mit der Gesellschaft.« So deren Homepage.[252] CORREKTIV ist im Moment aktiv mit den bereits dargestellten Verquickungen der Finanzbranche mit Staat und Politik über die Cum-Ex-Geschäfte beschäftigt:

> Im Oktober 2018 haben wir in Zusammenarbeit mit 18 internationalen Medien den größten Steuerraub Europas aufgedeckt. Anstatt unverzüglich gesetzliche Lücken im europäischen Finanzsystem zu schließen und wirkungsvoll gegen Steuerräuber vorzugehen, finden Ermittlungen gegen den Journalisten statt, der den Missstand öffentlich gemacht hat. Die Staatsanwaltschaft Hamburg ermittelt – auf Ersuchen der Schweizer Justiz, die auf Anzeige einer in die Cum-Ex-Geschäfte involvierten Schweizer Bank agiert – seit Frühjahr gegen CORRECTIV-Chefredakteur Oliver Schröm in Zusammenhang mit den Cum-Ex-Recherchen. Der Vorwurf: Anstiftung zum Verrat von Geschäfts- und Betriebsgeheimnissen.
> Insbesondere vor dem Hintergrund eines aktuellen Gesetzgebungsverfahrens ist dieser Fall von besonderem Interesse: Der aktuelle Entwurf für das Gesetz zum Schutz von Geschäftsgeheimnissen (GeschGehG) gefährdet den Informantenschutz und somit die Grundlage investigativer journalistischer Arbeit. Wenn Journalisten und Whistleblower regelmäßig strafrechtliche Ermittlungen befürchten müssen, ist dies ein Angriff auf die Pressefreiheit. Sie erfüllen als Teil der Öffentlichkeit eine konstituierende Rolle für die Demokratie und müssen geschützt werden.
> Dagegen wehren wir uns und veröffentlichten im Dezember 2018 einen offenen Brief. (Quelle: CORREKTIV-Homepage, Februar 2019[253] – Der vollständige Wortlaut des Briefs befindet sich im Anhang 4)

Kritische Medien spiegeln durchaus die Breite der Widersprüche wider – ihre Wahrnehmung leider nicht die Breite der Bevölkerung

Es kann an dieser Stelle auch nicht annähernd die Zahl der kritischen Medien eingefangen werden; deshalb nur einige ausgewählte Hinweise.

Obwohl die E-Medien den Print-Medien den Rang ablaufen, finden sich doch immer wieder Print-Medien, die aufgrund ihrer Recherche-Arbeit hervorragende Exemplare in die Öffentlichkeit bringen, welche die Probleme auf den Punkt bringen: Ich möchte an dieser Stelle auf die Vierteljahreszeitschrift »*lunapark*« hinweisen, die auch mit Themenheften in aktuelle Debatten eingreift.

Die »*isw-wirtschaftsinfos*« des Instituts für sozial-ökologische Wirtschaftsforschung München e.V. sind ebenfalls für eine kritische Meinungsbildung sehr hilfreich, thematisch vielfältig und für eine Umsetzung in der Schul- und Erwachsenenbildung durch zahlreiche Schaubilder gut geeignet.

Unter den kritischen Internetplattformen und Informationsdiensten hat es *rubikon* in kurzer Zeit zu einer weiten Verbreitung gebracht, was nicht verwundert, ist der Gründer und Betreiber, Jens Wernicke, Diplom-Kulturwissenschaftler (Medien), doch der Herausgeber des Bandes LÜGEN DIE MEDIEN? – PROPAGANDA, RUDELJOURNALISMUS UND DER KAMPF UM DIE ÖFFENTLICHE MEINUNG, der es immerhin auf die SPIEGEL-Bestsellerliste geschafft hat.[254]

Angesichts der knappen Zeit, die für die politische Information im Allgemeinen zur Verfügung steht, kommt den gebündelten Informationen und insbesondere den »Narrativen« eine besondere Bedeutung zu. Auch hier kann ich nur *beispielhaft* auf die folgenden hinweisen:

- In der bereits genannten Zeitschrift »lunapark« finden sich in der Rubrik »*Die Quartalslüge*« die »*Märchen des Neoliberalismus*« mit den Autoren Patrick Schreiner und Kai Eicker-Wolf.
- Die *GEW* hat Faltblätter zu den »*Wirtschaftsmythen*« erstellt.
- »*Blickpunkt WiSo*«, herausgegeben von Patrick Schreiner, stellt regelmäßig prägnante Informationen und kritische Analysen zu Wirtschafts-,

Sozial- und Verteilungspolitik vor. Die Schaubilder lassen sich sehr gut für die politische Aufklärung in den Schulen verwenden.

- *ver.di* gibt die *Informationen zur Wirtschaftspolitik* heraus, die zu ausgewählten Themen fundierte Grundlagen schaffen helfen.
- Der *DGB* gibt Kurzinfos heraus, deren Bezeichnung Programm ist: »*Klartext*«.
- Auch die *Gruppe »Klartext«* mit Rainer Roth und Reinhard Frankl hat viele bestens aufgemachte Flugblätter herausgebracht, die man zu wirtschaftspolitischen Themen unmittelbar im Unterricht einsetzen konnte, außerdem vertiefende Broschüren. Einer der letzten Vorträge, der auch im Netz veröffentlicht wurde, befasste sich mit dem Thema »Altersarmut – kein Problem?« mit den Kölner Journalisten Dagmar Hühne und Holger Balodis.[255]
- Hervorragende und sehr kompakte Materialien gibt es in Form der (durchnummerierten) »Faktenblätter« von der »Akademie Solidarische Ökonomie«. Diese umfassen maximal vier A4-Seiten und sind auch im Unterricht oder der Erwachsenenbildung vielseitig und unmittelbar einsatzbereit.

Es wäre im Übrigen äußerst hilfreich, im Bereich solcherart kritischer Infos eine Übersicht zu erstellen, um eine mühsame Suche zu erleichtern.

Was kritische Internet-Plattformen angeht, so hat »*economy4mankind*« dies mit seiner Übersicht über »*wichtigste Blogs 2019 – deutschsprachig – Blogs als Alternativen zu den Massenmedien*« bereits versucht.[256]

Nichtregierungsorganisationen und kritische Verbände – Träger der gesellschaftlichen Aufklärung mit vielfältigen kritischen Stimmen

Einer der wichtigsten Teile einer »kritischen Masse« der Zivilgesellschaft sind gegenwärtig »NGOs«, Nichtregierungsorganisationen, die sich die Aufklärung unhaltbarer Zustände unserer Wirtschafts- und Gesellschaftsordnung zur Aufgabe gemacht haben. Die Liste ist lang, die Bezeichnungen unterschiedlich und die Themen vielfältig. Einige bezeichnen sich als ›Komitee‹ (»Komitee für Grundrechte und Demokratie«), als ›Campaigner‹ (»Campact«) als ›Netzwerk‹ (»Labornet«).

Einige davon konnten sogar den Friedensnobelpreis entgegennehmen, obwohl dieser nicht immer unumstritten ist; so *Internationale Ärzte für die Verhütung des Atomkrieges*, die *Internationale Kampagne für das Verbot von Landminen*, *Ärzte ohne Grenzen* oder *Amnesty international.*

Die Verleihung eines international stark beachteten Preises wie des Friedensnobelpreises kann in jedem Fall als Zeichen der Achtung, aber auch der *Wirkung* einer entsprechenden Organisation gewertet werden.

Manche Verbände haben sogar ein Klagerecht wie die »*Deutsche Umwelthilfe*« oder werden von der Bundesregierung regelmäßig angehört wie der *BUND*. Auch dies unterstreicht ihre Bedeutung, schützt aber nicht vor Angriffen, wie am Beispiel der Umwelthilfe dokumentiert.

Es ist vermutlich müßig, die Debatte um das halb volle oder halb leere Glas immer wieder aufzuwärmen oder den fünf-vor-zwölf-Appell.

Das nebenstehend abgebildete Heft verbreitet immerhin den Optimismus, der eben auch benötigt wird, um nicht in Resignation oder Zynismus zu verfallen.

https://www.mehr-demokratie.de/fileadmin/pdf/2019-02-28_Klimabroschuere.pdf

Wo sich Bürger_innen für mehr Klimaschutz entschieden haben

Kleine Gruppen engagierter Menschen haben es geschafft, ganze Städte zu verändern. In Berlin haben sie ein Öko-Stadtwerk gegründet und die Vorfahrt für Radfahrer_innen erkämpft, was zu ›Radentscheiden‹ (Bürgerbegehren) in ganz Deutschland geführt hat. In München geht wegen eines Bürgerbegehrens ein Kohlekraftwerk vom Netz. Hamburg bekommt eine Art gigantische

> Öko-Zentralheizung – weil sich die Klimaschützer_innen per Volksbegehren das Fernwärmesystem von Vattenfall zurückgeholt haben.
> Diese Menschen haben Unterschriften gesammelt, mit der Presse gesprochen, zur Abstimmung mobilisiert – vielfach ohne all das je zuvor gemacht zu haben. Sie haben sich nicht von den Konzernen mit ihren Milliardenbudgets und ihren Unterstützer_innen in der Politik einschüchtern lassen, die ihnen einreden wollten: Alles viel zu teuer. Geht nicht.
> Die folgenden Geschichten zeigen: Es geht eben doch. Sogar im ganz großen Maßstab. Aber nicht nur dort. Vieles von dem, was diese Vorkämpfer_innen in den Städten erfolgreich vorgemacht haben, funktioniert ebenso in kleineren Gemeinden. Auch dort fehlen Gemeindewerke, die auf erneuerbare Energien setzen, und Mobilitätskonzepte jenseits des Autos. Höchste Zeit, das zu ändern. (Quelle: Klimawende von unten[257])

In zweien dieser Gruppen, der *Privatisierungs-AG*, einer kleinen, aber effektiven Attac-Gruppe in Frankfurt am Main, die sich große Verdienste um die Problematisierung von PPP erworben hat, und *Gemeingut in BürgerInnenhand (GiB)*, arbeite ich selbst mit, in letzterer seit 2017 die Bundesregierung ihr Mammutvorhaben, PPP als Privatisierungs- und Finanzmodell im Grundgesetz zu verankern, in Szene gesetzt hat. Da ich zusammen mit meiner Frau infolge des ersten Super-PPP-Projekts im Landkreis Offenbach eine ›Allergie‹ gegen diese Privatisierungsform entwickelt habe, war es logisch, mit GiB auch die Berliner ›Schulbauoffensive‹ kritisch zu begleiten. Dabei waren die Frankfurter Schulbau- und Schulsanierungserfahrungen hilfreich. GiB hat für eine Anhörung im Berliner Abgeordnetenhaus im Rahmen einer dort möglichen »Volksinitiative« immerhin 30.000 Unterschriften gesammelt und ein über 100-seitiges Gutachten vorgelegt.

Und letztlich wären die großen Demonstrationen wie die der Friedensbewegung mit den dreihunderttausend Demonstrant_innen im Bonner Hofgarten 1981 oder den Menschenketten von 1983 auf der Schwäbischen Alb gegen die Stationierung von Mittelstreckenraketen ebenso wenig möglich gewesen wie die Großdemonstrationen gegen die Handelsabkommen TTIP und CETA 2016 ohne die Mobilisierung und Organisation der Friedensbewegung wie der Deutschen Friedensgesellschaft – Vereinigte Kriegsdienstgegner_innen DFG-VK oder den Bundesausschuss Friedensratschlag, aber auch vieler anderer NGOs bis hin zu den Gewerkschaften.

In diesem Buch wurden einige von ihnen mit Blick auf das Verhältnis von Demokratie, Rechtsstaat und einem neoliberalen Wirtschaftsmodell bereits in ihrer je spezifischen Rolle dargestellt.

Der zunehmend prekäre Zustand des deutschen Exportüberschussmodells und die weitere Zuspitzung der Widersprüche der deutschen Konkurrenzgesellschaft scheinen die Toleranzschwelle maßgebender Regierungsfraktionen inzwischen gefährlich abzusenken.

Wer *erfolgreich* gegen die Betrugsmanöver der deutschen Autoindustrie klagt, zieht den geballten Zorn der Branche samt angeschlossenen Lobbyverbänden bis hinein in Parteien und Regierungsteile auf sich.

Die ständigen Angriffe der etablierten Parteien auf kritische Stimmen müssten gesellschaftlich geächtet werden!

Vielleicht sollte man ein solches Urteil (siehe Anhang 4) wie das des Bundesfinanzhofs gegen Attac aber auch – so schwer dies fällt – als ungewollten Ausdruck der Anerkennung der politischen Bedeutung von Attac im Speziellen und der NGOs im Allgemeinen werten.

Dann würde er wieder stimmen, der Satz: »Letztlich ist die Zivilgesellschaft der Motor jeder Großen Transformation«. (Schneidewind) Die Politik müsse »eingebettet« sein in zivilgesellschaftliche Akteursgruppen. Wie wahr. Also werden weitere »Pioniere des Wandels« für »die kritische Masse für die Veränderung« benötigt.

Kritische Institute

Kritische Institute waren ursprünglich auch eine Antwort auf die schnöde Zurückweisung alternativer Vorschläge meist aus dem ökologischen Bereich. Der simpelste Vorwurf der herrschenden Lobbyorganisationen lautete ›unwissenschaftlich‹ oder ›nicht machbar‹.

Die Grenzwerte-Diskussion – ob es sich um die Raumluft in Schulen oder die heutigen Abgaswerte von Fahrzeugen handelt – war immer schon vermintes Gelände. Von daher war es gut, auf wissenschaftliche Einrichtungen zurückgreifen zu können, die dem Paroli bieten konnten. Inzwischen haben diese Institute nicht nur zahlenmäßig zugenommen, sondern ihre Thematik notgedrungen auch auf ökonomische Umsetzungsmöglichkeiten und -notwendigkeiten ausgedehnt.

Damit sind sie ausgezeichnete Bündnispartner für die überfällige Einschränkung renditegetriebener Wachstumsinvestitionen zugunsten gemeinwohlorientierter Strategien. Erst recht gilt dies für die dringend notwendige Abkehr vom Exportüberschussmodell zugunsten einer eher binnenwirtschaftlichen sozial-ökologischen Transformation. Kritsche Institute können so an der Reduktion dieses Exportüberschussmodells mitwirken.

Auch hier ist die Bandbreite groß. Deshalb kann nur exemplarisch die Relevanz solcher Institute für eine Überwindung der renditebasierten Konkurrenzwirtschaft aufgezeigt werden. Da der größere Teil der von solchen Instituten vorgeschlagenen Maßnahmen (zunächst) auf die nationale Umsetzbarkeit angewiesen ist, könnte damit implizit auch das Problem der Exportüberschüsse angegangen werden.

Diese Institute haben sich bereits von den NGOs wegbewegt und bilden ein Bindeglied zu den Exekutiven in Bund, Ländern und Kommunen, bewegen sich aber auch im europäischen und internationalen Kontext. Das ist selbstverständlich ambivalent, weil die Vergabe von Finanzmitteln auch Abhängigkeiten konstituiert. Das muss nicht immer kurzfristig bereits erkennbar sein. Eine derartige Zusammenarbeit muss sich fast zwangsläufig auch in der Sprache ausdrücken, weil die Kritik gegenüber Auftraggebern mit Sicherheit zurückhaltender formuliert wird oder zugunsten der »Politik der kleinen Schritte« ganz fallen gelassen wird. Dennoch kann die Bedeutung solcher Institute in Bezug auf die Möglichkeiten, echte Alternativen überhaupt zu präsentieren, zu verbreiten und partiell umzusetzen und vor allem ihre Durchsetzbarkeit zu testen, gar nicht überschätzt werden.

- **Das Öko-Institut Freiburg**

Das 1977 aus der Anti-AKW-Bewegung hervorgegangene »Öko-Institut« in Freiburg (mit Zweigstellen in Darmstadt und Berlin) beispielsweise ist als eingetragener Verein konstituiert und betreibt mit seinen 170 Mitarbeiter_innen wissenschaftliche Forschung, Beratung sowie allgemeine und spezielle Aufklärung der Bevölkerung. Dabei bewegt es 15 Millionen Euro an Umsatz pro Jahr, was durch bezahlte Aufträge (Programme, Gutachten usw.), Spenden, Beiträge und staatliche Unterstützung erwirtschaftet wird.

Michael Sailer, seit 2009 Sprecher der Geschäftsführung, aber über 30 Jahre beim Institut, war und ist Mitglied in mehreren Kommissionen und Ausschüssen, so von 1999 bis 2014 in der Reaktor-Sicherheitskommission des Bundesumweltministeriums (BMUB), deren Vorsitzender er von 2002 bis 2006 war. Er leitet die Entsorgungskommission (ESK), die das Bundesumweltministerium (BMUB) in den Angelegenheiten der nuklearen Entsorgung berät. Auch die hessische schwarz-grüne Landesregierung wird vom Öko-Institut in der Umweltpolitik beraten. Michael Sailer zählt zu den Veteranen der Anti-AKW-Bewegung.

Ich selbst konnte bereits 1980 und noch Jahre später mit der auf grauem Umweltpapier gedruckten Analyse »Energiewende – Wachstum und Wohlstand ohne Erdöl und Uran« als Berufsschullehrer meinen Schüler_innen zeigen, dass Alternativen – nicht nur zur Atomenergie, sondern sogar zum Erdöl (!) – möglich sind. Letzteres war damals fast unerhört.

Das Heft wurde durch beständiges Kopieren immer mehr zerfleddert, aber ich habe es heute noch. Es konnte schon seinerzeit plausibel gezeigt werden, »dass eine Welt ohne Kernenergie und fossile Energien möglich ist, ohne auf Wachstum und Wohlstand zu verzichten«. Das war das Besondere.

- **Eurosolar Europäische Vereinigung für Erneuerbare Energien e. V.**

Hermann Scheer, der früh verstorbene SPD-Bundestagsabgeordnete und interne Parteikritiker, hat über die von ihm und seiner Frau geleitete »Eurosolar Europäische Vereinigung für Erneuerbare Energien e. V.« und durch sein politisches Engagement einen großen Beitrag zur Energiewende geleistet.

Man mag sich gar nicht vorstellen, was in Hessen ab 2008 an alternativer Politik hätte durchgesetzt werden können und welche Erfahrungen dabei zu machen gewesen wären. Schließlich hatte die Vorsitzende der nach Wählerstimmen größten Partei und Gewinnerin der Landtagswahl Andrea Ypsilanti, SPD, eine von der Linken tolerierte Minderheitsregierung anführen wollen – mit einem Hermann Scheer als designiertem Wirtschafts- und Umweltminister.

Bekanntlich ist diese Konstellation an den vier SPD-Abweichlern gescheitert. Zuvor aber hatte bereits der ehemalige Ministerpräsident von Nordrhein-Westfalen Wolfgang Clement, ebenfalls SPD, öffentlich vor der Wahl Ypsilantis in Hessen gewarnt und sich damit ein Parteiausschlussverfahren eingehandelt. Diesem kam er durch den Austritt aus der SPD zuvor. Er konnte sich aber durch zahlreiche Aufsichtsrats- und andere Mandate in großen Unternehmen sowie Wirtschaftsvereinigungen schadlos halten.

Bereits diese Auseinandersetzungen in 2008 zeigten, auf welchen Sturm und Widerstand selbst gemäßigte und ausgewiesene Fachleute – hier Scheer als Umwelt*fachmann und -politiker* – stoßen, aber zugleich, dass mit Alternativen zu einer GERMANY FIRST-Politik durchaus Wahlen zu gewinnen sind.

- **Das Wuppertal Institut für Klima, Umwelt und Energie**

Das »Wuppertal Institut für Klima, Umwelt und Energie« ist eine private gGmbH mit über 200 Beschäftigten und 16 Millionen Euro an Einnahmen jährlich. Es bewegt sich damit in der Größenordnung des bereits dargestellten Öko-Instituts.

Uwe Schneidewind, Präsident des Instituts, hat mit Mitarbeiter_innen den bereits zitierten Band DIE GROSSE TRANSFORMATION – EINE EINFÜHRUNG IN DIE KUNST GESELLSCHAFTLICHEN WANDELS veröffentlicht. Dieser Band liefert zahlreiche Erkenntnisse für einen solchen Wandel.

So werden für eine ›moderne Gesellschaftsordnung‹ vier Prinzipien postuliert, »um ökologische, soziale und ökonomische Nebenfolgen besser beherrschen zu können:

1. Reflexivität
2. Partizipation
3. Ausgleich und Konfliktregelung
4. Innovation

Diese vier Prinzipien spannen den Rahmen für die Diskussion einer institutionellen Weiterentwicklung moderner kapitalistisch organisierter Demokratien auf.«[258]

Man kann solche (›weich‹ klingenden) Prinzipien natürlich belächeln, einmal angesichts der gnadenlosen Widerstände einer Rendite-Gesellschaft, zum anderen wegen der drohenden und vielfach zu beobachtenden Instrumentalisierung dieser Prinzipien – oder drittens der gewohnheitsmäßigen Ignoranz wegen.

Dennoch bieten solche Prinzipien eine *gedankliche* Chance, sodass sie nicht eilfertig abgetan werden sollten. Auch Dilemmata aufzuzeigen ist in der heutigen großflächig tabuisierten Politik-Debatte nicht selbstverständlich und dies liefert gute Ansatzpunkte für alternative Strategien.

Das ganze Buch »ist von einem Optimismus getragen: Wir gehen davon aus, dass eine bessere Zukunft für die heute und die künftig auf dem Planeten lebenden Menschen möglich ist.«[259]

Schneidewind setzt auf eine ›gemischte Ökonomie‹ (unter Einschluss gemeinwirtschaftlich orientierter Unternehmen). Und tatsächlich scheint mir in der Strategie des Zurückholens der Privatisierung, in der Rekommunalisierung und ähnlichen Formen, darin, den Verlust an Gemeingütern zu stoppen und umzukehren, einer der wenigen gangbaren Wege zu liegen.

Und die zahlreichen gelungenen Beispiele in deutschen, europäischen und internationalen Kommunen sind auch ein ermutigendes Zeichen.

Exkurs: Unternehmerische Tätigkeit und gesellschaftlicher Mehrwert

Weil der (empfehlenswerte) Band *alle* gesellschaftlichen und ökonomischen Einflusskräfte für eine ›große Transformation‹ einspannen will, lässt Schneidewind auch die Unternehmen nicht außen vor.

Die Darlegung von deren Rolle ist denn auch die gewagteste. »Gesucht ist eine neue ›Theorie der Firma‹, die das eindimensionale, neoliberale Unternehmensverständnis aus der zweiten Hälfte des 20. Jahrhunderts ablöst.« (S. 365)

Ich weiß nicht, welchen Adressaten hier der Autor im Sinn hat. Vermutlich würde er das auf einem Kongress mit Unternehmern sagen können, die dann vielleicht das prickelnde Gefühl hätten, es mit einem wahrhaft Linken aus dem gegnerischen Lager zu tun zu haben. Und den sie dann im Gegenzug über die Mehrdimensionalität ihrer Strategien und diverse »Trickle-down«-Effekte aufklären würden. Oder auch nicht.

Schneidewind und seine MitarbeiterInnen versuchen, es nicht allzu voluntaristisch aussehen zu lassen, wenn sie fordern, dass im Zentrum unternehmerischer Tätigkeit »der gesellschaftliche Mehrwert, den Unternehmen erbringen«, stehen solle. Weil es letztlich den Unternehmen ja auch zugutekomme. (S. 367) Immerhin müsste doch auch der »gesellschaftliche Unmut« die Unternehmen dazu bewegen, eine »Business Sustainability 3.0« zu entwickeln. (S. 369) Und auch das »disruptive Potential neuer Technologien« wirke in diese Richtung. (S. 371f)

Dennoch glaube ich nicht, dass Appelle an Moral oder Vernunft hier etwas helfen, sondern nur eine strikte Regulierung! »Aufgeklärtes Unternehmertum im 21. Jahrhundert« (S. 379) kann ich mir bei den Banken, den unregulierten Finanzinstituten, Beraterkonzernen als den »Kapitalisten des 21. Jahrhunderts« (Rügemer) nicht vorstellen; dafür reicht meine Phantasie nicht.

Wenn es um Kapitalanlagemöglichkeiten und konkrete Projekte geht, mit denen kommunale Güter in höchst profitable Renditeobjekte verwandelt werden sollen, löst sich jede Aufklärung schnell in Luft auf. Und selbst Personen wechseln schnell, wie der Hinweis auf die Verweildauer deutscher Dax-Vorstände zeigt, die bei rund fünf Jahren liege. (S. 384)

So bleibt denn nur der Verweis auf alternative Nischenunternehmen. (S. 410ff) Und der Verweis auf die Kapitalismuskritik im 6. Kapitel: »Nur wenn sich Wirtschaftspolitik und unternehmerisches Engagement für und in einer solchen Wirtschaftsordnung Hand in Hand entwickeln, kann die Große Transformation gelingen.« (S. 381) Das ist natürlich eine gewaltige Einschränkung! Immerhin wird diese aber auch nicht ausgeblendet.

Es brauche ein ›Doppelpass-Spiel‹ zwischen unternehmerischem Nachhaltigkeitsengagement, zivilgesellschaftlicher Mobilisierung und politischer Rahmensetzung. (S. 385) Die deutsche Energiewende dient als Beispiel.

- **Akademie Solidarische Ökonomie**

Die Akademie ist nach eigenen Aussagen eine Arbeitsgemeinschaft von Menschen aus sozialen Bewegungen, aus Wissenschaft und Praxis, die dem Dogma der Alternativlosigkeit kapitalistischer Wirtschaftsweise entgegentreten. »Sie alle arbeiten an Prinzipien, Strukturen, Entwürfen und Projekten einer zukunftsfähigen, solidarischen und lebensdienlichen Ökonomie.«[260]

> Im Sommer 2007 trafen sich engagierte Christinnen und Christen, die sich zum überwiegenden Teil aus der langjährigen Arbeit im Ökumenischen Netz in Deutschland kannten, um dem »Dogma von der Alternativlosigkeit der neoliberalen kapitalistischen Wirtschaftsweise zu widersprechen und Prinzipien, Strukturen und Modelle einer lebensdienlichen, solidarischen und zukunftsfähigen Ökonomie aufzuzeigen«.
>
> In der Folge dieser Initiative gründete sich im Juni 2008 auf der Burg Bodenstein eine »Akademie Solidarische Ökonomie auf Zeit«, in der nun nicht mehr nur Vertreter der Kirchen, sondern ebenso Wissenschaftler, soziale Bewegungen und engagierte Bürgerinnen und Bürger zur Mitarbeit eingeladen waren.
>
> Nach dreijähriger Arbeit wurden im Oktober 2011 auf einer öffentlichen Tagung die ersten Arbeitsergebnisse vorgestellt und in einer schriftlichen Dokumentation festgehalten. Diese Dokumentation wurde 2012 im Buch »Ka-

pitalismus und dann?« einer breiten Öffentlichkeit zur Verfügung gestellt. (Homepage der Akademie[261])

Auf die kritischen und sehr gut nutzbaren Materialien in Form der »Faktenblätter« wurde ja bereits hingewiesen.

- **Institute der Hans-Böckler-Stiftung**

Die Hans-Böckler-Stiftung des DGB mit ihren Instituten wird im Abschnitt Gewerkschaften aufgeführt. Auch hier gilt, dass von ihren Instituten und deren Beratungen, Veranstaltungen und Publikationen ein erheblicher Einfluss auf das kritische Potential für eine alternative Wirtschafts- und Gesellschaftsordnung ausgeht: dem I.M.U. (Institut für Mitbestimmung und Unternehmensführung), dem IMK (Institut für Makroökonomie und Konjunkturforschung), dem WSI (Wirtschafts- und Sozialwissenschaftlichen Institut) und dem HSI (Hogo Sinzheimer Institut für Arbeitsrecht).

Kritische Wissenschaftler_innen und Hochschullehrer_innen

Obwohl man sich über den Zustand der Hochschulen keine Illusionen machen sollte, seit diese von einer schärferen Ökonomisierungswelle erfasst wurden als alle anderen Bildungssektoren, ist der verhältnismäßig kleine Bereich der gesellschaftskritischen Wissenschaft doch für die »kritische Masse« unverzichtbar. Es ist sogar erstaunlich, welche Resonanz diese Kritiker_innen in der Öffentlichkeit haben, noch mehr, wenn man bedenkt, dass die Hochschulentwicklung sehr stark von der größten privaten Lobby-Organisation, der Bertelsmann-Stiftung, beeinflusst wird.[262]

Seit 1994, also fast einer Generation, arbeitet das zur Hälfte von Bertelsmann finanzierte und gemeinsam mit der Hochschulrektorenkonferenz gegründete »CHE« (Centrum für Hochschulentwicklung) als gemeinnützige GmbH Konzepte aus, die von ihren Kritikern als neoliberale Vereinnahmung gesehen werden.[263] Die Zweiteilung des Hochschulstudiums in Bachelor und Master, die Einführung von Studiengebühren, Hochschul-Rankings usw. sind Elemente einer ›Verbetriebswirtschaftlichung‹ der Hochschulen.

Außerdem stieg infolge zunehmender Autonomisierung bei gleichzeitiger Mittelverknappung durch den Staat der Anteil der Auftragsforschung für private Unternehmen, die Gründung wirtschaftsnaher Institute und die Einrichtung von Stiftungslehrstühlen durch private Unternehmen.

Alles in allem ein nicht gerade leichtes Umfeld für kritische Positionen. Trotzdem werden sie wahrgenommen. Die Bandbreite der Themen, zu denen es gute Analysen und Kommentare von kritischen Hochschullehrer_innen gibt, ist jedenfalls beachtlich. Auch hier kann nur exemplarisch angetippt werden.

Schon 2005 haben Professorinnen und Professoren aus ganz Deutschland (Andreas Gruschka, Ulrich Herrmann, Frank-Olaf Radtke, Udo Rauin, Jörg Ruhloff, Horst Rumpf, Michael Winkler) mit den ›fünf Einsprüchen‹ gegen die Verbetriebswirtschaftlichung der Bildungseinrichtungen ein deutliches Zeichen gesetzt.

> 1. Wir wenden uns gegen die Illusion einer (fast) alle politischen Parteien übergreifenden Bildungspolitik, die das Bildungssystem nach betriebswirtschaftlichen Mustern in den Griff zu bekommen sucht.
> 2. Wir widersprechen der völlig irreführenden Behauptung, bei der gegenwärtigen Umorganisation der Bildungsinstitutionen gehe es um mehr Autonomie von Schulen und Hochschulen.
> 3. Wir halten es für einen folgenschweren Irrtum, wenn behauptet wird, Erziehungswissenschaft erfülle ihren öffentlichen Auftrag nur dann, wenn sie unmittelbar verfügbare und kurzfristig nutzbare Ergebnisse für Politik und Praxis zeitige.
> 4. Wir protestieren gegen die weitere Aushöhlung von universitären Studiengängen – insbesondere auch in der Lehrerausbildung – durch ihre zunehmende Verschulung.
> 5. Wir bezweifeln die vorherrschende Meinung, die Festlegung von Leistungsstandards zur Überprüfung von Basiskompetenzen sei ein geeignetes Mittel, um der demokratischen Forderung nach größtmöglicher Gleichheit der Bildungschancen Genüge zu tun.[264]

Inzwischen hat sich eine »Gesellschaft für Bildung und Wissen« als Verein gegründet, die diese Einsprüche durch Veranstaltungen und Veröffentlichungen fortführt.

Auch auf dem ökonomischen Gebiet sind die Stellungnahmen von kritischen Wissenschaftler_innen unverzichtbar. Auf einige ihrer Analysen wurde bereits näher eingegangen, insbesondere im Zusammenhang mit der Privatisierung öffentlicher Güter, mit der unschätzbaren Hilfe der MEMORANDUM-Gruppe, mit der Bankenkrise, mit der Verankerung des Kreditaufnahmeverbots in die Verfassung.

Gegen Letzteres gab es vor zehn Jahren einen Aufruf von 200 Wissenschaftler_innen, die dringend davor warnten – und die jetzt durch die Realität bestätigt werden. Federführend waren damals die Professoren Horn und Bofinger (siehe Anhang 7).

Anstatt Namen zu nennen, sollen hier nur exemplarisch Felder benannt werden, auf denen sich kritische Wissenschaft bewegt:

Die bereits genannte MEMORANDUM-Gruppe lebt von den kritischen Ökonominnen und Ökonomen, Mieterinitiativen von kritischen GeografInnen, die ökologische Bewegung von allen möglichen naturwissenschaftlichen Disziplinen und der interdisziplinären Forschung. Der Kampf gegen Freihandelsabkommen und Klagen vor dem Verfassungsgericht benötigt VerfassungsrechtlerInnen, der Kampf um saubere Luft ist auf kritische JuristInnen angewiesen. Und auch die Friedensbewegung lebt u.a. vom Engagement internationaler HumanmedizinerInnen.

Die Auseinandersetzungen mit dem Rechtsradikalismus werden von PolitikwissenschaftlerInnen, SoziologInnen und PsychologInnen wissenschaftlich unterstützt. Einer von ihnen, Christoph Butterwegge, schaffte es immerhin zum Kandidaten für die Bundespräsidentenwahl 2017, wo er in der Bundesversammlung schließlich ein Drittel mehr Stimmen erhielt, als die ihn nominierende Linke aufbringen konnte.

Diejenigen, die einen ›Systemwechsel‹ anmahnen, werden zahlreicher. Stellvertretend sei hier angeführt: Albert T. Lieberg, DER SYSTEMWECHSEL – UTOPIE ODER EXISTENZIELLE NOTWENDIGKEIT?

Aufgrund seiner beruflichen Erfahrungen im internationalen Bereich ist sein Begriff von ›gesamtgesellschaftlich‹ global gedacht, wenn er ein Planungsmodell für eine »Global Social Modernity (GLOSMO)«, eine »Gesamtgesellschaftliche Moderne«[265] entwirft.

Dabei begegnen uns viele Elemente, die unter den KritikerInnen des renditegetriebenen Wachstumsmodells Konsens sind, wenn er als »Grundpfeiler des Systemwechsels« die folgenden wesentlichen Elemente aufführt:

- Schaffung neuer Grundwerte und eines neuen sozial-ethischen Fundaments
- Ende des wirtschaftlichen Wachstums- und Wettbewerbszwangs
- Relativierung des monetären Wertebegriffs und Entmonetarisierung
- Auflösung der Staatsgrenzen und Nationalstaaten
- Schaffung des Gemeingutes als Fundament des Universalen Lebensstandards
- Ein neues Verständnis von Individual- und Privatbesitz
- Eine global erneuerte gesellschaftliche Organisation und Produktionsstruktur.[266]

Das Buch ist eher als Programm einer Bewegung gedacht und benennt auch strukturelle Wege dahin. Darin liegt seine Stärke. *Weshalb* diese Wege, die für kritische Menschen einleuchtend und keineswegs utopisch sind, so schwer zu gehen sind, wird meines Erachtens etwas zu wenig thematisiert.

Das kritische Potential in den Parteien darf nicht vernachlässigt werden

In fast allen Parteien gibt es kritische Gruppen, auch in der *CDU*. Ich selbst hatte zu Zeiten der Auseinandersetzungen um das Freihandelsabkommen TTIP die Gelegenheit, an einer Veranstaltung dazu in einer süddeutschen Kreisstadt teilzunehmen, in denen CDU-Vertreter speziell aus ökologischer Sicht leidenschaftlich gegen TTIP zu Felde zogen und auf die wachsende Bewegung von Kommunen gegen die Freihandelsabkommen hinwiesen.

Bereits 2014 forderten Deutscher Städtetag, Deutscher Landkreistag, Deutscher Städte- und Gemeindebund und der Verband kommunaler Unternehmen in einem »Gemeinsamen Positionspapier zu internationalen Handelsabkommen und kommunalen Dienstleistungen«:[267]

1. Kommunale Organisationsfreiheit bei der Daseinsvorsorge – Ausnahme von Marktzugangsverpflichtungen gewährleisten!
2. Öffentliches Beschaffungswesen und Wettbewerbsrecht – Nicht über das europäische Vergabe- und Konzessionspaket hinausgehen!
3. Investorenschutz – Zuständigkeit der nationalen Gerichtsbarkeit auch für Investoren aus Drittstaaten!
4. Umwelt- und Verbraucherschutz – Keine Verpflichtung zum Abbau von Schutzstandards!
5. Transparenz – Einbindung kommunaler Vertreter in Beratergruppen
6. TiSA – Kein Alleingang, der über die GATS und WTO hinausgeht!

Auch bei den *Grünen* gibt es noch einen Flügel, der die Gründungsgrundsätze hochhält, wenn auch mit schwindendem Einfluss. Dies hängt anscheinend mit dem zunehmenden Eintritt in Regierungskoalitionen zusammen, der weniger mit der Durchsetzung kritisch-alternativer Verbesserungen als mit der Anpassung an die von der Unternehmenslobby geforderten Wege verbunden ist.

In der *SPD* finden die Auseinandersetzungen meist vor den Augen der Öffentlichkeit statt, sodass sie entsprechend wahrgenommen werden können.

Und auch in der Partei *Die Linke* ist der Anpassungsdruck in Regierungskonstellationen sehr groß.

Dennoch könnte das kritische Potential, wenn es zu gemeinsamen Schritten führen würde, sicher eine größere Wirksamkeit entfalten. Aber diese Idee ist ja in den im Folgenden dargestellten Initiativen bereits enthalten.

Die theoretische Durchdringung von Problemen, welche die Parteien nicht im ständigen Politikbetrieb quasi nebenbei leisten können, findet in den parteinahen Stiftungen statt. Hier können – je nach parteipolitischer

Ausrichtung – Kontroversen wenigstens ansatzweise geführt und Schnittmengen festgestellt werden.

Versuche, parteiübergreifend zu arbeiten, sind unumgänglich

Ein Versuch, das im weitesten Sinne linksalternative, aber parzellierte »Lager« zusammenzuführen, um seine Bedeutung zu verbessern, war die Gründung des *Instituts Solidarische Moderne e.V.* (ISM) im Jahr 2010, an der fast 200 Personen aus den Parteien SPD, Linke und Grünen sowie Wissenschaftler_innen, Gewerkschafter_innen, Personen aus NGOs bzw. außerparlamentarischen Bewegungen und andere bekannte Personen des öffentlichen Lebens beteiligt waren.

> Das Institut Solidarische Moderne ist eine Programmwerkstatt für neue linke Politikkonzepte. Wir wollen diese Konzepte über Parteigrenzen hinweg im Dialog entwickeln. Dabei wollen wir gleichzeitig eine Brücke bilden zwischen Politik und Wissenschaft, Zivilgesellschaft und sozialen Bewegungen. Das ist für uns Crossover: Grenzen zwischen gesellschaftlichen Teilbereichen überwinden und gemeinsam an emanzipatorischen linken Ideen für eine solidarische Gesellschaft von morgen arbeiten.[268]

Am 9. Februar 2016 stellte der ehemalige griechische Finanzminister Yanis Varoufakis (Syriza) eine linke europäische Bewegung in Berlin vor – *DiEM25*:

> Unser Versprechen:
> Wir rufen unsere europäischen Mitmenschen dazu auf, sich uns unverzüglich anzuschließen und mit uns die Bewegung zu gründen, die wir DiEM25 nennen, um
> - gemeinsam gegen das europäische Establishment zu kämpfen, das die Demokratie zutiefst verachtet und die Europäische Union zu demokratisieren
> - der Reduzierung aller politischen Verhältnisse auf Machtverhältnisse ein Ende zu machen, die dann als rein technokratische Entscheidungen ausgegeben werden

- die EU-Bürokratie dem Willen souveräner Völker Europas zu unterwerfen
- die gewohnheitsmäßige Dominanz der Macht der Konzerne über den Willen der Bürger zu beenden. (Aus dem Programm[269])

Ähnlich dem ISM, allerdings europaweit, ist dies ein Versuch, die Erfahrungen der europäischen Austeritätspolitik, insbesondere exerziert an Griechenland, zu verarbeiten und die notwendigen Schlussfolgerungen zu ziehen. Für den griechischen Ableger hat es bei der Griechenlandwahl 2019 zwar ins dortige Parlament gereicht, nicht aber ins Europaparlament für die DIEM-Liste in Deutschland (mit zwar 130.000 Wahlstimmen, aber nur 0,3 Prozent).

Am 4. September 2018 wurde die Bewegung *Aufstehen* in einer Pressekonferenz mit Sarah Wagenknecht (Bundestagsabgeordnete der Linken), Ludger Volmer (ehemaliger Staatsminister im Auswärtigen Amt, Grüner), Simone Lange (Oberbürgermeisterin von Flensburg, SPD) und Bernd Stegemann (seit 2018 Dramaturg am Berliner Ensemble) vorgestellt.

Nach kurzer Zeit hatte die Bewegung rund 100.000 Mitglieder, Ende 2018 167.000 Unterstützer und 188 Ortsgruppen. An einem Programm sollen Sympathisanten mitarbeiten können.

> Aufstehen ist eine soziale und demokratische Erneuerungsbewegung. Jeder und jede ist wichtig und kann etwas tun. Ob Taxifahrer, Kassiererin, Rentner, Künstler, Leiharbeiter, Kleinunternehmerin, Krankenschwester, Polizist oder Ärztin. Lobbyisten haben das große Geld, wir haben die Leute.
>
> **Warum lohnt es sich aufzustehen?**
>
> Wir können unser Schicksal selbst in die Hand nehmen – auch in Deutschland: Dies zeigen Bewegungen um Bernie Sanders (USA), Jeremy Corbyn (Großbritannien), aber auch die neuen sozialen Bewegungen in Frankreich, Spanien, Portugal, Griechenland, die für Wirbel sorgen. Oder die Proteste von Hunderttausenden gegen das Konzernschutzabkommen mit den USA TTIP. Gemeinsam sind wir stark!
>
> **Wofür wir aufstehen?**
>
> Damit es immer ein Echo gibt, wenn wieder an den Menschen vorbei regiert

> wird. Wir haben kein fertiges Programm. Wir wollen zuhören, respektvoll diskutieren und sind offen für unterschiedliche Meinungen. Wir wollen die Art, wie Politik gemacht wird, verändern, um gemeinsam eine Perspektive für Gerechtigkeit und Frieden zu schaffen. Dazu wollen wir die Möglichkeiten digitaler Technologien zur demokratischen Entscheidungsfindung ausschöpfen, um alle unsere Ideen und Kreativität für Aufstehen zu nutzen. Nicht nur virtuell, sondern auch im wahren Leben wollen wir Menschen zusammen bringen. Transparent, unverfälscht und den Interessen der Mehrheit verpflichtet.
> (Homepage Aufstehen – Die Sammlungsbewegung[270])

Die »Aufstehen«-Initiative versucht, noch mehr die Selbsttätigkeit von Einzelnen in der Gesellschaft anzuregen und über den virtuellen Protest hinauszugehen.

Um einer »kritischen Masse« näherzukommen, müsste Trennendes zurückgestellt werden, um den zahlreichen gemeinsamen Alternativen den nötigen Schwung zu geben. Dennoch überwiegt weitgehend die Skepsis, nicht zuletzt, weil die gesamte Parteienstruktur und das parlamentarische System solche Bündnisse sehr erschweren. Die schiere Macht des neoliberalen Strukturgefüges mit seinen Vereinnahmungs-Strategien tut ein Übriges. Aber auch die gegenseitigen Abgrenzungsbedürfnisse unter alternativen Kräften sind nicht zu unterschätzen.

Von daher haben diese drei genannten Initiativen alle mit Schwierigkeiten zu kämpfen, der »kritischen Masse« näher zu kommen.

Das kritische Potential in den Gewerkschaften darf nicht unterschätzt werden

Die Gewerkschaften in Deutschland sind aufgrund ihres Doppelcharakters, Verbesserungen der Arbeitsbedingungen in ihren Branchen und Unternehmen erreichen zu wollen, gleichzeitig aber auch quasi systemüberwindend strukturelle Verbesserungen im Verhältnis von Lohnarbeit und Kapital insgesamt zu bewerkstelligen, in einer grundsätzlichen Zwickmühle.

Denn um Verbesserungen in (großen) Unternehmen zu erreichen, ist es äußerst zweckdienlich, dass es diesen Unternehmen zunächst einmal ›gut geht‹. Mit einem von der Konkurrenz bedrängten oder gar bedrohten Unternehmen ist es schwierig, Tarifverhandlungen zu führen. Die Neigung besteht dann eher darin, sich solidarisch bei der Unternehmensleitung unterzuhaken und sich u.U. sogar auf Zugeständnisse einzulassen. Dies gilt noch mehr für Betriebsräte, in denen Gewerkschafter i.d.R. die Mehrheit haben.

Da große Unternehmen, wenn sie nicht einen ›Haustarifvertrag‹ abschließen, meist tonangebend in den jeweiligen Branchentarifverhandlungen sind und da große Unternehmen in Deutschland tendenziell exportorientiert sind, gilt das, was über die Vereinnahmung der Bevölkerung bereits dargestellt wurde, für die Gewerkschaften im Besonderen. Hinzu kommt eine unter den ›Industriegewerkschaften‹ immer noch verbreitete Überzeugung, nur die Industrie bilde den eigentlich produktiven Sektor, der die Dienstleistungen und den öffentlichen Sektor noch mit tragen müsse. Auch von dieser Denkweise her bleibt die Unterstützung der Industriegewerkschaften für eine Binnenorientierung der Wirtschaft und eine Reduzierung der Exportüberschüsse eher fraglich. Auch wenn der Spruch ›Schwerter zu Pflugscharen‹ immer wieder einmal an Fahrt gewinnt und es an zivilen, zum Teil hochtechnologischen Infrastrukturprojekten wahrlich nicht mangelt.

Zudem sind Gewerkschaften in Deutschland traditionell eng mit der Sozialdemokratie verbunden, wodurch deren historische Anpassungsbemühungen auch – und vielleicht in besonderem Maße – für die Gewerkschaften gelten. Wenn man in die Geschichte gehen will – und die Veranstaltungen zum 100. Jahrestag der Ausrufung der deutschen Republik legen dies nahe – dann hat nicht nur die SPD die deutsche Revolution von 1918 ausgebremst (um es zurückhaltend auszudrücken),[271] sondern die Gewerkschaftsführungen haben 15 Jahre später (also 1933) mit ihrer Anpassung an Hitler ein ähnliches Desaster erlebt.[272]

Auf der anderen Seite sind Gewerkschaften keine kurzlebigen Gebilde, sondern nachhaltig angelegt. Das bedeutet, dass sie ein Interesse daran haben (müssen), dass Unternehmen nicht nur kurzfristige Profite realisieren, sondern über Geschäftsmodelle auch langfristig tätig sein können.

Und weil die Finanzunternehmen immer mehr die anderen Branchen dominieren und an ihren kurzfristigen Renditeerwartungen ausrichten, schalten sich auch die Gewerkschaften zunehmend ein.

Ein gutes Beispiel dafür liefert die 2018 erschienene Broschüre des DGB-Bildungswerks: »*Arbeiten und Wirtschaften in den Grenzen des Wachstums – Die Rolle der Gewerkschaften in einer ökologischen und sozialen Transformation*«. Darin beleuchtet ein internationaler Autorenkreis die Ergebnisse und Wirkungsmechanismen unseres renditegetriebenen und auf gnadenloser Konkurrenz basierenden kapitalistischen Wirtschaftssystems und zieht Schlussfolgerungen, die denen des bereits ausführlicher zitierten Wuppertal Instituts für Klima, Umwelt und Energie ähneln, nicht zuletzt die Berufung auf die »große Transformation« (Polanyi).

Interessant (und für Schulen und außerschulische Bildungsarbeit unmittelbar erkenntnisfördernd einsetzbar!) ist die Broschüre darüber hinaus, weil die Autoren so ausgewählt wurden, dass Theorie und Praxis, Analyse und politische Aktivitäten Hand in Hand gehen. An exponiertester Stelle dürfte hier Hans-Jürgen Urban stehen, der neben seiner Lehrtätigkeit an der Universität Jena auch geschäftsführendes Vorstandsmitglied der Industriegewerkschaft Metall ist, die es mit dem exportüberschussgetriebenen Wirtschaftssystem jeden Tag hautnah zu tun hat.

Auch er verbindet die Frage einer Transformation der Wirtschaftsordnung mit der »(Wirtschafts)Demokratie« und tritt für »strategische Allianzen mit Bewegungen, Organisationen und Initiativen, die über Expertise und Kampferfahrungen in den Feldern verfügen, in denen die Gewerkschaften traditionell nicht zu Hause sind«, ein.[273]

Aus Sicht der als überfällig erachteten Transformation leichter, in der praktischen Umsetzung genauso schwer, hat es Norbert Reuter von ver.di, der mit seinem Plädoyer für eine massive Stärkung der Binnennachfrage samt dazugehörender Änderung der Steuerpolitik sowie für ein Ende der Exportfixierung eintritt. Auch er tut dies sowohl (hochschul)lehrend als auch gewerkschaftspolitisch.[274]

Im Verhältnis zu solchen meinungsbildenden Broschüren gehen Gutachten im Rahmen der Gewerkschaftsarbeit einen Schritt weiter, weil sie i.d.R. Teil eines regulativen Prozesses sind, den sie durch kritische Expertise zu beeinflussen suchen. Hierzu nur drei Beispiele:

- Im ›Minderheitsgutachten‹, das die Gewerkschaften IG-Metall, ver.di, IG BCE, IG BAU und der Deutsche Gewerkschaftsbund 2015 im Rahmen der ›Fratzscher-Kommission‹ abgegeben haben, wird eine deutlich andere Vorstellung von Regulierung deutlich als die zuletzt durchgesetzte.[275] Darin ging es um das Mega-Projekt der Privatisierung der Autobahnen durch PPP, zu der eine beachtenswerte Alternative zur Privatisierungsstrategie formuliert wurde.
- Auf das Minderheiten-Votum des (gewerkschaftsnahen) Sachverständigen im sogenannten Sachverständigenrat der Bundesregierung wurde bereits eingegangen.
- Aber auch im Rahmen des deutschen ›dualen Systems‹ der Berufsausbildung, in das die Gewerkschaften sogar gesetzlich eingebunden sind (Berufsbildungsgesetz), spielt der jährliche ›Berufsbildungsbericht‹, den das Bundesministerium für Bildung und Forschung herausgibt, eine nicht unwichtige Rolle. Er gibt einen kommentierenden Überblick über die Situation im betrieblichen Ausbildungsbereich in Deutschland. Und weil auch darüber die Meinungen zwischen Unternehmen und Gewerkschaften teilweise auseinandergehen, gibt es regelmäßig eine eigene »Stellungnahme der Gruppe der Beauftragten der Arbeitnehmer_innen zum Entwurf des Berufsbildungsberichts«.

Gewerkschaftsnahe Institute

Die Hans-Böckler-Stiftung des DGB mit ihren bereits genannten Instituten war direkt oder indirekt Gegenstand von Ausführungen. Hier sei exemplarisch die Verabschiedungsveranstaltung für Professor Gustav Horn als Direktor des IMK (*Institut für Makroökonomie und Konjunkturforschung*) angeführt, die gleichzeitig auch das Thema dieses Buches berührte.

Gustav Horn hatte übrigens zusammen mit Prof. Bofinger, dem inzwischen aus dem Sachverständigenrat ausgeschiedenen ›Wirtschaftsweisen‹, schon 2009 auf die Problematik des staatlichen Verschuldungsverbots aufmerksam gemacht und vor der Verankerung der sogen. »Schuldenbremse« in der Verfassung gewarnt – zusammen mit 150 weiteren Wissenschaftler_innen (siehe Anhang 7). Sie wurden in diesen zehn Jahren von der Realität eindrucksvoll bestätigt.

Germany first? Wie geht es weiter mit der europäischen Integration?
Französischer Dom, Berlin, 27. März 2019 (www.boeckler.de/veranstaltung_imk)
Zusammenfassung der Programmpunkte beim *IMK* Forum 2019 (Auszüge)[276]
Rainer Hoffmann – Vom Irrweg der Desintegration: Gewerkschaftliche Positionen für ein solidarisches Europa
Der Vorsitzende des DGB, Rainer Hoffman, dankt zu Beginn Gustav Horn, der durch seine Arbeit am IMK zu einem heterodoxeren wirtschaftlichen Diskurs beigetragen hat. Rainer Hoffmann betont, dass die aktuellen Herausforderungen europäische Antworten erfordern und ein »Germany First« der falsche Weg für die Zukunft ist. Allerdings gilt dies ebenso für ein einfaches »weiter so«. Stattdessen seien eine kritische Auseinandersetzung mit der EU und politischer Mut für einen Kurswechsel notwendig. Die Rückbesinnung auf den Grundsatz, dass die EU Wohlstand für alle schaffen soll, sieht er dabei als zentral an. Um dies zu erreichen stellt er vier gewerkschaftliche Forderungen auf: Die Abschaffung des Fiskalpakts, soziale Mindeststandards und Grundsicherungssysteme in der EU, die Stärkung europäischer Strukturpolitik und die EZB als Kreditgeber letzter Instanz.
Gustav Horn – Europa als wirtschaftswissenschaftliches Denkkonstrukt
Gustav Horn fordert in seinem Vortrag eine Erzählung von Europa zu fördern, das als Vielfalt interpretiert wird, die vor dem Schutz der Europäischen Union gedeihen kann. Er beschreibt, dass nationale Perspektiven nicht dominieren dürfen, da sonst die Wahrnehmung von Kontrollverlust gefördert wird, die im Rückbau transnationaler Beziehungen endet. Dies zeigt er anhand der Leistungsbilanzüberschüsse, wo die deutsche Perspektive eines nicht vorhandenen Handlungsbedarfs die Wahrnehmung schlechter ökonomischer Leistungskompetenz auf europäischer Ebene förderte. So entstand Unsicherheit, die als Folge

einer zu großen volkswirtschaftlichen Offenheit interpretiert wurde und eine Regression ins Nationale bedingte. Dieser Perspektive entgegen bietet die EU aber das Potenzial Kontrollverlust zu verhindern. Es ist nötig, diese Erzählung mit Reformen, die die Schutzfunktion ermöglichen, voranzutreiben.

An diesen Beispielen lässt sich bereits zeigen, dass die Gewerkschaften durchaus über ein kritisches Potential verfügen, das über den Rahmen der Kernanliegen hinausgeht. Und da es kaum eine Gewerkschaft in Deutschland gibt, den Deutschen Gewerkschaftsbund DGB eingeschlossen, die nicht auch allgemeinpolitische Forderungen in ihrem Programm hat, ist auch der systemkritische und -transzendierende Aspekt den Gewerkschaften immanent.

Jedenfalls sind die Gewerkschaften aus zahllosen Kampagnen nicht mehr wegzudenken, wie die gegen die Freihandelsabkommen, »UmFairTeilen«, aber auch gegen die Autobahn-Privatisierung und die Verankerung von PPP in der Verfassung 2017, wie das Transparent unten zeigt. Dies Bild entstand nach der Vorstellung der finanzpolitischen Eckpunkte des DGB bei der Linken Landtagsfraktion in Wiesbaden vor dem Hessischen Landtag.

Bild: Hanna Hoeft, Landtagsfraktion *Die Linke*

11. Der aufgeklärte und widerständige Mensch

Erst wenn der Tratsch nicht mehr zur politischen Leitmelodie wird und der politische Diskurs in Talkshows nicht mehr zur psychologischen Seifenoper, dann haben wir überhaupt eine Chance, zu Bewusstsein zu kommen.

Erst wenn Parteien aufhören, wirtschafts-, sozial- und umweltpolitische Fragen und Strategien durch Ego-Trip-›Erörterungen‹ und solche über Umgangsformen zu ersetzen, kann Licht in eine verstaubte Agenda gelangen.

Und erst wenn die öffentlichen Debatten sich nicht mehr im ›Klein-Klein‹ der Frage ›Diesel oder Elektromotor?‹ bewegen, sondern – in diesem Fall – zur Abwechslung neue Mobilitätskonzepte in den Ring geworfen werden, könnte es mit der Wahrnehmung unserer echten Probleme aufwärts gehen.

Für wie dumm oder abgehängt müssen Mainstream-Journalisten und Politiker_innen ›das Volk‹ inzwischen halten?! Und wie lange lässt sich die ›kritische Masse‹ in Deutschland, die es, wie dargestellt, ja durchaus gibt, noch ignorieren?!

»Coping« – »Doping« – »Hoping« – »Shopping«

Wenn allerdings Tratsch und Oberflächlichkeit logischer Ausfluss eines Arbeits- und Lebensstils unserer Konkurrenzgesellschaft sind, was mit dem Begriff der »Kolonialisierung der Lebenswelt«[277] gut auf den Begriff gebracht ist, dann ist es mit Voluntarismus oder gar Idealismus nicht getan. Dann stellt sich die Systemfrage mit Gewicht.

In dem bereits zitierten Band DIE GROSSE TRANSFORMATION wird auf den Soziologen und langjährigen Leiter des Max-Planck-Instituts für Gesellschaftsforschung in Köln, Wolfgang Streeck, Bezug genommen. Dieser sieht eine Ursache für die relativ erfolgreiche Entwicklung des Kapitalismus darin, dass es über die letzten Jahrzehnte zu individuellen und psychologischen Anpassungsmechanismen an die bestehende Wirtschaftsordnung kam, die ihr Funktionieren überhaupt gewährleisten.[278]

Streeck bringt diesen ›Kompensationsmechanismus‹ auf die Formel: »Coping«, »Doping«, »Hoping« und »Shopping«:[279]

> »Coping« als Bewältigungsstrategie zum Umgang mit externen Anforderungen und Druck, »Doping« als Weg, um die Leistungsfähigkeit auch auf kurze Sicht aufrechtzuerhalten, »Hoping« als Vorstellung einer besseren Zukunft, um die Gegenwart leichter ertragen zu können, »Shopping« als beschwichtigende Teilhabe an der Konsumgesellschaft und Kompensation.
> Dies trifft den Kern der Probleme ebenso gut wie es die enormen Schwierigkeiten markiert, diese anzugehen.
> Der ganzheitliche Ansatz aus »Entrümpelung, Entschleunigung, Entflechtung, Entkommerzialisierung« ist dann leichter postuliert als auch nur ansatzweise umgesetzt. Denn »die Fallstricke der Wohlstandswende sind eng verzahnt mit der bestehenden Wirtschaftsordnung.«[280]

»Pioniere des Wandels«

Wenn in diesem Buch das deutsche Exportüberschussmodell in den Mittelpunkt gestellt wurde, dann weil es die dem Kapitalismus innewohnenden Widersprüche noch einmal auf die Spitze treibt, indem es dem eigenen Land Vorrang vor allen anderen zubilligt. Damit werden aber die Gegensätze zu anderen Nationen verschärft. Darauf hat besonders Kundnani hingewiesen, wie oben im Detail ausgeführt. Insoweit müsste hier angesetzt werden.

Tatsächlich müssen die Auseinandersetzungen aber noch wesentlich umfassender sein. Deshalb ist Schlussfolgerungen wie den folgenden unbedingt zuzustimmen: Notwendig sei »eine grundlegende kulturelle Neuorientierung.« Diese müsse sich in institutionelle Rahmen übersetzen, in denen sich dann die ökonomischen und technologischen Möglichkeiten moderner Zivilisation entfalten, um ein aufgeklärtes Zivilisationsmodell für das 21. Jahrhundert zu etablieren.[281]

Damit ist allerdings die Messlatte so hoch gehängt, dass es leicht zur Entmutigung führen könnte. Umso bedeutender wird die Verteidigung und Rückeroberung der öffentlichen Gemeingüter.

Wenn aber schon die Überwindung des GERMANY FIRST nicht gelingt, steht es um die »Große Transformation« erst recht nicht zum Besten. »Wenn ›America first‹ siegt und durch ein ›China first‹, ›Ungarn first‹, ›Brasilien first‹ und ›Kapital first‹ begleitet wird, dann ist das auch die Absage an die Idee einer nachhaltigen Entwicklung.«[282]

Aber Entwicklungen kritischer Art folgen nicht einem starren Schema. Immer wieder entwickeln sich internationale Bewegungen mit respektabler Resonanz. So 1999 die Proteste gegen das WTO-Treffen in Seattle (USA) oder jetzt mit der ›Fridays-for-Future‹-Bewegung.

Mit der eingangs skizzierten »kritischen Masse« könnte es aber gelingen. Sie müsste allerdings eine Form finden, ihre vielen Einzelelemente zusammenzufassen und vereint zur Wirkung zu bringen. Oder: Eine solche »kritische Masse« müsste zu einer »kritischen Instanz« werden, die über eine gewisse (Gegen)Macht in unserem politischen System verfügt, für Demokratie steht und nicht (so leicht) umgangen werden kann.

In dem Band DIE GROSSE TRANSFORMATION ist das vorletzte Kapitel mit »Pioniere des Wandels als Motoren der Großen Transformation« überschrieben. Diese Pioniere zeichnen sich vor allem durch *Widerständigkeit* aus, sie widerstehen dem »massiven Anpassungsdruck«. »Sie passen sich diesen Strukturen nicht einfach an.« Sie sind reflexiv, engagiert und verbinden dieses Engagement mit ihren institutionellen Kontexten:

> Pioniere des Wandels schaffen es dadurch, die kritische Masse für die Veränderung zu gewinnen. (…) Genau solche Pionierinnen und Pioniere des Wandels sind die Motoren für Veränderungsprozesse in Gesellschaft, Politik, Unternehmen, Wissenschaft und Zivilgesellschaft. Sie stellen die Keimzelle der Großen Transformation dar.[283]

Damit ist man wieder bei den einzelnen Menschen gelandet, allerdings – und das ist ein wichtiger Punkt – unter Bezug auf ihr jeweiliges gesellschaftliches Bezugsfeld. Daran geht meines Erachtens auch kein Weg vorbei, denn selbst in Gruppen, Organisationen, Instituten, Unternehmen usw. kommt es doch immer auf die einzelnen Menschen an, die überzeugt werden müssen, die für ein (solidarisches) Handeln gewonnen werden müssen, an deren Einsicht, Engagement oder Verantwortungsgefühl appelliert wird.

Zu Recht wird dabei auf ein Manifest von Harald Welzer aus 2013 verwiesen: Selbst denken – Eine Anleitung zum Widerstand (und seine Stiftung FUTURZWEI), dort finden sich die folgenden Regeln:[284]

12 Regeln für erfolgreichen Widerstand (nach Welzer)

1. Alles könnte anders sein.
2. Es hängt ausschließlich von Ihnen ab, ob sich etwas verändert.
3. Nehmen Sie sich deshalb ernst.
4. Hören Sie auf, einverstanden zu sein.
5. Leisten Sie Widerstand, sobald Sie nicht einverstanden sind.
6. Sie haben jede Menge Handlungsspielräume.
7. Erweitern Sie Ihre Handlungsspielräume dort, wo Sie sind und Einfluss haben.
8. Schließen Sie Bündnisse.
9. Rechnen Sie mit Rückschlägen, vor allem solchen, die von Ihnen selbst ausgehen.

10. Sie haben keine Verantwortung für die Welt.
11. Wie Ihr Widerstand aussieht, hängt von Ihren Möglichkeiten ab.
12. Und von dem, was Ihnen Spaß macht.

Ich werbe in Ergänzung zu diesen Regeln für eine Streitkultur, die sich auf der Höhe der inzwischen erreichten Widersprüche unserer Wirtschafts- und Gesellschaftsordnung bewegt.

Und der größte und grundlegende Widerspruch ist und bleibt der zwischen Konkurrenz und kooperativer Solidarität. Und dies nicht nur in Bezug auf die Frage GERMANY FIRST.

Eine solche Streitkultur stößt natürlich auf das Problem der Kompetenz. Denn wenn entscheidende Fakten schlichtweg unbekannt sind, stoßen schnell Vorurteile auf Vorurteile. Damit ist niemandem geholfen. Dennoch halte ich dieses Problem für nicht so gravierend wie es scheint, denn die Informationsquellen sind heute trotz aller ›Fake News‹ besser als in früheren Zeiten. Zumindest besteht eine leichtere Zugangsmöglichkeit.

Das größere Problem, das einer Streitkultur entgegensteht, liegt in dem erhöhten gesellschaftlichen Anpassungsdruck, der zu Ängstlichkeit und Heuchlertum führt. Ein weiteres Problem sehe ich in dem gestiegenen Abgrenzungsbedürfnis, das nicht nur, aber auch einem zunehmendem Identitätsdefizit geschuldet ist.

Um den Aspekt der Streitkultur – auch als Hebel für die nötige Transformation von Wirtschaft und Gesellschaft – noch etwas zu beleuchten, will ich auf ein Buch eingehen, das mir bei einem Besuch Dresdens in die Hand gefallen ist: HÖRT ENDLICH ZU! – WEIL DEMOKRATIE AUSEINANDERSETZUNG BEDEUTET, verfasst von einem der »maßgeblichen Akteure der friedlichen Revolution in der DDR«[285], dem Theologen Frank Richter.

Dieser mahnt aus aktuellem Anlass ebenfalls eine Streitkultur an und beklagt: »Die von offener, öffentlicher und fairer Auseinandersetzung sowie von der Suche nach gegenseitigem Verständnis und den Kompromiss anstrebende politische Streitkultur ist schwach ausgeprägt.«[286]

Richter beklagt in seinem kurzen Band die Reaktion ›der Politik‹ auf die Reaktion eines Teils der Bevölkerung und fordert eine ganz grundsätzliche Auseinandersetzung ein.

Es verwundert nicht, dass auch er die »Fehlleistungen der Politik« in der Privatisierungsstrategie und der Unterwerfung immer größerer Teile von Wirtschaft und Gesellschaft unter das Konkurrenzprinzip sieht; die staatlichen Fehlleistungen

> stehen im ursächlichen Zusammenhang mit einer Politik, die seit Jahren offenkundig darauf ausgerichtet ist, dem Staat immer mehr Aufgaben zu versagen und sie dem privatwirtschaftlichen Bereich zuzuweisen. Diese Art von Politik räumt den Prinzipien des Wettbewerbs und der Konkurrenz seit Jahren den Vorzug vor den Prinzipien der Solidarität und des Ausgleichs ein. Das führt zu einem Auseinanderdriften der Gesellschaft, manche sagen, zu ihrer Spaltung.[287]

Auch das Problem der ›halbierten Demokratie‹, das unter Bezug auf Hans See bereits ausführlich dargestellt wurde, landet im Fokus von Richter:

> Noch viel grundsätzlicherer Natur allerdings ist die Verhältnisbestimmung zwischen der demokratischen Herrschafts- und Gesellschaftsordnung und der Art und Weise, die Wirtschaft zu organisieren, staatlich zu reglementieren und die erwirtschafteten Güter gerecht zu verteilen. (…) Der Auffassung, dass die Demokratie an sich keine Inhalte politischer Herrschaft festlegt, sondern ausschließlich als formalisiertes Verfahren der Willensbildung zu verstehen ist und sich insofern mit demokratischen Mitteln sogar selbst außer Kraft setzen und abschaffen könne, steht die Auffassung gegenüber, dass die Demokratie immer auch ein Versprechen für sozialen Ausgleich darstelle, dass es in ihr immer auch um die Festigung der ethisch-geistigen Grundlagen des gesellschaftlichen Zusammenlebens gehe.[288]

Was passiert, wenn grundlegende ökonomisch-politische Erfahrungen fehlen oder beiseite gewischt werden, hat sich besonders deutlich in der Bundestagwahl 1990, der ersten gesamtdeutschen Wahl, gezeigt. Nicht nur wurde Helmut Kohl ein weiteres Mal Bundeskanzler; sein Versprechen von den »blühenden Landschaften« schlug den wirtschaftspolitischen Sachverstand von Oskar Lafontaine, der die drohenden ökonomischen Probleme relativ unverhüllt benannte, um Längen. Auch dass die Grünen komplett aus dem Bundestag flogen, passt in dieses Bild.

Von daher ist die Klage von Richter über die nach 1989 »verpasste Chance einer neuen Verfassung« verständlich, würde sich heute aber vermutlich unter ähnlichen Konstellationen wiederholen: »Die friedliche Revolution, die Demokratisierung der DDR bog ab in eine neue Kurve der Geschichte und blieb unvollendet« und dies wegen der »Schwäche einer politischen Option, die sich an einer reformierten DDR beziehungsweise einem sogenannten ›Dritten Weg‹ orientierte.«[289] »Für nachdenkliche, problematisierende und differenzierende Betrachtungen war nicht die Zeit. Wirklich nicht?«[290]

Ja, anscheinend wirklich nicht. Im Staatsvertrag zwischen der Bundesrepublik Deutschland und der Deutschen Demokratischen Republik vom 18.5.1990[291] fand immerhin die Präzisierung dessen, was man sich unter einer »sozialen Marktwirtschaft« vorstellen sollte, für die kurze Zeit von drei Monaten – nämlich bis zum Einigungsvertrag vom 31.8.1990[292] – relativ ausführlich Eingang in Artikel 1, insbesondere dessen Absatz 4:

> Art.1 (4) Die Sozialunion bildet mit der Währungs- und Wirtschaftsunion eine Einheit. Sie wird insbesondere bestimmt durch eine der Sozialen Marktwirtschaft entsprechende Arbeitsrechtsordnung und ein auf den Prinzipien der Leistungsgerechtigkeit und des sozialen Ausgleichs beruhendes umfassendes System der sozialen Sicherung.

Das war nicht viel, jedoch ein anderer und ausbaufähiger Ansatz als das jetzige Adjektiv »sozial« im Grundgesetz!

Dieses Zeitfenster stand tatsächlich nicht sehr lange offen, es wurde von interessierter Seite recht schnell zugeschlagen. Danach ist es wieder bei dem Adjektiv »*sozial*« in den Grundgesetzartikeln 20 und 28 geblieben (»sozialer Bundesstaat« bzw. »sozialer Rechtsstaat«). Gab es darüber eine öffentliche Diskussion? Ich erinnere mich nicht.

Verpasste Chancen sollte es nicht permanent geben. Deshalb ist Richters Fazit unbedingt zu unterstreichen:

> Wir brauchen eine offen und möglichst breit geführte Auseinandersetzung über neue Ideen, Visionen und Ziele und über die Art und Weise unseres Zusammenlebens. Kann es so etwas geben, wie ein ›gesamtgesellschaftliches brainstorming‹? Ich meine: ja.[293]

Und zu guter Letzt

Wem das alles zu ›weich‹ ist, zu wenig den heftigen ›Klassenkampf von Oben‹ berücksichtigend, zu ›idealistisch‹, dem bleiben als mögliche Treiber für Transformationen noch Katastrophen und Kriege. Und vielleicht haben solche Treiber ja sogar eine größere Eintrittswahrscheinlichkeit.

Damit soll weder eine moralische Keule geschwungen noch einem verbreiteten Endzeit-Pessimismus nachgegeben werden. Denn diese katastrophale Variante des globalen Lernens konnte man bedauerlicherweise schon wiederholt beobachten. Man vergisst sie nur leider sehr schnell.

Ob man an den korrigierenden Roosevelt'schen New Deal denkt, der eine Antwort auf die Weltwirtschaftskrise war, oder an den ›Schwur von Buchenwald‹ oder an das ›Ahlener Programm der CDU‹ mit der Kritik am Kapitalismus, welche beide als eine Antwort auf die Verbrechen des 2. Weltkriegs und des Faschismus entstanden waren, oder an die bisher schwerste Nuklearreaktorkatastrophe von Fukushima, was zu einer Wende in der CDU-Atompolitik führte.

Es sind leider immer wieder die harten und negativen Fakten, die das Bewusstsein ändern. Auch von daher wären Streitkultur und Widerständigkeit gegen Opportunismus und Käuflichkeit doch vergleichsweise *zivile* Tugenden und würden zu einer aufgeklärten Gesellschaft eher passen, als die sich der Mainstream doch sonst so gerne sieht.

Ausblick: TINA reloaded?

Das TINA-Prinzip (There is no alternative!) muss auf dem heutigen Stand sowohl der Probleme als auch der Lösungsmöglichkeiten ersetzt werden durch: TIAA (There is an alternative!) oder noch genauer durch: TAA (There are alternatives), weil es tatsächlich nicht nur *eine*, sondern viele Alternativen zur herrschenden Wirtschaftspolitik und -strategie gibt. Diese Alternativen sind hier ausgiebig zu Wort gekommen.

Das deutsche Exportüberschussmodell wackelt gewaltig. Die Europawahlen 2019 haben in fast allen Ländern die Nationalisten gestärkt. GERMANY FIRST wird nicht auf Dauer hingenommen werden. Grundsätzlich kommt das deutsche Modell von zwei Seiten unter Druck: zum einen aus dem Ausland, insbesondere aus den Defizitländern, aber auch von Seiten neuer Wettbewerber wie China. Zum anderen kommt es durch die Schieflage bei der nationalen Infrastruktur und durch eine krasse Vermögensungleichverteilung ins Schlingern. Beides ist Auftrieb für nationalistische bis hin sogar zu faschistischen Bewegungen.

Der bisherige Weg, möglichst geräuschlos und ungehindert Überschüsse auf den Weltmärkten zu produzieren, wird zunehmend versperrt durch einen US-Präsidenten, der nicht nur die ökonomische Überlegenheit, insbesondere durch den Dollar als Leitwährung, in den nationalen Dienst stellt, sondern auch das Recht.

Das Handelsblatt berichtet am 6. August 2019:

Berlin/Washington

Amerikanische Sanktionen gegen die von Russland und Deutschland vorangetriebene Gas-Pipeline Nord Stream 2 werden immer wahrscheinlicher. Der Auswärtige Ausschuss des US-Senats brachte am Mittwoch mit 20 zu zwei Stimmen den »Protecting Europe‹s Energy Security Act« auf den Weg. Der Gesetzentwurf richtet sich dezidiert gegen Nord Stream 2 – und falls sie dadurch nicht verhindert wird, könnte die Fertigstellung der Pipeline doch erheblich verteuert und verzögert werden. (…) Dass das Sanktionsgesetz tat-

> sächlich in Kraft tritt, muss nun als wahrscheinlich gelten. (…) Der Gesetzentwurf des Senats zielt auf die Firmen, deren Spezialschiffe die Pipeline in der Ostsee verlegen – und auf Versicherungen, die mit diesen Unternehmen Geschäfte machen. Sollten die Sanktionen in Kraft treten, würden sie einen neuralgischen Punkt des Pipeline-Projekts treffen. Betroffen wäre etwa die schweizerische Allseas Group mit ihrem Verlege-Schiff Pioneering Spirit. Für die Bundesregierung wären Sanktionen gegen Nord Stream 2 ein schwerer Schlag. Sie betrachtet die Pipeline als wichtiges Schlüsselprojekt zur Gewährleistung der europäischen Energiesicherheit. Weil Deutschland den Ausstieg aus der Kernkraft vorantreibt und den Ausstieg aus der Kohleverstromung vorbereitet, ist es auf Erdgas als Brückentechnologie besonders angewiesen. Und russisches Gas gilt als besonders günstig.

Andere Zeitungen machen das US-Interesse am Export ihres Fracking-Gases für diese Auseinandersetzung verantwortlich.

Damit erfährt die im Kapitel über den Rechtsstaat beschriebene Bedrohung desselben eine neue Qualität. Das Buch von Johanna Stark LAW FOR SALE wird fast von der Realität überholt.

Die militärische Auseinandersetzung wird zunehmend ökonomisch und unter Zuhilfenahme sowie Zurechtbiegung von Rechtsnormen ergänzt.

Das Verhältnis unter ›Freunden‹ wird zunehmend erschüttert (wenn verbündete Staaten sich ökonomisch und juristisch bedrohen) – wahrlich keine guten Vorzeichen.

Deutschland sollte sich gut überlegen, ob es sich in einen Kalten Krieg und Wirtschaftskrieg mit Russland ziehen lässt, wie es mit der Adenauerschen Westbindung schon einmal vorgegeben war. Immerhin hat Deutschland seine Vereinigung nicht zuletzt Russland zu verdanken.

Die Politik eines Donald Trump enthüllt aber auch gnadenlos die Heuchelei des deutschen Exportüberschussmodells sowie anderer Narrative über deutsche und amerikanische Ökologie: Dass ausgerechnet die US-Kunden in Bezug auf deutsche Autos mit Betrugssoftware entschädigt werden, deutsche Kunden aber große Probleme damit haben, wirft weder ein gutes Licht auf den Stellenwert von ökologischen Schutzvorschriften noch auf den Rechtsstaat.

Lange wird sich das deutsche Modell nicht mehr halten lassen, zumal auch China deutsche Wettbewerbsvorteile verkleinert.

Deutsche Politik und deutsche Unternehmen wären also gut beraten, die Alternativen einer verstärkten Binnenorientierung ins Auge zu fassen und die zahlreichen bereits skizzierten Schritte zu unternehmen.

Eine Bereinigung der zunehmenden Ungleichverteilung des Wohlstands ist dazu dringend angesagt.

Und schließlich muss die Privatisierungspolitik auf den Prüfstand gestellt und der demokratisch regulierbare Sektor der Gemeingüter akut wieder gestärkt werden. Sei es aus Gründen eines bezahlbaren Wohnraums, sei es aus ökologischen Gründen oder sei es einfach nur, weil es mit weniger Kosten für alle verbunden ist.

Dazu muss aber das deutsche Exportüberschussmodell unter der Maxime des GERMANY FIRST viel mehr, auch öffentlich thematisiert und die Vorteile einer binnenorientierten Wirtschaftspolitik mit den genannten *qualitativen* Faktoren herausgestellt werden.

So kann auch hierzulande die Furcht davor bezwungen werden, dass man den bisher genossenen Wohlstand verliert, wenn man international nicht immer die Nase vorn hat. Dass eine Binnenorientierung sowohl das Klima positiv beeinflussen als auch den Wohlstand steigern kann, könnte so mehr ins öffentliche Bewusstsein dringen. Dies bedeutet dann keine neuerliche nationale Abschottung, wie vielleicht befürchtet, sondern hätte ohne Zweifel eine positive *internationale* Ausstrahlung.

Anhang

Anhang 1
LobbyControl e.V. – Sonder-Newsletter vom 31. Oktober 2018

www.lobbycontrol.de/?s=dieselgate

Dieselgate steht für den größten Betrugsskandal der deutschen Automobilindustrie. Doch statt politischer Konsequenzen gibt's nun ein Konjunkturprogramm für die Konzerne obendrauf. »Umtauschprämien« nennt man das. Zugleich verwässert die Bundesregierung schärfere Emissionsgesetze auf EU-Ebene. Warum die deutsche Politik der Autoindustrie so hörig ist, zeigen wir in unserer neuen Studie »Gekaperte Gesetze. Wenn Konzerne politische Prozesse dominieren und unsere Rechte bedrohen.« Mit dieser Studie haben wir für Sie ein deutschsprachiges »Best of« der gleichnamigen englischen Studie erstellt, die wir Ende September mit unserem europäischen Netzwerk ALTER-EU und zahlreichen Fachorganisationen herausgebracht haben. Darin zeigen wir an acht Fällen, wie es Konzernen in Brüssel und den EU-Mitgliedsländern gelingt, Gesetze so stark in ihrem Sinne zu beeinflussen, dass wir von »kapern« sprechen. Die deutsche Fassung enthält Kapitel zum Diesel-Abgasskandal, dem Freihandelsabkommen TTIP, der Gasindustrie und der Rolle der mächtigen IT-Konzerne wie Google, Microsoft oder Facebook. Die Studie macht deutlich: Es sind immer die gleichen Gründe, aus denen Konzerne in Brüssel, Berlin und anderen EU-Hauptstädten Gesetze kapern können. Zum Beispiel, weil Konzerne eine zu große Marktmacht haben, mit der sie die Politik erpressen können (so argumentiert die deutsche Automobilindustrie stets mit dem Argument, dass Arbeitsplätze gefährdet seien). Oder weil Konzerne mit ihrer Expertise Beratungsprozesse dominieren (die Automobilindustrie sitzt in allen wichtigen Expertengruppen zum Thema Auto in Brüssel und dominiert sie zum Teil). Oder weil sie sich Politiker als Lobbyisten einkaufen und über privilegierte Zugänge und informelle Netzwerke verfügen (dank diverser Seitenwechsler hat die deutsche Autoindustrie immer einen heißen

Draht ins Kanzleramt). Hinzu kommt, dass viele Themen, die in Brüssel entschieden werden, in der Öffentlichkeit wenig bekannt und dazu noch komplex sind – und Konzernlobbyisten ihre Agenda deshalb leichter durchboxen können. Konzerne können Gesetze aber nicht immer kapern, wie das Kapitel zur Datenschutzgrundverordnung beweist. Hier haben Datenschutzaktivist_innen und politische Akteure sich der Lobbymacht der Digitalkonzerne erfolgreich entgegengestemmt und die Rechte der Verbraucher_innen gestärkt. Unsere Studie zeigt also auch: Der Kampf gegen einseitigen Konzernlobbyismus ist nicht aussichtslos. Was muss passieren, damit Politik im Sinne des Allgemeinwohls die Regel wird statt wie bisher die Ausnahme? Einige Maßnahmen schlagen wir in unserer Studie schon mal vor.

Nina Katzemich

Anhang 2
Bürgerbewegung Finanzwende
Finance Watch Deutschland

www.finanzwende.de/ueber-uns/mission-und-ziele/?L=0

Mission und Ziele
Wo soll's hingehen?
Krisenursachen wurden nicht abgebaut
10 Jahre nach dem Ausbruch der Finanzkrise ist die ernüchternde Bilanz: Schuldenkrise, Betrug und Steuertricks sind an den Finanzmärkten weiter an der Tagesordnung. Die Finanzkrise ist nicht überwunden, sondern verlagert sich vom Börsenparkett in die privaten Wohnzimmer. Gleichzeitig durchdringt der Finanzsektor weltweit mehr und mehr Bereiche des täglichen Lebens und unterwirft sie der Renditelogik.
Finanzinvestoren treiben die Preise von Wohnungen nach oben. Verbraucherinnen und Verbraucher bekommen systematisch ungeeignete Finanzprodukte empfohlen. Fast sieben Millionen Menschen in Deutschland sind überschuldet. Dabei könnte ein gut funktionierender Finanzmarkt Hebel sein für die Lösung wichtiger Zukunftsaufgaben wie Klimaschutz.
Wir müssen Veränderung selber gestalten!
Es ist Zeit für eine Wende. Das bestehende internationale Finanzsystem ist weder nachhaltig, noch ist es stabil. Zehn Jahre nach dem Ausbruch der Finanzkrise formieren wir ein Bündnis aus Bürgerinnen und Bürgern, die wissen, dass es so nicht weitergehen kann, unter ihnen Expertinnen und Experten aus Wirtschaft, Wissenschaft und Zivilgesellschaft. Zusammen bilden wir die Bürgerbewegung Finanzwende, eine unabhängige Interessenvertretung der Bürgerinnen und Bürger. Mit Sachverstand und breiter Unterstützung können wir die nötigen Veränderungen erzwingen: Für eine Finanzwirtschaft, die Gewinnstreben in Einklang mit den sozialen, ökonomischen und ökologischen Zielen der Vereinten Nationen (Sustainable Development Goals) bringt.
Konkret bedeutet dies, dass wir gemäß unserer Satzung Studien zu Finanzmarktthemen durchführen werden und über unsere Erkenntnisse und unser Wissen informieren möchten. Darauf aufbauend werden wir zu Finanzmarkthemen in Form von Kampagnen mobilisieren und, wenn wir den entsprechenden rechtlichen Status erreicht haben, auch über den Rechtsweg für den Schutz der Bürgerinnen und Bürger vor der Finanzindustrie eintreten. Unser Arbeitsschwerpunkt liegt dabei stets auf der deutschen Finanzpolitik, bettet sich jedoch in ein europaweites Netzwerk ein.
Für eine Finanzwirtschaft, die den Menschen dient und nicht umgekehrt.
Für eine Finanzwende in unserer Gesellschaft.
»Pioniere des Wandels« gewinnen »die kritische Masse für die Veränderung.«

Anhang 3
Offener Brief
Essen, 11. Dezember 2018

correctiv.org/wp-content/uploads/2018/12/Offener-Brief_JournalismusIstKeinVerbrechen-1.pdf

Sehr geehrte Frau Justizministerin Katarina Barley,
sehr geehrter Herr Finanzminister Olaf Scholz,

vor wenigen Wochen haben wir die CumEx-Files veröffentlicht. Gemeinsam mit Medienpartnern aus ganz Europa haben wir enthüllt, wie Banker, Aktienhändler und Steuerberater unsere Staatskasse geplündert haben.

Eine unglaubliche Summe von mindestens 55 Milliarden Euro wurde in Europa gestohlen – Steuergelder, die unserer Gesellschaft zu Gute kommen sollten, ob für Kitas, Krankenhäuser oder Bildungseinrichtungen.

Wir erwarten, dass die Strafverfolgungsbehörden die Täter verfolgen und das Geld zurückholen. Der größte Teil der gestohlenen Milliarden bleibt jedoch weiter verschwunden.

Zugleich werden nun diejenigen verfolgt, die den Skandal aufgedeckt haben. Gegen Oliver Schröm, Chefredakteur von CORRECTIV, ermittelt die Staatsanwaltschaft Hamburg wegen des Verdachts auf »Anstiftung zum Verrat von Geschäfts- und Betriebsgeheimnissen« nach §17 UWG (Gesetz gegen Unlauteren Wettbewerb).

Es ist das erste Mal, dass dieser Paragraph auf einen Journalisten angewendet wird.

Die Hamburger Ermittler stützen sich auf ein Gesuch der Schweizer Behörden, die aufgrund einer Anzeige der Schweizer Bank Sarasin tätig wurden. Eine der Banken, die tief in den Skandal um die gestohlenen Steuergelder verstrickt ist.

Oliver Schröm soll einen Mitarbeiter dazu angestiftet haben, die Cum-Ex-Geschäfte der Schweizer Bank öffentlich zu machen. Das stelle eine Verletzung des Bankgeheimnisses dar.

Dieser Vorwurf ist absurd: Oliver Schröm hat seine Arbeit als Journalist gemacht und einen erheblichen Missstand in unserer Gesellschaft aufgedeckt.

Es ist erschreckend, dass deutsche Behörden sich von den Tätern instrumentalisieren lassen. Der Versuch, einen Journalisten und eine ganze Redaktion mundtot zu machen, ist ein Missbrauch des Strafrechts.

Umso mehr besorgt uns das neue Gesetz zum Schutz von Geschäftsgeheimnissen (GeschGehG), das der Bundestag derzeit berät. Der aktuelle Entwurf gefährdet den Informantenschutz und somit die Grundlage investigativer journalistischer Arbeit. Dieser Angriff auf die Pressefreiheit muss abgewendet werden.

Sehr geehrter Herr Finanzminister Olaf Scholz,

wir fordern Sie auf, gemeinsam mit Ihren Kollegen in Europa endlich unsere Staatskassen vor Ausplünderung zu schützen.

Sehr geehrte Frau Justizministerin Katarina Barley,

wir fordern Sie auf, investigative Recherchen von Journalisten nicht zu kriminalisieren. Sorgen Sie dafür, dass Journalisten nicht wegen Verrats von Betriebs- und Geschäftsgeheimnissen strafrechtlich verfolgt werden können.
Der Rechtsstaat muss sich auf die Verfolgung der Täter konzentrieren.

Steuerraub ist ein Verbrechen. Journalismus nicht.

Die CORRECTIV-Redaktion

Anhang 4
Pressemitteilung Nr. 9 vom 26. Februar 2019
Kein allgemeinpolitisches Mandat für gemeinnützige Körperschaften: Bundesfinanzhof entscheidet gegen attac-Trägerverein

(Urteil vom 10.1.2019 V R 60/17)

juris.bundesfinanzhof.de/cgi-bin/rechtsprechung/document.py?Gericht=bfh&Art=en&Datum=Aktuell&nr=39507&linked=pm

Die Verfolgung politischer Zwecke ist im Steuerrecht nicht gemeinnützig. Gemeinnützige Körperschaften haben kein allgemeinpolitisches Mandat, wie der Bundesfinanzhof (BFH) mit Urteil vom 10. Januar 2019 V R 60/17 zu Lasten des attac-Trägervereins entschieden hat.

Gemeinnützig ist im Steuerrecht die Verfolgung der in § 52 der Abgabenordnung (AO) ausdrücklich genannten Zwecke. Hierzu gehört nicht die Verfolgung politischer Zwecke. Allerdings dürfen sich Körperschaften nach ständiger BFH-Rechtsprechung zur Förderung ihrer nach § 52 AO steuerbegünstigten satzungsmäßigen Zwecke in gewissen Grenzen auch betätigen, um z.B. zur Förderung des Umweltschutzes Einfluss auf die politische Willensbildung und die öffentliche Meinung zu nehmen.

Mit seinem Urteil verwarf der BFH die Entscheidung der Vorinstanz. Das Hessische Finanzgericht (FG) war davon ausgegangen, dass die nach § 52 AO steuerbegünstigte Förderung der Volksbildung eine Betätigung in beliebigen Politikbereichen zur Durchsetzung eigener politischer Vorstellungen ermögliche.

Demgegenüber ist nach dem Urteil des BFH für die zur Volksbildung gehörende politische Bildung wesentlich, politische Wahrnehmungsfähigkeit und politisches Verantwortungsbewusstsein zu fördern. Dabei können auch Lösungsvorschläge für Problemfelder der Tagespolitik erarbeitet werden. Politische Bildungsarbeit setzt aber ein Handeln in geistiger Offenheit voraus. Daher ist eine Tätigkeit, die darauf abzielt, die politische Willensbildung und die öffentliche Meinung im Sinne eigener Auffassungen zu beeinflussen, nicht als politische Bildungsarbeit gemeinnützig.

Im Streitfall ging es nicht um die inhaltliche Berechtigung der von attac erhobenen Forderungen. Entscheidungserheblich war vielmehr, inwieweit sich Vereine unter Inanspruchnahme der steuerrechtlichen Förderung der Gemeinnützigkeit politisch betätigen dürfen. Nach dem Urteil des BFH ist der attac-Trägerverein nicht im Rahmen gemeinnütziger Bildungsarbeit berechtigt, Forderungen zur Tagespolitik bei »Kampagnen« zu verschiedenen Themen öffentlichkeitswirksam zu erheben, um so die politische Willensbildung und die öffentliche Meinung zu beeinflussen. Dabei ging es z.B. um ein Sparpaket der Bundesregierung, die

Finanztransaktionensteuer, die Bekämpfung der Steuerflucht, ein Doppelbesteuerungsabkommen, ein Bahnprojekt, die wöchentliche Arbeitszeit oder das sog. bedingungslose Grundeinkommen.

Der BFH verwies die Sache an das FG zurück. Das FG hatte nicht festgestellt, ob die für die Gemeinnützigkeit unzulässigen Betätigungen dem attac-Trägerverein selbst oder anderen Mitgliedern der attac-Bewegung zuzurechnen sind. Dies ist in einem zweiten Rechtsgang nachzuholen. Dabei hat das FG auch die Selbstdarstellung des attac-Trägervereins auf seiner Internetseite zu berücksichtigen. Ein Verlust der Gemeinnützigkeit führt insbesondere dazu, dass keine Spendenbescheinigungen (Bestätigungen über nach § 10b Abs. 1 des Einkommensteuergesetzes als Sonderausgaben abziehbare Zuwendungen) ausgestellt werden dürfen. Der endgültige Ausgang des Verfahrens kann auch für die steuerrechtliche Beurteilung des Klägers in Folgejahren von Bedeutung sein.

Der attac-Trägerverein hat den BFH unter Verzicht auf das Steuergeheimnis ermächtigt, seinen Namen in Pressemitteilungen zu offenbaren.

Bundesfinanzhof

Anhang 5
Bundesfinanzhof: Privat-Unternehmer und ihre Lobby als wahre Förderer des Gemeinwesens?

arbeitsunrecht.de/bundesfinanzhof-privat-unternehmer-und-ihre-lobby-als-wahre-foerderer-des-gemeinwesens/ (ohne Fotos und Abbildungen)

Skandal-Urteil: BDI, INSM, Atlantik-Brücke, CDU-Verbände und Bertelsmann-Stiftung sind gemeinnützig. Attac angeblich nicht

Die Abgabenordnung muss dringend geändert werden, Klagen gegen eklatante Verstöße nötig!

Von Werner Rügemer

Das Urteil des **Bundesfinanzhofs** (BFH) zur Aberkennung der Gemeinnützigkeit von attac ist skandalös (Aktenzeichen V R 60/17 vom 10.1.2019). Es ist rechts-, verfassungs- und demokratiewidrig. Die Bundesregierung – insbesondere CDU und CSU – treiben eine Entwicklung voran, von der die gesamte Zivilgesellschaft bedroht ist.

Attac hat seit dem Jahr 2000 einen großen Beitrag für die »Volksbildung« geleistet. Der Verein hat die ökonomische Alphabetisierung in Deutschland vorangetrieben und das bürgerschaftliche Engagement in trüben Zeiten befördert. Attac schaffte es, sperrige Themen wie Welthandelsverträge (WTO, NAFTA, TTIP etc.), sozialschädliche Steuerflucht von Konzernen über Finanzoasen zu analysieren, allgemeinverständlich zu erklären und in den Rang gesellschaftlich breit diskutierter Themen zu erheben.

Während dieser vorbildlich arbeitende Verein also nicht gemeinnützig sein soll, gelten knallharte Lobbyorganisationen der Industrie und des Militärs sowie Kampfverbände der Regierungspartei CDU in Deutschland selbstverständlich als gemeinnützig.

Hinzu kommen milliarden-schwere Unternehmensstiftungen und sogar Aktiengesellschaften. Eine kurze Übersicht lässt den Atem stocken. Wie weit kann man die Perversion noch treiben? Und wie weit ist die oberste Justiz schon Komplizin?

Gleichheit vor dem Gesetz? CDU greift durch

Finanzminister **Wolfgang Schäuble** hatte das Frankfurter Finanzamt gegen das Urteil des Hessischen Finanzgerichts, das attac recht gab, zur Revision vor dem BFH aufgefordert und sich selbst als Verfahrensbeteiligter gegen attac eingeschaltet (attac, 18.5.2017). Auch die Benennung des CDU-Bundestagsabgeordneten und Unternehmeranwalts **Stephan Harbarth** zum Bundesverfassungsrichter und zukünftigen Präsidenten des obersten deutschen Gerichts treibt den weiteren Rechtswandel zugunsten der Partikularinteressen der Privatunternehmer voran. (siehe: »Unternehmer von Haftung befreien, die Politik retten?«, nachdenkseiten.de, 3.12.2018)

Der BFH argumentiert: Die »Einflussnahme auf politische Willensbildung und Gestaltung der öffentlichen Meinung… erfüllt keinen gemeinnützigen Zweck«. Aha, dann schauen wir mal nach, wer in diesem unseren Land schon länger und ungleich mächtiger Einfluss auf die politische Willensbildung und auf die Gestaltung der öffentlichen Meinung ausübt und trotzdem gemeinnützig ist, länger und mächtiger als der kleine Verein attac, der in Deutschland im Jahr 2000 gegründet wurde und gegenwärtig 28.000 Mitglieder hat.

Unternehmerverbände: nicht gemeinnützig dennoch steuerbefreit [Update 6.3.2019]

Da haben wir seit sieben Jahrzehnten als Einflussnehmer und Gestalter der öffentlichen Meinung die vielfältige Unternehmerlobby, nicht direkt als gemeinnützig anerkannt, aber von der Steuerlast dennoch weitgehend befreit.

***Nachträgliche Einfügung**: Ich hatte bisher die Unternehmerverbände BDI, BDA, DIHK und Gesamtmetall als gemeinnützig bezeichnet. Sie sind dies allerdings nicht direkt, sondern indirekt. Sie sind als eingetragene Vereine (e.V.) vom Finanzamt nicht als gemeinnützig anerkannt. Diese Eigenschaft brauchen sie aber auch nicht, denn ihre Mitglieder können ihre Beiträge und Spenden genauso steuerbegünstigt absetzen – diese werden von den Finanzämtern als steuermindernde Werbe- und Betriebsausgaben gewertet. Zusätzlich sind diese Verbände steuerbefreit, d.h. sie müssen, obwohl nicht gemeinnützig, auf ihre Einnahmen aus Beiträgen und Spenden keine Körperschaftsteuer entrichten. [Werner Rügemer, eingefügt 6.3.2019]*

Dass diese Verbände, die in Geld und Leitmedien-Präsenz nur so schwimmen, politische Willensbildung beeinflussen, ja sogar machen, brauchen wir hier nicht weiter zu belegen. Das ist so eingewöhnt und normalisiert, dass es keinem Finanzamt und Finanzgericht und Finanzminister noch auffällt.

Im Gegenteil: Diese **einseitige Einflussnahme zugunsten einer radikalen Minderheit** wird steuerlich gefördert, d.h. zulasten der Allgemeinheit, des Gemeinnutzens, z.B. dadurch, dass Vermögende und Konzerne Steuerflucht begehen können.

Bundeswehrverband: nicht gemeinnützig [Update, 5.3.2019]

Der Deutsche Bundeswehrverband e.V. ist nicht gemeinnützig, aber nach eigener Aussage sind Tochterorganisationen – Bildungseinrichtungen und Stiftungen – als gemeinnützig anerkannt. Deren Bilanzen bleiben der Allgemeinheit verborgen. [eingefügt 5.3.2019] (1)

Aufrüstung und Verschärfung der Kriegsgefahr: Gemeinnützig

Bei der Gemeinnützigkeit dürfen die **Rüstungskonzerne** nicht fehlen. Die **Deutsche Gesellschaft für Wehrtechnik e.V.** setzt sich seit 61 Jahren als gemeinnützig anerkannter Verein für die Interessen der Rüstungsindustrie ein. Da gab es bisher schon viel zu tun. *Sie ist als gemeinnützig anerkannt, weil sie nach eigener Aussage, trotz der Mitgliedschaft von Unternehmen, kein Wirtschafts-, sondern ein Technikverband ist. [eingefügt 6.3.2019]*

Gegenwärtig setzt sich diese Abteilung der deutschen Gemeinnützigkeit im Rahmen des EU-Aufrüstungs-Projekts **PESCO** z.B. für »die ungehinderte Bewegung von militärischem Personal und Material innerhalb der EU« ein. (www.dwt-sgw.de/ueber-die-dwt) Steuerliche Förderung für den

Ausbau des Feindbilds Russland und für die Verschärfung der Kriegsgefahr: Gemeinnützig!

Zu den fördernden, steuerbegünstigten Mitgliedern gehören u.a. die Rüstungskonzerne aus den USA Lockheed Martin, Raytheon, General Dynamics, Rockwell Collins, aus Deutschland Krauss Maffei Wegmann, Rheinmetall, Diehl Defence, Heckler & Koch, ThyssenKrupp Marine Systems (U-Boote), ZF Luftfahrt, Airbus Defence, Airbus Helicopters, aus Frankreich Thales, dann die Logistik-Konzerne DB Schenker Defence und Kühne&Nagel, die Wirtschafts›prüfer‹ und Briefkastenvermittler Ernst&Young, KPMG, Price Waterhouse Coopers, und ach ja, interessant: auch der TÜV Rheinland GmbH…

Aus der Steuerbegünstigung soll möglicherweise Auftragsbegünstigung werden?

Als Vorteile für die Mitglieder wird versprochen: »*Partnerschaft im externen Netzwerk aus Politik, Bundeswehr und anderen Organen der Exekutive, der Wirtschaft, Wissenschaft, Forschung sowie der Medien« und »Zugang zu Insiderinformationen*«.

Atlantik-Brücke: Seit 67 Jahren gemeinnützig

1952 initiierten zwei US-Banker die Atlantik-Brücke. **John McCloy** von der Wall Street-Bank **Chase Manhattan** war ab 1947 Präsident der Weltbank, dann passte er mit Gründung der Bundesrepublik als deren **Hochkommissar** auf, dass der CDU-Vorsitzende und Bundeskanzler **Konrad Adenauer** nicht aus dem Ruder lief. Ein Instrument war die Atlantikbrücke. Der zweite Initiator war der deutschstämmige US-Banker **Eric Warburg**. Die Mitgliedschaft des Vereins ist immer eng begrenzt, man wird nur durch Kooptation d.h. mithilfe von Paten aufgenommen, die schon langjährige Mitglieder sind. Anfangs lag die Grenze bei 60, gegenwärtig liegt die Grenze bei 500 Mitgliedern.

Der gegenwärtige Vorsitzende heißt **Friedrich Merz**, neben Funktionen in diversen Unternehmens-Aufsichtsräten auch Vorsitzender des Aufsichtsrats von Blackrock Deutschland, des größten Aktionärs in den wichtigsten deutschen Konzernen.

Lobby-Einsatz für Blackrock: Gemeinnützig!

Im Vorstand finden sich u. a. Jürgen Fitschen, Ex-Chef der Deutschen Bank und Aufsichtsratsvorsitzender im Blackrock-Unternehmen Vonovia, Kai Diekmann, Ex-BILD-Chefredakteur und Wolfgang Ischinger, Chef der Münchner (UN)Sicherheitskonferenz. Zu den Mitgliedern gehören neben zahlreichen Unternehmern ausgewählte Spitzenpolitiker wie Angela Merkel (CDU), Christian Lindner (FDP) sowie Sigmar Gabriel (SPD), sodann die außenpolitischen Anti-Russland-

Demagogen diverser deutscher Leitmedien. US-Unternehmer werden auf Veranstaltungen des inzüchtigen Lobbyvereins bei ihrem Vordringen in Deutschland heftig beklatscht, so zuletzt der Vizechef des disruptiven digitalen Taxi-Giganten Uber. Auch hier: Einfädeln von Geschäften – Hauptzweck oder Nebenprodukt?

Über die Atlantikbrücke wurden auch internationale Geschäfte vermauschelt. Bekannt wurde das Mitglied **Karlheinz Schreiber**, Waffenhändler, der in den 1980er und 1990er Jahren **Airbus**-Maschinen und **deutsche Panzer** vermittelte, mithilfe zwischengeschalteter Schmiergelder über Finanzoasen. Thyssen bekam so den Auftrag zur Lieferung von Panzern an Saudi-Arabien.

Schreiber übergab dabei heimlich Bargelder an andere Atlantikbrücken-Mitglieder, so an einen gewissen Wolfgang Schäuble/CDU. Der bekam 100.000 DM. Ein anderes Mitglied war **Walther Leisler Kiep**, von 1984 bis 2000 Vorsitzender des Vereins und Großorganisator geheimer und trotzdem steuerbegünstigter Unternehmerspenden an die CDU. Kiep erhielt von Schreiber in der Schweiz eine Million bar in den Aktenkoffer. Leisler Kiep wurde mehrfach verurteilt. Aber kein Finanzamt – es wäre das in Bonn gewesen – hat dem Verein die Gemeinnützigkeit aberkannt.

Unternehmens-Stiftungen: Ebenfalls Gemeinnützig

Jedes größere Unternehmen, das etwas auf sich hält bzw. wegen asozialer Untaten etwas fürs Image machen muss, finanziert heute – auch wenn sonst bei Löhnen und Steuern hart kalkuliert wird – mit großzügigen Millionen eine Stiftung. Nach US-Vorbild wird mit Soft-Themen Einfluss auf die öffentliche Meinung genommen, insbesondere durch Wohltaten in den Bereichen Kultur, Kunst, Wissenschaft, Bildung und Soziales. Es gibt auch gemeinnützige GmbHs (gGmbH, z.B. im Krankenhausbereich). Sogar eine Aktiengesellschaft kann sich gemeinnützig machen, wenn sie z.B. keine Gewinne auszahlt.

Deutsche Bank, Deutsche Post, BMW… In der Regel handelt es sich um **Stiftungen bürgerlichen Rechts**, die als gemeinnützig anerkannt sind. Das neuerliche Stiftungsrecht ist hier sehr großzügig. **Deutsche Bank-Stiftung**, **Bosch-Stiftung**, **Herbert Quant-Stiftung** (der BMW-Hauptaktionäre), **BMW Herbert Quandt Foundation**, **Deutsche Post-Stiftung** und auch der Förderverein **Initiative Neue Soziale Marktwirtschaft** (INSM) arbeiten wie viele andere mit der Formel »*verfolgt ausschließlich und unmittelbar gemeinnützige Zwecke*«.

Dabei sind die Zwecke kaum verkleidete privatkapitalistische Zwecke: Oder kann Jürgen Fitschen, Ex-Vorstandschef der Deutschen Bank und Vorsitzender der Deutsche Bank-Stiftung, seine Zwecke genau auseinanderhalten, wenn er zwischen dieser gemeinnützigen Funktion und seiner gleichzeitigen Funktion als Vorsitzender des Aufsichtsrats des größten deutschen Wohnungskonzerns Vonovia hin- und herpendelt, der mit seinen 400.000 Wohnungen den Großinvestoren Blackrock & Co gehört und die Mieten und Nebenkosten hochtreibt?

Übrigens hat gerade jetzt im Januar 2019 die Deutsche Post-Stiftung (Präsident: Klaus Zumwinkel) die 2013 eingereichte Klage gegen eine Darstellung vollstän-

dig zurückgezogen, wonach das von der Stiftung finanzierte Institut zur Zukunft der Arbeit (IZA) in Übereinstimmung u.a. mit dem BDI Lobbying zugunsten der Unternehmer betreibe. Die Stiftung hatte Angst, jetzt in der dritten Instanz, dem Oberlandesgericht Hamburg zu verlieren. Man könnte das als Eingeständnis verstehen.
(https://arbeitsunrecht.de/presserecht-ruegemer-siegt-gegen-postlobbyisten-iza/, 18.1.2019)

Bertelsmann-Stiftung

Schauen wir uns die bekannteste und wohl wirkmächtigste Unternehmens-Stiftung an, die in Deutschland Einfluss auf die politische Willensbildung und die Gestaltung der öffentlichen Meinung nimmt und sogar noch mehr tut, nämlich Gesetze vorbereitet und Gesetzgebungsverfahren beeinflusst wie bekanntlich bei den Hartz-Gesetzen.

Die **Bertelsmann-Stiftung** ist Hauptaktionär des Bertelsmann-Konzerns, dem weltweit Dutzende TV-Sender, Verlage, Druckhäuser, Digital-Dienstleister und die Tochterholding **Arvato** u.ä. gehören. Die Stiftung hat etwa 400 Beschäftigte, eine aufwendige Residenz in der Hauptstadt Berlin und eine Niederlassung in den USA, ist eine Stiftung bürgerlichen Rechts und als gemeinnützig anerkannt.

Den Konzerngründer stellt die Bertelsmann-Stiftung auf ihrer Website so dar: **Reinhard Mohn** war »*Architekt der Bertelsmann-Unternehmenskultur*« (https://www.reinhard-mohn-stiftung.de/de-stifter/). Die beiden von ihm gegründeten Stiftungen – die Bertelsmann-Stiftung und die kleinere **Reinhard Mohn Stiftung** – sollen auch »*die Unternehmenskontinuität*« mit absichern.

Die Bertelsmann-Stiftung sei »*eines der wichtigen gesellschaftspolitischen Kompetenzzentren in Deutschland*«. Na – das klingt doch nach eindeutigem Unternehmenszweck, wo die Interessen und Prinzipien des eigenen Konzerns auch den Prinzipien des Einflusses auf Politik und Gesamtgesellschaft prägen: Der Staat soll wie ein Privatunternehmen funktionieren.

Trotzdem – oder eben deswegen – heißt es in der Selbstdarstellung: »*Die Bertelsmann-Stiftung setzt sich für das Gemeinwohl ein.*«

Nur Privatunternehmen noch gemeinnützig?

Vereinfacht: Das Urteil des BFH folgt der Bertelsmann-Stiftung: Nur Privatunternehmen sind gemeinnützig. Zu einem Zeitpunkt, in dem die Privatunternehmen und ihre Lobby – auch in der Bundesregierung selbst – die Demokratie zur Fassade gemacht haben, sollen nur noch sie gemeinnützig sein?

Klagen einreichen!

Die **Abgabenordnung**, in der die Gemeinnutzigkeit geregelt ist, muss geändert werden. Das ist eine Diskussion, die jetzt hoffentlich anfängt. Das wird dauern. Wie man sieht, werden hier mächtige Interessen geregelt und auch versteckt. Und die Abgabenordnung, die bis 1977 Reichsabgabenordnung hieß und aus dem Kaiserreich stammt und wenig verändert wurde, ist ziemlich alt. Da brauchen wir uns jetzt nicht zu überhasten. Aber schon mit der jetzigen Regelung lässt sich das Wichtigste einleiten.

§52 (1) definiert gemeinnützige Zwecke: Wenn »*die Tätigkeit darauf gerichtet ist, die Allgemeinheit auf materiellem, geistigem oder sittlichem Gebiet selbstlos zu fördern*«.

Das klingt etwas altmodisch, aber entscheidend ist: Es geht um die Allgemeinheit, um alle Menschen oder die größtmögliche Mehrheit. Weiter heißt es deshalb im §52 (1): Die Gemeinnützigkeit ist nicht gegeben, wenn der »*Kreis der Personen [...] fest abgeschlossen*« oder »*nach beruflichen Merkmalen*« abgegrenzt ist: Danach sind also BDI und alle Unternehmerverbände und der CDU-Wirtschaftsrat und die CDU-Mittelstandsvereinigung und der Bundeswehrverband und die Deutsche Gesellschaft für Wehrtechnik nicht gemeinnützig, auch nicht die Atlantikbrücke – nur um ein paar Beispiele zu nennen.

Der Begriff »Selbstlosigkeit« könnte irritieren. In §55 (1) der Abgabenordnung wird sie so definiert: Wenn keine »gewerblichen oder sonstigen Erwerbszwecke« vorliegen. Oder wenn der gewerbliche Zweck des Bertelsmann-Konzerns in die Zivilgesellschaft und den Staat hinein verlängert wird. Da brauchen wir weder Bundesfinanzhof noch den Finanzminister, um die obige Liste abzuarbeiten. Das ist rechtsstaatlich zwingend und sauber. Und fördert die Demokratie.

Im Vollzug der Aberkennung klärt sich dann von alleine, wie »gemeinnützig« auf der Höhe der Zeit, ein Jahrhundert nach dem Kaiserreich, genauer zu definieren ist. Die universellen Menschenrechte – dazu gehören bekanntlich auch die Arbeits- und Sozialrechte – sowie das Völkerrecht können als moderne Orientierungshilfe dienen.

Im Jahre 2007 wurde übrigens als zusätzliche gemeinnützige Tätigkeit »bürgerschaftliches Engagement« eingefügt. Das geht doch auch schon in die richtige Richtung. Also Leute: Klagen einreichen!

Werner Rügemer ist Vorstandsvorsitzender der gemeinnützigen Initiative **aktion ./. arbeitsunrecht** e.V., Mitglied im wissenschaftlichen Beirat von attac.
Seine jüngste Buchveröffentlichung: Die Kapitalisten des 21. Jahrhunderts. Köln, Papyrossa Verlag 2018.

Fußnoten/Anmerkungen

(1) Der Deutsche Bundeswehrverband e.V. teilt uns mit, er sei tatsächlich nicht gemeinnützig, daher haben wir ihn vorläufig aus dieser Aufstellung entfernt. Der Bundeswehrverband unterhält allerdings Stiftungen und Bildungseinrichtungen als selbständige Töchter, die als gemeinnützig anerkannt sind. Das Finanzgeflecht rund um den Bundeswehrverband e.V. und seine Töchter können wir an dieser Stelle nicht durchleuchten.

Der Deutsche Bundeswehrverband (DBwV) behauptet von sich, dass er die Funktionen einer Gewerkschaft hätte (DBwV fordert 6,5 Prozent für die Tarifrunde 2018), lehnt allerdings in §2(6) seiner Satzung Streiks ab. Er agiert als **Lobbyorganisation für weitere Aufrüstung** der Bundesrepublik und die von den USA geforderte Erhöhung der Rüstungsetats (Kampagne »Schlagkräftige Bundeswehr«).

Anhang 6
Keinen rechtsfreien Raum für Konzerne

www.fr.de/meinung/keinen-rechtsfreien-raum-konzerne-11025977.html

Gastbeitrag in der Frankfurter Rundschau vom 31.08.2017 von Herbert Storn

Der Dieselskandal hat gezeigt, dass Firmen sich nicht von demokratischen Regeln einschränken lassen wollen. Was ist zu tun?

Das illegale Verhalten der deutschen Autounternehmen wird meistens als »Skandal« bezeichnet, oft auch das Verhalten der für die Kontrolle zuständigen Politiker. Damit wird solches Verhalten aber zur Ausnahme, zur Abweichung von der Norm erklärt. Tatsächlich vernebelt eine solche Begrifflichkeit den Sachverhalt. Warum?

Die Kombination von legalem und illegalem Handeln gehört zum Strukturverhalten. Es handelt sich sowohl bei der kriminellen Verschleierung der Abgaswerte als auch bei den jahrzehntelang betriebenen, aller Voraussicht nach illegalen Kartellabsprachen nicht um einen einmaligen Akt von kriminellen Abteilungsleitern, sondern um ein Strukturverhalten der Konzerne.

Damit sollen gesetzliche Regelungen dauerhaft umgangen werden, um eine hohe Profitrate für die Unternehmen zu gewährleisten. Strategie und Ergebnis waren über lange Zeit erfolgreich. Die Gewinne von VW, Daimler und BMW für 2016 werden auf rund 30 Milliarden Euro beziffert. Ein solches Verhalten wäre weder möglich noch erklärbar, wenn dazu nicht das Verhalten der gewählten Politiker, allen voran des Bundesverkehrsministers, aber auch der Regierungsvertreter aus Niedersachsen, Baden-Württemberg und Bayern passen würde.

Seit 2015 sind die kriminellen Machenschaften von VW bei den Abgaswerten bekannt, seit Juli 2016 die Selbstanzeigen von Daimler und VW wegen illegaler Kartellbildung, davor die Aufdeckung durch das Bundeskartellamt. Die einzigen Sanktionen seit dieser Zeit sind lediglich aus den sonst ökologisch verschrienen USA bekannt!

Auch im Sommer 2017 werden die Manager solcherart illegal agierender Konzerne nicht etwa von den Aufsichtsbehörden oder Ministerien einbestellt, sondern es wird mit ihnen zusammen ein »Gipfel« veranstaltet. Auf dem kann der VW-Manager Müller noch selbstbewusst sagen, nein, Hardware-Lösungen (also die Behebung des Betrugs) werde es auf keinen Fall geben. Eine solche Unternehmensstrategie ist nur möglich, wenn sie auf Zustimmung vonseiten der herrschenden Politik rechnen kann. Und das kann sie.

Unisono äußern sich Minister und Ministerpräsidenten von CDU, CSU, SPD und Grünen besorgt – weniger um das kriminelle Verhalten als um das dadurch beschädigte Image der deutschen Autobauer. Es gibt keine harten Forderungen, keine Sanktionen, im Gegenteil: Es werden zur Belohnung sogar noch Steuern als Subventionen angeboten. Die verantwortlichen Politiker als »Handlanger« und ihr Verhalten als »Politikversagen« zu bezeichnen, bringt es also nicht auf den Punkt.

Denn vorherrschende Politik ist es ja, alles dafür zu tun, damit die Unternehmen des »Standorts Deutschland« ihre Vorherrschaft auf dem Weltmarkt nicht verlieren. Über die dafür geeigneten Strategien der Unternehmen entscheiden diese weitgehend selbst. Einschränkende Regeln wie Umweltstandards werden durch entsprechende Lobbyarbeit, Netzwerke und publizistischen Druck auf die Parteien entsprechend modifiziert oder eben unterlaufen.

Knallharte Konkurrenzpolitik

Eine solche Standortpolitik mit gewaltigen Exportüberschüssen auf Kosten anderer Länder ist allerdings nicht mit versöhnenden Floskeln, sondern nur mit einer knallharten Konkurrenzpolitik zu gewährleisten. Billig produzierte Lebensmittel, Textilien und Urlaubsflüge sind ebenso Teil dieser Strategie wie billige Leiharbeit, Hartz IV, niedrige Unternehmenssteuern und Privatisierung – wie jüngst in der Grundgesetzänderung zugunsten von PPP-Modellen. Und offensichtlich gehören auch Betrug und illegale Kartellbildung dazu. Die hässliche Seite dieser Politik soll allerdings tunlichst verborgen werden.

Professor Hans See, Begründer von »Business Crime Control«, hat 1990 auf die »inhärente Kriminalitätsaffinität der kapitalistischen Wirtschaft« hingewiesen: »Wenn die Menschen in den reichen Kapitalstaaten nicht nur die enormen Wachstumskräfte und eindrucksvollen Leistungen, sondern auch die anderen Folgen der Kapitalverbrechen sehen, spüren, hören oder riechen könnten, dann hätte eine reformsozialistische, ökologische Politik größere Verwirklichungschancen.«

Statt die Dominanz der Konzerne über die Politik zurückzudrängen, wird mit der »Schuldenbremse« eine Politik der Privatisierung öffentlicher Güter vorangetrieben. »Heute«, stellte Hans See 2014 fest, »bin ich fest davon überzeugt, dass alles Ringen um mehr Demokratie im Staat und in anderen gesellschaftlichen Institutionen vergeblich ist, solange die Konzerne als demokratiefreie Überstaaten nur Demokratien tolerieren, die ihre Macht vor demokratischer Kontrolle schützen.«

Anhang 7
Prof. Dr. Peter Bofinger, Prof. Dr. Gustav Horn
Die Schuldenbremse gefährdet die gesamtwirtschaftliche Stabilität und die Zukunft unserer Kinder (Appell)

www.boeckler.de/pdf/imk_appell_schuldenbremse.pdf

1. Aufgrund der Währungsunion verfügt Deutschland schon jetzt über geringere **makroökonomische Handlungsspielräume** als andere große Volkswirtschaften. Die Tatsache, dass der Rückgang des Bruttoinlandsprodukts in diesem Jahr doppelt so hoch ist wie in den Vereinigten Staaten und Frankreich, zeigt zudem, dass die deutsche Wirtschaft für weltwirtschaftliche Störungen besonders anfällig ist. Die von der Schuldenbremse angestrebte Einschränkung der noch verbliebenen Spielräume für eine antizyklische Makropolitik gefährdet daher die gesamtwirtschaftliche Stabilität.

2. Die Schuldenbremse sieht vor, dass in einer Rezessionsphase aufgenommene Schulden oder gemachten Defizite im anschließenden Boom wieder vollständig getilgt werden. Sie geht dabei von einer **lehrbuchhaften Symmetrie** der Konjunkturzyklen aus, die so in der Realität selten gegeben ist. Bei einer anhaltenden konjunkturellen Schwächephase, wie sie in den Jahren 2001 bis 2005 gegeben war, müssten nach einiger Zeit Überschüsse erzielt werden, die die wirtschaftliche Dynamik zusätzlich beeinträchtigen würden. Simulationen des IMK (IMK-Report 29/2008) belegen, dass bei einer Schuldenbremse für den Bund das reale Bruttoinlandsprodukt im Zeitraum von 2000 bis 2007 um bis zu 1,5 Prozent unter dem tatsächlichen Niveau gelegen hätte und dass in der Spitze rund eine halbe Million Menschen weniger beschäftigt gewesen wären. Noch größer wären die Einschnitte gewesen, hätte die »Bremse« auch für die Länder gegolten.

3. Die Schuldenbremse verkürzt das zentrale Ziel der Zukunftsvorsorge einer Volkswirtschaft auf die Stabilisierung des Schuldenstandes der öffentlichen Hand. Mit dieser eindimensionalen Sichtweise fällt sie konzeptionell weit hinter die von den meisten Finanzwissenschaftlern und auch vom Sachverständigenrat befürwortete »**goldene Regel**« zurück. Diese sieht vor, dass öffentliche Investitionen durch Kredite finanziert werden können. Die »goldene Regel« erkennt also an, dass es neben der **passiven Zukunftsvorsorge**, die in einer Begrenzung der Verschuldung besteht, auch eine **aktive Zukunftsvorsorge** in der Form öffentlichen Investitionen geben muss.

4. In ihrer jetzigen Fassung des Artikels 115 Grundgesetz versteht die »goldene Regel« unter Investitionen nur Sachinvestitionen. Es wäre deshalb zweckmäßig, einen neuen Investitionsbegriff zu definieren, der vor allem Ausgaben für Bildung, Forschung und Entwicklung sowie den Umweltschutz einschließt. Von Michael Thöne wurde hierfür das Konzept der »**wachstums- und nachhaltigkeitswirksamen Ausgaben**« entwickelt.

5. Wenn die Länder durch das Grundgesetz in Zukunft daran gehindert werden, sich für Zukunftsinvestitionen zu verschulden, besteht bei anhaltenden und von vielen Politikern aktiv geförderten Forderungen nach **Steuersenkungen** die große Gefahr, dass die aktive Zukunftsvorsorge unter der Räder kommt. Es kann dann vielleicht erreicht werden, dass die Schulden nicht weiter ansteigen, aber um den Preis, dass zukünftige Generationen unzureichend ausgebildet sind, über eine abgewirtschaftete Infrastruktur verfügen und in einer schlechten Umwelt leben müssen.

6. Eine wirklich nachhaltige Finanzpolitik muss deshalb die aktive und die passive Zukunftsvorsorge gleichermaßen im Auge haben. Dazu bedarf es einer **verbindlichen mittelfristigen Finanzplanung**. Sie sollte Zielvorgaben enthalten für
   - die Schuldenstandsquote,
   - für die Staatsquote, und dabei insbesondere die Quote der wachstums- und nachhaltigkeitswirksamen Ausgaben,
   - die Steuer- und die Sozialabgabenquote.

   Dies würde zum einen in der Öffentlichkeit deutlich machen, welche Zielkonflikte zwischen Steuersenkungen, der Konsolidierung der öffentlichen Finanzen und den Zukunftsinvestitionen bestehen. Zugleich ließen sich daraus Pfade für die Ausgabenentwicklung von Bund und Ländern ableiten, die jederzeit leicht zu überwachen wären und frühzeitig erkennen ließen, wenn es zu einer unsoliden Haushaltspolitik käme. Für die Zielformulierung und Überwachung sollte ein Zukunftsrat errichtet werden.

   Die Kritik an der Schuldenbremse und ein Plädoyer für ein Mehr an nachhaltiger Finanzpolitik sind kein Widerspruch. Ausgearbeitete Konzepte hierfür liegen vor. (2)

7. Insgesamt halten wir es für unverantwortlich gegenüber den aktiven wie den zukünftige Generationen, wenn mit der Schuldenbremse einem kaum erprobten Konzept unmittelbar **Verfassungsrang** eingeräumt werden soll, das mit Ausnahme der Schweiz in keinem anderen Land praktiziert wird und das auch dort im Jahr 2003, bei der ersten größeren Belastung, de facto außer Kraft gesetzt wurde.

8. **Wir appellieren an die Mitglieder von Bundestag und Bundesrat: Verzichten Sie auf ein Kreditfinanzierungsverbot im Grundgesetz. Stoppen Sie die sogenannte Schuldenbremse. Engagieren Sie sich für eine zukunftsorientierte Finanzpolitik, die nicht nur an die Schulden denkt, sondern auch an die Bildung und die Lebensqualität zukünftiger Generationen.**

UnterzeichnerInnen (25.05.09):

Prof. Dr. Peter Bofinger

Prof. Dr. Gustav Horn

und 60 Weitere

sowie mehr als 150 weitere Unterzeichnerinnen und Unterzeichner aus dem Wissenschaftsbereich.

(1) Michael Thöne: Wachstums- und nachhaltigkeitswirksame öffentliche Ausgaben (»WNA«), Monatsbericht 03.2004 des Bundesministeriums der Finanzen, S. 73–79.

(2) Peter Bofinger, Thomas Lenk und Hans-Peter Schneider: Zukunftsfähige Finanzpolitik, Berlin 2008. Gustav A. Horn, Achim Truger: Strategien zur Konsolidierung der öffentlichen Haushalte, in: WSI Mitteilungen, Jg. 58 (8), S. 425–432; Dieter Vesper: Defizitziel versus Ausgabenpfad. Plädoyer für eine berechenbare Haushaltspolitik, in: WISO Diskurs der Friedrich-Ebert-Stiftung, 2008.

Anmerkungen/Literatur

1 Kai Eicker-Wolf, Wirtschaftswunderland, 2017, S. 39. Merkantilistisch wird eine Wirtschaftspolitik bezeichnet, die auf die Erzielung von Überschüssen im Außenhandel abzielt.

2 Ebenda

3 Stephan Hebel, Merkel – Bilanz und Erbe einer Kanzlerschaft, 2018, S. 98

4 Eicker-Wolf, a.a.O., S. 115

5 Friedrich Merz ist Aufsichtsratsvorsitzender der BlackRock Asset Management Deutschland AG.

6 Zur deutschen Vergangenheit in Griechenland hier nur zwei Buchempfehlungen: Katerina Králová, Das Vermächtnis der Besatzung, Deutsch-griechische Beziehungen seit 1940, 2016 und – in Krimiform – Wolfgang Schorlau, Der grosse Plan, Denglers Neunter Fall, 2018

7 Deutscher_Außenhandel; https://de.m.wikipedia.org/wiki/Datei:Deutscher_Außenhandel_(absolut).svg

8 Siehe Herbert Storn, Mit Demokratie ernst machen, 2018

9 Exporte und Exportüberschüsse im Verhältnis zum BIP; https://de.wikipedia.org/wiki/Nettoexport#/media/Datei:ExImUSAJBRD.PNG

10 ZEIT ONLINE vom 19. Februar 2019, https://www.zeit.de/wirtschaft/2019-02/leistungsbilanz-exportueberschuss-deutschland-2018-ifo-institut

11 Eicker-Wolf, a.a.O., S. 43

12 A.a.O., S. 14f

13 Vor allem kann damit das, was von dem Sozialstaatsmodell der Zeit nach dem Zweiten Weltkrieg noch übrig geblieben ist und was immer noch gern als »rheinischer Kapitalismus« bezeichnet wird, aufrechterhalten werden. Vgl. etwa: Michel Albert, Kapitalismus contra Kapitalismus, 1992

14 Ulrike Herrmann, Kein Kapitalismus ist auch keine Lösung, 10. Auflage 2018, S. 238

15 Hebel, a.a.O., S. 38

16 Hans Kundnani, Der deutsche Neoliberalismus und die Krise Europas, in: Blätter für deutsche und internationale Politik 9/2016, S. 75ff

17 Ebenda S. 76

18 Kundnani, German Power, Das Paradox der deutschen Stärke, 2016, S. 4

19 Ebenda S. 77

20 Ebenda S. 78f

21 Ebenda

22 Ebenda S. 81

23 Ebenda

24 Ebenda S. 81f

25 Ebenda S. 84

26 Ebenda S. 15

27 Ralph A. Lorz: Germany, the Transatlantic Trade and Investment Partnership and investment-dispute settlement: Observations on a paradox, 2015. Die Herausgeber stellen Lorz als Rechtsprofessor der Heinrich-Heine-Universität vor, »currently serving as Secretary of Public Education in the State Government of Hesse«. (Übersetzung Herbert Storn)

28 FR vom 6.2.2019

29 Schulpolitik und Freihandel (leicht veränderter Abdruck aus HLZ 10/11-2018)

30 Werner Rügemer, Die Kapitalisten des 21. Jahrhunderts, Gemeinverständlicher Abriss zum Aufstieg der neuen Finanzakteure, 2018, S. 12

31 MEMORANDUM 2017, S. 242

32 Ebenda

33 Nachzulesen in: Pitt von Bebenburg, Matthias Thieme, Ausgekocht, Hinter den Kulissen hessischer Machtpolitik, 2010, S. 85ff: »Dies ist die Geschichte der vier Frankfurter Steuerfahnder Rudolf Schmenger, Marco Wehner, Heiko Feser und Tina Feser, die unter Roland Koch aus der Verwaltung gedrängt werden und mundtot gemacht werden sollen.« So beginnt der Abschnitt »Krieg gegen unbequeme Beamte«. Und weiter: » Die Steuerfahnder ermitteln in den 90er Jahren als Beamte des Finanzamts Frankfurt am Main erfolgreich gegen große Steuerhinterzieher in der Finanzmetropole (…) Die Frankfurt Steuerfahnder ermitteln auch gegen die Hessen-CDU, die ab 1999 im Schwarzgeld-Skandal steckt. Auch hier geht es um illegal deponiertes Geld im Ausland. Die Fahnder sind auf der richtigen Spur, dürfen aber plötzlich auf Anweisung von Vorgesetzten nicht mehr weitermachen. Bald nach Kochs Amtsübernahme dreht sich der Wind. Die Fahnder werden versetzt, kaltgestellt, zwangspensioniert, am Ende sogar von einem Psychiater fälschlicherweise für verrückt erklärt.«

34 MEMO 2017, S. 212

35 Da traditionell ein Mitglied des Sachverständigenrats auf Vorschlag der Gewerkschaften berufen wird (ein weiteres Mitglied auf Vorschlag der Wirtschaftsverbände), ist es fast schon üblich geworden, dass eine von der Mehrheit des Sachverstän-

digenrats abweichende Meinung – und dies ist leider, aber nicht zufälligerweise immer die der Gewerkschaftsseite – als Minderheitsvotum veröffentlicht wird.

36 Thomas Piketty, Das Kapital im 21. Jahrhundert, 2014, S. 793

37 Eigentlich heißt er: »Lebenslagen in Deutschland – Armuts- und Reichtumsbericht«

38 Hebel, a.a.O., S. 83

39 Eicker-Wolf, a.a.O., S. 71

40 MEMORANDUM 2016, S. 112

41 Ebenda

42 Arbeitszeitstudie der GEW Niedersachsen 2015/16

43 Eicker-Wolf, a.a.O., S. 55

44 Eicker-Wolf, a.a.O., S. 26

45 Lars Niggemeyer, Der deutsche Arbeitsmarkt – Fundament der Abstiegsgesellschaft, in: blickpunkt WiSo vom 25.1.2018

46 Stephan Krull, in: Ossietzky Heft 25 vom 22.12.2018, S. 885ff

47 MEMORANDUM 2018, S. 27

48 Ebenda

49 A.a.O., S. 28

50 A.a.O., S. 30

51 Eicker-Wolf, a.a.O., S. 24

52 Zahlen für 2019, https://act.wemove.eu/campaigns/goodfoodgoodfarming-DE

53 https://service.destatis.de/Voronoi/PreisKaleidoskop.svg

54 Björn Vedder, Reicher Pöbel – Über die Monster des Kapitalismus, 2018. Er sagt über sich selbst: »Ich schreibe über Kunst, Literatur und Philosophie, halte Vorträge, moderiere Veranstaltungen und kuratiere Ausstellungen.« (Vgl. http://www.bjoernvedder.de/)

55 A.a.O., S. 137

56 A.a.O., S. 138

57 Michael Hartmann, Die Abgehobenen – Wie die Eliten die Demokratie gefährden, 2018

58 Dies fragte am 18.5.2013 beispielsweise der Deutschlandfunk.

59 Anfang Juli 2019 warnte beispielsweise der Bundesverband der deutschen Bioethanolwirtschaft vor »unfairer Wettbewerbsverzerrung durch ungleiche Produktionsstandards« durch das Freihandelsabkommen EU-Mercosur.

In einem Beitrag zur Lederindustrie in Deutschland auf der Homepage der Industriegewerkschaft BCE vom 27.05.2019 wird festgestellt: »Der Wettlauf um die niedrigsten Löhne und geringsten Umweltauflagen führte zu Wettbewerbsverzerrungen zu Lasten der deutschen Lederindustrie.« (URL dieser Seite: https://igbce.de/-/cuI)

60 Wenngleich es bei der Kehrtwende von Kanzlerin Merkel in der AKW-Frage sehr wahrscheinlich der drohende Verlust der Regierungsmehrheit im Bund nach der Ablösung der jahrzehntelangen Herrschaft der CDU durch die Grünen in Baden-Württemberg war.

61 Le monde diplomatique vom 8.11.2013

62 Vgl. Jörg Meuthen: Wirtschaftssadistische Ökoideologen gefährden Wachstum in Deutschland. Berlin, 22. Januar 2019, der IWF hat seine Prognose für das Wirtschaftswachstum in Deutschland deutlich nach unten korrigiert. Prof. Dr. Jörg Meuthen, Bundesvorsitzender und EU-Abgeordneter, kommentiert dies wie folgt:

»Man kennt es bereits: Wieder einmal korrigiert der IWF seine Prognose für das deutsche Wirtschaftswachstum nach unten, diesmal von 1,9 auf 1,3 Prozent. Als wesentliche Gründe für diese Korrektur werden die schlechte Stimmung in der Eurozone und die unsägliche Debatte um Dieselfahrverbote genannt. Da zerlegen gerade meinungsprägende Ökopopulisten ohne Rücksicht auf Verluste eine über Jahrzehnte hinweg mühsam aufgebaute Automobilindustrie und Zuliefererbetriebe, tyrannisieren Autobauer und Autofahrer und enteignen sie, nur um etwas für ihr vorgeblich grünes Gewissen zu tun. In so einem Umfeld kann eine Volkswirtschaft nicht gedeihen. Die soziale Marktwirtschaft und der Schutz von Eigentumsrechten haben dieses Land groß gemacht. Die wirtschaftssadistischen Ökoideologen dieser Tage sind gerade dabei, all das zu zerstören.« (https://www.afd.de/joerg-meuthen-zur-iwf-prognose---wirtschaftssadistische-oekoideologen-gefaehrden-wachstum-in-deutschland/)

63 Noam Chomsky, Der gescheiterte Staat, 2006

64 Beispielsweise in einer Rede zu dem Modellprojekt »Selbstverantwortung plus« im September 2003. Hessen reihte sich damit ein in die Versuche von Niedersachsen, NRW, Schleswig-Holstein, Bremen und Hamburg, die beruflichen – und teilweise allgemeinbildenden – Schulen näher an Markt und Wettbewerb heranzuführen und so privatwirtschaftliche Strukturen im staatlichen Bildungssystem einzuführen. Der Zwischenstand in Hessen sind die »Selbstständigen Schulen« mit »großem Budget« (dank der gewerkschaftlichen Gegenwehr und Aufklärung eine Minderheit der Schulen), die ›Spitze‹ sind die Selbstständigen Beruflichen Schulen mit eigener Rechtspersönlichkeit. *Dieser Prozess des schleichenden Umbaus von pädagogischen Einrichtungen in wirtschaftlich geführte Betriebe hat in Hessen bis April 2017 zu 76 allgemeinbildenden und 46 beruflichen »selbstständigen Schulen«, davon vier »rechtlich selbstständigen berufliche Schulen« geführt. Dass bisher nur 6 Prozent der 2.000 hessischen Schulen diesen Weg gegangen sind, ist auch der Aufklärungsarbeit der GEW zu verdanken.*

65 Eine Agenda für die wirtschaftliche und soziale Erneuerung Europas. Beitrag der Europäischen Kommission zur Sondertagung des Europäischen Rates am 23. und 24. März 2000 in Lissabon.

Die Lissabon-Strategie oder Lissabonner Strategie (auch *Lissabon-Prozess* oder *Lissabon-Agenda*) war ein auf einem Sondergipfel der europäischen Staats- und Regierungschefs im März 2000 in Lissabon verabschiedetes Programm, das zum Ziel hatte, die EU innerhalb von zehn Jahren, also bis 2010, zum wettbewerbsfähigsten und dynamischsten wissensgestützten Wirtschaftsraum der Welt zu machen. Das Nachfolgeprogramm ist als »Europa 2020« bekannt. (https://de.wikipedia.org/wiki/Lissabon-Strategie)

66 *Drehtüreffekt* bedeutet, dass Unternehmensvertreter als Experten in die Regierung wechseln und auch wieder zurück. Noch häufiger ist der nachträgliche Wechsel von Politikern auf einen einträglichen Posten in affinen Unternehmen.
Dazu sollten noch einige Beispiel genannt werden, z.B. Kollatz, Frentsch, der neue Howoge-Chef, der von vonovia kommt und auch das Handelsblatt vom 11.4.2019 zu Jörg Kukies, dem neuen Staatssekretär unter Finanzminister Scholz, der von Goldman Sachs kommt und die Fusion von Commerzbank und Deutscher Bank betreibt.

67 Michael Hartmann, Die Abgehobenen, Wie die Eliten die Demokratie gefährden, 2018, S. 8

68 Das Bundesverwaltungsgericht wies aber 2011 seine Klage auf ein zusätzliches Ruhestandsgeld aus seiner Zeit als Kasseler OB zurück.

69 Michael Hartmann, a.a.O., S. 17ff

70 A.a.O., S. 20

71 Über die Vergütungen entscheiden die Aufsichtsräte, die wiederum die wesentlichen Eigentümer repräsentieren. Der Versuch, über eine gesetzliche Initiative die Vorstandsgehälter zu deckeln, kann als gescheitert gelten. Das »Gesetz zur Angemessenheit der Vorstandsvergütung (VorstAG) vom 31. Juli 2009« führte eher dazu, dass die Hilfe von Beraterunternehmen in Anspruch genommen wurde, wodurch das Vergütungssystem noch komplizierter wurde.

72 laut Nachrichtenagentur Reuters – siehe Ossietzky 23/2018, S. 810

73 Hartmann, a.a.O., S. 28

74 A.a.O., S. 785

75 MEMORANDUM 2018, S. 25

76 Ebenda S. 21

77 Herbert Storn, Mit Demokratie ernst machen, S. 97

78 Gemeint war seinerzeit die »United Fruit Company« in Bezug auf lateinamerikanische Staaten.

79 LobbyControl am 13.12.2018

80 Wolfgang Schorlau, Fremde Wasser, S. 72f

81 https://frankfurt-main-finance.com/ueber_uns/

82 Die kritische Literatur dazu ist umfangreich und die Artikel darüber ebenfalls.

Zuletzt hat auch die ARD einen bemerkenswerten Filmbeitrag dazu geliefert: Die Story im Ersten: Die unheimliche Macht der Berater, am 25.2.2019

83 Rügemer, a.a.O., S. 216

84 Der Exkurs lehnt sich an die Ausführungen bei Werner Rügemer, a.a.O. auf den Seiten 216 bis 226 an und bezieht hier eigene Erfahrungen mit ein.

85 A.a.O., S. 218

86 Näheres lässt sich leicht etwa bei Wikipedia (https://de.wikipedia.org/wiki/Accenture) nachlesen. Auszubildende von Arthur Anderson fanden sich seinerzeit auch an der Beruflichen Schule in Frankfurt, an der ich unterrichtete.

87 MEMORANDUM 2018, S. 27

88 In einer Nachbetrachtung von ntv (23.5.2012) zu dem Abgang von Ackermann 2012 wird darauf hingewiesen, dass Ackermann diese Rendite nur zweimal überhaupt erreichen konnte – und dies ausgerechnet durch den Boom 2006 und 2007, der zur Finanzkrise 2008 führte. Außerdem sei der Börsenwert der Deutschen Bank in der Ägide Ackermann, also von 2002 bis 2012 um die Hälfte gefallen. Trotzdem oder gerade deswegen ist eine derartige renditeorientierte Politik pures Gift für die Demokratie.

89 Günter Wallraff, Der Aufmacher 1977 und dann folgend: Zeugen der Anklage und: Das »Bild«-Handbuch, sowie Heinrich Böll, Die verlorene Ehre der Katharina Blum, 1974

90 MEMORANDUM 2018, S. 99

91 Quelle: https://www.nachdenkseiten.de/?p=11578

92 zitiert in MEMORANDUM 2017, S. 209. Auf die Rolle der Finanzinvestoren wird am Beispiel *BlackRock* auf den Seiten 94f auch unter Bezug auf Rügemer hingewiesen.

93 Rügemer. A.a.O., S. 7ff

94 https://www.bertelsmann-stiftung.de/de/ueber-uns/wofuer-wir-stehen/leitbild/

95 Vgl. u.a.: Matthias Holland-Letz, Scheinheilige Stifter, 2015; Holland-Letz hat auch erheblich zu der kritischen Meinungsbildung innerhalb der GEW durch vielfältige Artikel und Broschüren zur Privatisierung im Bildungsbereich beigetragen.

96 Blätter für deutsche und internationale Politik 9/2019, S. 75f

97 Interview mit R. Mohn, Gütersloh 1996; außerdem: Liz Mohn, Führung und Unternehmenskultur als Erfolgsfaktoren der Zukunft, in: dies. u.a. (Hg.), Werte. Was die Gesellschaft zusammenhält, Gütersloh 2007, S. 185–198.

98 Werner Rügemer, Die Privatisierung des Staates – Das Vorbild USA und sein Einfluss in der Europäischen Union, in: Ulrich Mies/Jens Wernicke (Hg.), Fassadendemokratie und tiefer Staat, 2017, S. 121

99 Vgl. die entsprechenden Eintragungen bei Wikipedia. Es ist – wie neuerdings bei vielen privaten Investmentunternehmen – eine wiederholte Namensumbenennung festzustellen, welche für Diskontinuitäten in der äußeren Wahrnehmung sorgen.

100 Rügemer, Die Kapitalisten des 21. Jahrhunderts, S. 114f

101 A.a.O., S. 119

102 Tim Engartner, Staat im Ausverkauf, Privatisierung in Deutschland, 2016, S. 7

103 Ebenda S. 9

104 A.a.O., S. 11

105 A.a.O., S. 14f

106 Eicker-Wolf, a.a.O., S. 7

107 A.a.O., S. 10

108 A.a.O., S. 72ff

109 Ebenda

110 Denn statt für Investitionen z.Z. fast zinslose Kredite aufzunehmen, wird auf teurere Mietmodelle wie PPP (Private-Public-Partnership) und Schattenhaushalte ausgewichen. Die Schulden nehmen also keineswegs ab, sie nehmen nur eine andere Gestalt an oder leisten der Privatisierung Vorschub.

111 Siehe Tabelle Eicker-Wolf S. 106 und S. 245ff; dazu auch MEMORANDUM 2018, Schaubild S. 249 plus Rückgang der Investitionen im Schulbau S. 258

112 MEMORANDUM 2017, S. 184f

113 MEMORANDUM 2017, S. 172; die Angaben sind für 2014/15 oder das letztverfügbare Jahr

114 Storn, Mit Demokratie ernst machen, S. 109f

115 Vgl. Storn, Mit Demokratie ernst machen, S. 109ff und Hans See, Kapitalverbrechen, 1992, S. 101

116 Frank Schirrmacher, Ego – das Spiel des Lebens, 2013, S. 87

117 A.a.O., S. 88f

118 1984 kostete eine Explosion in einer US-Chemiefabrik im indischen Bhopal 3.800 bis 25.000 Menschen das Leben. Bis zu 500.000 Menschen wurden verletzt, die Gegend verseucht.

119 Am 24.10.2016 wurde in der ARD »Die Story im Ersten: Autoland abgebrannt« gezeigt, in dem sich Autokäufer entsetzt über die kriminelle Energie des VW-Konzerns zeigten. In dem am 25.4.2016 von der ARD gezeigten Filmbeitrag »Das Märchen vom sauberen Auto – Wie der Umweltschutz ausgetrickst wird« heißt es u.a.: »Die Recherchen von NDR und WDR zeigen auch, dass der Betrug über die Jahre hinweg weitaus systematischer betrieben wurde, als bisher bekannt.«

120 See, Kapitalverbrechen, a.a.O., S. 352

121 A.a.O., S. 20

122 A.a.O., S. 43

123 A.a.O., S. 59

124 A.a.O., S. 325

125 Hans See, Wirtschaft zwischen Demokratie und Verbrechen, 2014, S. 441

126 See, Kapitalverbrechen, S. 28

127 A.a.O., S. 97

128 See, Wirtschaft zwischen Demokratie und Verbrechen, S. 33

129 Dieses wie auch das folgende Beispiel stützt sich u.a. auf: https://de.wikipedia.org/wiki/Jean-Claude_Juncker

130 See, Kapitalverbrechen, S. 47

131 MEMORANDUM 2017, S. 51

132 A.a.O., S. 30

133 See, Wirtschaft zwischen Demokratie und Verbrechen, S. 31f

134 Zeitung der AG Betrieb & Gewerkschaft der Partei Die Linke, Dezember 2016

135 https://www.report-d.de/var/reportk/storage/images/media/images/2019/duesseldorf/03/d_tilly_diesel_20190304/809165-1-ger-DE/D_Tilly_Diesel_20190304.jpg

136 Ausführlich dargestellt von Pitt von Bebenburg und Matthias Thieme, Ausgekocht – Hinter den Kulissen hessischer Machtpolitik, Frankfurt 2010, S. 85–133, außerdem: Frank Wehrheim mit Michael Gösele, Inside Steuerfahndung, Ein Steuerfahnder verrät erstmals die Methoden und Geheimnisse der Behörde, 2. Auflage 2011

137 Zitiert bei Wolfgang Hetzer, Ist die Deutsche Bank eine kriminelle Vereinigung?, 2015, S. 124

138 A.a.O., S. 201

139 A.a.O., S. 12

140 Hetzer, S. 41

141 Ebenda

142 A.a.O., S. 10

143 A.a.O., S. 70

144 A.a.O., S. 11

145 A.a.O., S. 86

146 A.a.O., S. 91

147 A.a.O., S. 96

148 A.a.O., S. 102

149 A.a.O., S. 121f

150 A.a.O., S. 123

151 Rudolf Hickel, Zerschlagt die Banken, Entmachtet die Finanzmärkte, 2012, S. 119f

152 Ebenda S. 122

153 Hetzer, a.a.O., S. 152

154 A.a.O., S. 57

155 Hickel, a.a.O., S. 123

156 Wetten zwischen Bank und Kommunen über den Zinsabstand zwischen zweijährigen und zehnjährigen Staatsanleihen; etwas anders gestaltete Wetten, nämlich über die zukünftige Zinsentwicklung, hat auch der hessische Finanzminister für die Schulden des Landes abgeschlossen. Die Risiken tauchen immer mal wieder in der Öffentlichkeit auf, konnten bisher aber nicht zufriedenstellend geklärt werden.

157 A.a.O., S. 125, zitiert nach taz vom 13.4.2011

158 Hetzer, a.a.O., S. 33ff

159 Für Christoph Spengel, Professor für Betriebswirtschaftliche Steuerlehre an der Universität Mannheim und Mitherausgeber des Fachmagazins *Steuer und Wirtschaft*, ist klar: »Selbst wenn man das wirtschaftliche Eigentum in Deutschland bejaht, dann ist weiterhin zu fragen, was denn der wirtschaftliche Zweck dieser Geschäfte war. Und wenn der es ausschließlich war, die Kapitalertragsteuer in Deutschland zu sparen, dann werden diese Geschäfte steuerlich nicht anerkannt.«

160 Quelle: https://de.wikipedia.org/wiki/Dividendenstripping

161 Die Zeit vom 18.10.2018: »Cum-Ex: der Coups des Jahrhunderts«

162 Süddeutsche Zeitung vom 17.11.2017: »›Paradise Papers‹: Steueroasen kosten Deutschland 17 Milliarden Euro pro Jahr«

163 Ebenda

164 Hartmann, a.a.O., S. 17

165 https://de.statista.com/statistik/daten/studie/153857/umfrage/zufriedenheit-mit-der-demokratie-in-der-eu

166 Kundnani, a.a.O., S. 148

167 A.a.O., S. 177

168 A.a.O., S. 162

169 So wurde die Gruppierung des maßgeblichen Aktienbesitzes der wichtigsten deutschen Unternehmen um die damaligen drei Großbanken Deutsche Bank, Dresdner Bank und Commerzbank bezeichnet.

170 A.a.O., S. 115

171 A.a.O., S. 118

172 A.a.O., S. 162

173 A.a.O., S. 71

174 vgl. Kundnani, S. 143

175 A.a.O., S. 142

176 A.a.O., S. 113f

177 A.a.O., S. 136

178 A.a.O., S. 140f

179 A.a.O., S. 138

180 A.a.O., S. 22

181 A.a.O., S. 131

182 A.a.O., S. 134

183 Edward Luttwak, »Turbo-Kapitalismus – Gewinner und Verlierer der Golablisierung«, 1999 auf Deutsch, S. 210–248

184 Mechthild Schrooten, in: Blätter für deutsche und internationale Politik, 12/2018, S. 13

185 A.a.O., S. 14

186 A.a.O., S. 15

187 Ebenda

188 A.a.O., S. 16

189 Attac Österreich, »Entzauberte Union – Warum die EU nicht zu retten und ein Austritt keine Lösung ist«, 2017, S. 11

190 A.a.O., S. 13

191 Ossietzky Nr. 5, 2019, S. 161

192 Ebenda

193 Frankfurter Rundschau vom 30.12.18

194 Ebenda

195 Ebenda

196 A.a.O., S. 33

197 A.a.O., S. 38

198 A.a.O., S. 10

199 A.a.O., S. 9

200 A.a.O., S. 82

201 Vgl.: A.a.O., S. 98

202 A.a.O., S. 114ff

203 A.a.O., S. 118

204 A.a.O., S. 8

205 A.a.O., S. 12

206 A.a.O., S. 15

207 A.a.O., S. 47

208 Vedder, a.a.O., S. 139

209 MEMORANDUM 2017, S. 174

210 A.a.o., S. 175

211 MEMORANDUM 2018, S. 21

212 MEMORANDUM 2017, S. 14

213 MEMORANDUM 2018, S. 33

214 https://steuermythen.de/

215 Deutsches Institut für Wirtschaftsforschung, Stefan Bach, Erbschaftsteuer, Vermögensteuer oder Kapitaleinkommensteuer: Wie sollen hohe Vermögen stärker besteuert werden? 2016, S. 24

216 GEW: »Bildungsfinanzierung. Weiter denken: Wachstum, Inklusion und Demokratie, Warum jetzt dringend mehr Geld für Bildung ausgegeben werden muss und woher es kommen sollte!« Autor: Tobias Kaphegyi, 2017

217 Eicker-Wolf, a.a.O., S. 72

218 A.a.O., S. 73f

219 MEMORANDUM 2018, S. 25

220 A.a.O., S. 46f

221 A.a.O., S. 37ff

222 Eicker-Wolf, a.a.O., S. 82

223 A.a.O., S. 93

224 A.a.O., S. 105f

225 A.a.O., S. 115

226 MEMORANDUM 2018, S. 25

227 Uwe Schneidewind, Die Große Transformation, Eine Einführung in die Kunst des gesellschaftlichen Wandels, 2. Aufl. Dezember 2018

228 A.a.O., S. 7

229 A.a.O., S. 8

230 Karl Polanyi, The Great Transformation: The political and economic origins of our time. Beacon, Boston 2001 [Erstausgabe 1944], ISBN 0-8070-5643-X. Deutsche Übersetzung von Heinrich Jelinek: The Great Transformation. Politische und ökonomische Ursprünge von Gesellschaften und Wirtschaftssystemen. 8. Auflage. Suhrkamp Taschenbuch Wissenschaft, Frankfurt 1973. Es ist sicher angesichts der Verherrlichung des Marktes und immer neuer Freihandelsabkommen kein Zufall, dass Polanyi mit seiner Kritik an der Marktwirtschaft heute eine wahre Renaissance erfährt, wie zahlreiche Publikationen zeigen.

231 A.a.O., S. 67

232 A.a.O., S. 104

233 A.a.O., S. 71

234 A.a.O., S. 73

235 A.a.O., S. 81

236 A.a.O., S. 83

237 A.a.O., S. 83f

238 A.a.O., S. 87 unter Verweis auf Wolfgang Streeck, Gekaufte Zeit, 2013

239 A.a.O., S. 87

240 A.a.O., S. 93f

241 Storn, Mit Demokratie ernst machen, S. 26

242 Ebenda

243 Rainer Faus, Simon Stocks, Im Vereinten Deutschland geboren – in den Einstellungen gespalten? OBS-Studie zur ersten Nachkriegsgeneration, Otto-Brenner-Stiftung 2019, S. 36

244 A.a.O., S. 33

245 Es ist mir schon bewusst, dass ›Empfinden einer Lage‹ und tatsächliche Lage nicht immer übereinstimmen müssen. Ich sehe aber keinen Grund zu der Annahme, dass in diesen Fällen beides auseinanderklafft.

246 A.a.O., S. 31

247 Storn, Mit Demokratie ernst machen, S. 70 und S. 98

248 Studie, S. 32

249 Von daher gelten die entsprechenden Hinweise in meinem Buch MIT DEMOKRATIE ERNST MACHEN umso mehr.

250 Stefan Hebel, Merkel – Bilanz und Erbe einer Kanzlerschaft, 2018, S. 4

251 Vgl.: Schneidewind, S. 357

252 https://correctiv.org/ueber-uns/

253 https://correctiv.org/in-eigener-sache/2019/02/19/wir-fordern-eine-antwort-auf-unseren-offenen-brief

254 Auf vorhandene Kontroversen im Zusammenhang mit der Plattform KenFM wird hier nicht eingegangen.

255 Klartext e.V. hat diese Veranstaltung aktiv unterstützt, die am 16.11.2018 im Frankfurter Gewerkschaftshaus mit über 40 TeilnehmerInnen stattfand. Es wurde in vielen Beiträgen festgestellt, dass der notwendige Kurswechsel von SPD und Grünen trotz einiger kosmetischer Zugeständnisse nicht angestrebt wird und dass die Spitzen der DGB-Gewerkschaften und der Wohlfahrtsverbände so eng mit der Bundesregierung verbunden sind, dass von ihnen keine Massenmobilisierung zu erwarten ist. So blieb die Hoffnung, dass alle, die einen Bruch mit der jetzigen Rentenmisere für notwendig halten, in geduldiger Kleinarbeit daran mitwirken, den Druck von unten zu erhöhen. In Frankfurt kann man z.B. im Rhein-Main-Bündnis gegen Sozialabbau und Billiglöhne mitarbeiten (jeden ersten und dritten Mittwoch im Monat in den Räumen der GEW Frankfurt, Bleichstr. 38a um 18 Uhr).

256 »Uns interessieren nur die wichtigsten Blogs aus Politik und Ökonomie (Volkswirtschaft, nicht Betriebswirtschaft). Lifestyle und Unterhaltung sind nett, aber irrelevant. Quantitative Daten (Facebook Shares, Beitragsquantität, Klicks, Retweets, Zahl eingehender Links etc.) sind nachrangig. Relevant für unsere Reihenfolge ist in erster Linie Ihr Einfluss durch Qualität.« (https://www.economy4mankind.org/wichtigste-blogs-politik-wirtschaft-deutsch/)

257 https://www.klimawende.org/erfolge/

258 A.a.O., S. 95f

259 A.a.O., S. 297

260 https://www.akademie-solidarische-oekonomie.de/

261 https://www.akademie-solidarische-oekonomie.de/geschichte/

262 Vgl. etwa Matthias Holland-Letz, Scheinheilige Stifter, 2015

263 Vgl. etwa Jens Wernicke, Torsten Bultmann (Hg.): Netzwerke der Macht – Bertelsmann. Der medial-politische Komplex aus Gütersloh, 2007

264 https://bildung-wissen.eu/wp-content/uploads/2010/06/Thesen10.pdf

265 Albert T. Lieberg, Der Systemwechsel – Utopie oder existenzielle Notwendigkeit?, S. 16

266 A.a.O., S. 50

267 http://www.staedtetag.de/imperia/md/content/dst/internet/fachinformationen/2013/pp_ttip_20141001.pdf

268 https://www.solidarische-moderne.de/de/topic/20.wer-wir-sind.html

269 https://diem25.org/manifesto-lange-version/

270 https://aufstehen.de/

271 Vgl. etwa Sebastian Haffner, Der Verrat, 2. Auflage 1994

272 Hannes Heer, Burgfrieden oder Klassenkampf. Zur Politik der sozialdemokratischen Gewerkschaften 1930–1933, 1971

273 DGB-Bildungswerk: »Arbeiten und Wirtschaften in den Grenzen des Wachstums – Die Rolle der Gewerkschaften in einer ökologischen und sozialen Transformation«, 2018, S. 32–38

274 DGB-Bildungswerk: »Arbeiten und Wirtschaften in den Grenzen des Wachstums – Die Rolle der Gewerkschaften in einer ökologischen und sozialen Transformation«, 2018, S. 39–43

275 Fratzscher-Kommissions-Bericht vom April 2015: Ergänzende und abweichende Positionen der in der Kommission vertretenen Gewerkschaften (IGM, ver.di, IG BCE, IG BAU und DGB)

276 https://www.boeckler.de/veranstaltung_imk_117578.htm

277 Schneidewind, a.a.O., S. 87

278 A.a.O., S. 87f

279 Zitiert nach Schneidewind, S. 88f

280 A.a.O., S. 189

281 A.a.O., S. 298

282 A.a.O., S. 334

283 A.a.O., S. 459f

284 A.a.O., S. 465f

285 Frank Richter, »Hört endlich zu! – Weil Demokratie Auseinandersetzung bedeutet«, 2018

286 A.a.O., S. 27

287 A.a.O., S. 10f

288 A.a.O., S. 45f

289 A.a.O., S. 33

290 A.a.O., S. 34

291 Genauer: »Vertrag über die Schaffung einer Währungs-, Wirtschafts- und Sozialunion zwischen der Bundesrepublik Deutschland und der Deutschen Demokratischen Republik«

292 Genauer: »Vertrag zwischen der Bundesrepublik Deutschland und der Deutschen Demokratischen Republik über die Herstellung der Einheit Deutschlands – Einigungsvertrag«

293 Richter, a.a.O., S. 71

Sämtliche hier genannten Websites wurden zuletzt abgerufen am 03.08.2019.